国际战略研究丛书

中国社会科学院创新工程学术出版资助项目

国际战略研究丛书

大国的亚太战略

Asia-Pacific Strategies of Major Powers

周方银 / 主编

社会科学文献出版社
SOCIAL SCIENCES ACADEMIC PRESS (CHINA)

目 录

第一章 中国崛起、东亚格局演变与大国亚太战略的调整
周方银 / 001
- 第一节 中国崛起与东亚地区格局演变 / 001
- 第二节 大国战略中的东亚与亚太 / 004
- 第三节 大国是否有亚太战略 / 008
- 第四节 大国亚太战略调整与中国的崛起 / 011

第二章 美国的亚太战略
吴心伯 / 016
- 第一节 从克林顿到小布什：冷战结束后美国亚太战略的演变 / 016
- 第二节 奥巴马政府对亚太的认知 / 018
- 第三节 美国亚太战略框架的形成 / 021
- 第四节 美国亚太战略的实施 / 024
- 第五节 美国亚太战略的特点 / 039
- 第六节 前景展望 / 044

第三章 美国的亚太区域合作战略
沈铭辉 / 050
- 第一节 美国亚太区域合作的历史回顾 / 050
- 第二节 TPP 的成本 - 收益分析 / 060
- 第三节 美国的亚太区域合作战略动机分析 / 075
- 第四节 前景展望 / 080

001

第四章　当代日本的亚太战略 ……………………… 吴怀中 / 089

第一节　日本亚太战略的形成及演变过程 …………………… / 090
第二节　当今日本亚太战略的内容 …………………………… / 103
第三节　日本亚太战略的特征 ………………………………… / 121
第四节　日本亚太战略的实施评估 …………………………… / 128

第五章　后危机时代俄罗斯的亚太战略 …………… 吴大辉 / 134

第一节　俄罗斯亚太安全战略：美国重返亚太背景下的
　　　　战略东移 ……………………………………………… / 135
第二节　俄罗斯亚太经济战略：以东部开发促安全 ………… / 138
第三节　俄罗斯亚太战略实施面临的问题 …………………… / 146
第四节　后危机时代中俄在亚太地区的战略协作 …………… / 150

第六章　印度的亚太战略 ………………………… 杨晓萍　吴兆礼 / 155

第一节　印度亚太战略的形成和演变 ………………………… / 155
第二节　印度亚太战略的主要目标和基本手段 ……………… / 163
第三节　影响印度亚太战略的主要因素 ……………………… / 171
第四节　印度亚太战略的实施效果、有利条件及挑战 ……… / 178
第五节　印度亚太战略对地区及中国的影响 ………………… / 188

第七章　欧盟的亚太战略 ……………………………… 张　健等 / 193

第一节　欧盟亚太战略的演变 ………………………………… / 194
第二节　欧盟当前亚太战略的主要内容和特点 ……………… / 206
第三节　欧盟调整亚太战略的主要考虑 ……………………… / 225
第四节　欧盟实施亚洲战略的有利条件与局限性 …………… / 233

第八章　大国亚太战略调整与中国的应对 …………… 周方银 / 237

第一节　大国亚太战略调整及其相互关系 …………………… / 237
第二节　大国亚太战略的影响与中国的应对 ………………… / 243

第一章

中国崛起、东亚格局演变与大国亚太战略的调整

周方银[*]

中国经济实力的持续上升推动了东亚地区格局的转变，使东亚地区形成经济关系与安全关系出现较为明显分离的二元格局。美国为了更好地长期维持其在东亚地区的主导地位和强大的影响力，努力以亚太合作涵盖东亚合作，并以此影响地区合作的发展方向和路径。在此背景下，大国亚太战略之间的互动，对中国的崛起将产生重要和深远的影响。

第一节 中国崛起与东亚地区格局演变

冷战结束后，东亚地区保持了总体上的和平局面。在这一背景下，地区格局中发生的最引人注目的变化，是中国经济实力的持续上升，中国与本地区国家经贸联系和经济合作的显著加深，以及由此导致的地区经济格局变化。

当我们把 1991 年与 2011 年中国与东亚国家之间的关系进行对比时，可以发现，过去 20 年间所发生的变化是惊人的。20 世纪 90 年代前，中国与东盟尚未建立正式关系，在当时的六个东盟成员国中，中国只与马来西亚、

---

[*] 周方银，中国社会科学院亚太与全球战略研究院研究员。

泰国和菲律宾建立了外交关系。进入 90 年代，中国加紧与其他东盟国家建立正式外交关系。在 1990~1991 年，中国与印度尼西亚复交，与新加坡、文莱建立外交关系。此外，中国在 1989 年与 1991 年分别与蒙古、越南实现关系正常化，并于 1992 年与韩国建立外交关系。从总体上说，20 世纪 90 年代初，中国与不少东亚国家的关系还只是处于起步阶段。

从 1991 年到 2011 年，东亚地区发生的最显著变化是经济关系的变化，东亚国家安全关系的总体局面并未发生根本性的变化。随着中国与本地区国家经济联系的迅速发展，东亚地区经济结构的面貌在一个持续的时间段沿一定方向发生着相对平稳和渐进性质的变化，这一渐进变化的累积性后果，极大地推动了地区格局的演变，由此形成东亚地区经济格局与安全格局之间的张力。

时至今日，中国成为周边 11 个国家以及东盟的最大贸易伙伴，成为 7 个周边国家的最大出口市场①。中国在周边国家和地区的投资也在迅速上升。其结果，中国与很多东亚国家形成深度经济相互依赖的关系。美国的五个正式盟国日本、韩国、澳大利亚、菲律宾和泰国中，除菲律宾外最大的贸易伙伴都是中国②。给人留下深刻印象的不仅是中国作为本地区许多国家最大贸易伙伴这一位置，中国发展势头之快，与这些国家经济关系之深，也给人以颇为强烈的心理冲击。作为美国的重要盟国，澳大利亚 2011 年对中国的出口占其出口总额的 27.3%，而对美国的出口只占其出口总额的 3.7%③。中国在 2009 年成为东盟的最大贸易伙伴，2011 年中国与东盟的贸易额达到 3629 亿美元，为 2001 年的 8.7 倍。同时，中国还是东盟最重要的投资和援助来源④。1992 年中韩建交时，双边贸易额为 50 亿美元，这一数额在 2011 年达到 2206 亿美元，相比之下，2011 年韩国与美国的贸易额为 1007.8 亿美元，不到中韩贸易额的一半。中国同时是韩国的最大贸易伙伴、最大出口市场和进口来源国⑤。2011 年，中国是日本第一大贸易伙伴、第一大出口目

---

① 乐玉成：《世界大变局中的中国外交》，《外交评论》2011 年第 6 期，第 1~6 页。
② 在判断一国的最大贸易伙伴时，有时有不同的计算标准，如果以东盟作为一个整体来计算，则东盟是泰国的最大贸易伙伴，如果以单独的国家来计算，则中国是泰国的最大贸易伙伴。
③ 见澳大利亚外交与贸易部网站，http://www.dfat.gov.au/geo/fs/aust.pdf。
④ 参考 http://www.asean-china-center.org/2012-07/14/c_131715506.htm，以及 http://www.aseansec.org/stat/Table20_27.pdf。
⑤ 参见韩国外交通商部网站，http://www.mofat.go.kr/ENG/policy/bilateral/northamerica/index.jsp?menu=m_20_140_20，http://www.mofat.go.kr/ENG/policy/bilateral/asiapacific/index.jsp?menu=m_20_140_10，以及中国外交部网站，http://www.fmprc.gov.cn/chn/pds/gjhdq/gj/yz/1206_12。

的地和最大的进口来源地,日本从中国、美国的进口分别为1840.7亿美元、743.7亿美元,分别占日本进口总额的21.5%、8.7%[①]。

东亚格局的一个显著特点是许多国家的主要经济伙伴和主要安全关系相互分离,这成为地区层面的一个普遍现象。这意味着东亚地区一定意义上形成了安全关系与经济关系明显分离的二元格局,这比较明显地体现在图1-1中[②]。这一格局不会是3~5年就会消失的短期过渡状态,而会在今后一个时期长期存在。

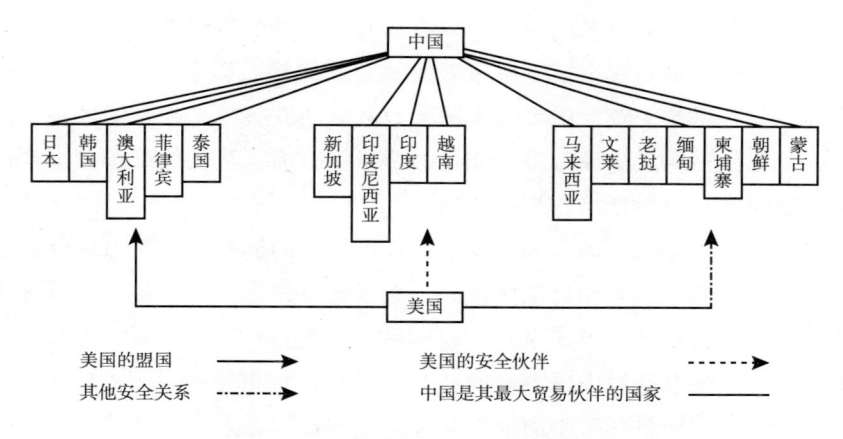

```
                           中国
    ┌──┬──┬──┬──┬──┐  ┌──┬──┐  ┌──┬──┬──┬──┬──┐
    日 韩 澳 菲 泰    新 印 印  马 文 老 缅 柬 朝 蒙
    本 国 大 律 国    加 度 度  来 莱 挝 甸 埔 鲜 古
          利 宾      坡 尼      西              寨
          亚              亚
                    ↑  ↑       ↑
                    └──┴───────┘
                         美国

美国的盟国   ───────→      美国的安全伙伴    ------→
其他安全关系 ───────→      中国是其最大贸易伙伴的国家
```

图1-1 美国的安全网络与中国的经济优势

注:主要基于2011年的数据,数据主要来自相关国家的政府统计,以及中国外交部和商务部网站。对于美国在这一地区的安全伙伴,美国政府并无统一的描述,但通过美国政府的做法以及美国政府官员的文章、讲话和政府报告,可以感觉到其存在和大致范围。图中选择的这四个国家,只是一种大致的选择,不同的学者或许会采用不同的划分法,而且,美国的安全伙伴也是一个其范围处于变化中的概念。

随着中国的经济崛起,东亚地区格局发生了根本性的变化,它对地区秩序的含义表现为:在顶层关系上,是随着中国实力上升而处于权力转移过程中的中美关系[③];在安全领域,美国及其在东亚的联盟体系依然稳定地处于

---

① 见中国商务部国别贸易报告,http://country report.mofcom.gov.cn/record/view110209.asp?news_id=27876。

② 对东亚二元格局的探讨可以参考周方银《中国崛起、东亚格局变迁与东亚秩序的发展方向》,《当代亚太》2012年第5期。

③ 我们需要对全球层面的权力转移和地区层面的权力转移进行区分。在全球层面,中美之间的权力转移还远未实质性地来临,但在东亚地区,权力转移可能会更快地发生。对中美权力转移的探讨可以参考Steve Chan, *China, the U. S., and the Power-Transition Theory: A Critique* (Abingdon: Routledge, 2008)。

003

主导地位；在经济领域，是中国的中心地位有所加强的地区经济深度相互依赖关系；在观念分布上，本地区相当多国家还未做好坦然接受中国地区中心地位的心理准备，地区的制度与规则还不能与中国正逐渐成为地区经济中心这一事实有效地接轨和相适应。

东亚地区发生的这种格局变化，构成大国亚太战略调整的现实基础。某种意义上可以说，如果不是中国崛起所具有的地区含义如此重大，美国等大国亚太战略调整的决心和力度不会这么大，不会如此引人关注。

中国崛起对东亚格局的冲击，以及区外大国美国试图维护自身在这一地区的主导地位，是影响东亚秩序未来发展方向的核心因素①。大国亚太战略的调整，特别是作为亚太国家的大国亚太战略的调整，是在中国经济实力迅速上升、地区格局发生深刻潜在变化的背景下，为了从长期维护自身在这一地区的地位和利益而做出的战略选择。

对于作为全球霸主的美国来说，其亚太战略的调整，具有引领地区秩序发展方向，按照它的意愿对地区格局、地区安排的方向、路径和性质进行塑造的目的，这关系到美国未来几十年世界霸主地位的存续问题②。由于大国亚太战略的调整有应对中国崛起的成分，因此，对相关大国亚太战略的调整进行深入研究，探讨其对中国外部环境产生的影响，并在此基础上思考中国应采取的对策，也是关系到未来一个时期中国能否顺利崛起的事情。

第二节 大国战略中的东亚与亚太

在探讨大国亚太战略调整的过程中，一个值得关注的问题是东亚与亚太的区分。在这两个概念中，东亚是一个相对清晰的概念，亚太是一个其边际更模糊的概念。

东亚一般来说包括传统所称的东南亚和东北亚，主要指东盟十国，加上

---

① 孙学峰、黄宇兴：《中国崛起与东亚地区秩序演变》，《当代亚太》2011年第1期，第6~34页。
② 奥巴马2011年11月17日在澳大利亚国会发表演讲时提出，美国的目标是在亚太地区"扮演更大和更为长远的角色，以便重塑亚太地区和它的未来"。美国务卿希拉里·克林顿称美要扮演亚太地区"一个世纪的"领袖角色。参见"Remarks By President Obama to the Australian Parliament," November 17, 2011, http://www.whitehouse.gov/the-press-office/2011/11/17/remarks-president-obama-australian-parliament; Hillary Clinton, "America's Pacific Century," *Foreign Policy*, November 2011, pp. 57-63。

中国、日本、韩国、朝鲜以及蒙古。俄罗斯的远东地区有时也被纳入东亚的范畴。东亚的范围本身并不固定，随着区域外国家特别是美国因素的介入，东亚概念的边界有时被刻意地模糊化了，这比较突出地体现在"东亚共同体"概念和"东亚峰会"的成员国范围上。2011年11月在印度尼西亚巴厘岛举行的东亚峰会，有18个参与国，除东盟10国外，还有中国、日本、韩国、印度、澳大利亚、新西兰、美国和俄罗斯8个国家。虽然以"东亚峰会"的成员国来划定东亚的范围严格来说不是科学的做法，但这18个国家领导人的会议称为"东亚峰会"这一做法本身带来"东亚"概念的很大扭曲，也给东亚概念本身造成比较大的混乱。

与东亚相比，"亚太"是一个边界弹性更大，内涵更为灵活的概念。"亚太"本身是一个发展中的、动态的概念，而不是基于长期历史演化以及国家间互动形成的一个根深蒂固、边界明确的政治地理概念。例如，日本从20世纪70~80年代就开始在政府层面上使用并强调"亚洲太平洋"这个概念，但其具体地理范围也有一个逐渐扩大的过程[1]。"亚太"概念重要性的上升，与美国的推动有很大关系。同时，美国的亚太政策所指涉的地理范围也经历了一个扩大过程[2]。"亚太"概念在今天所具有的特殊性，与这一地区两个重要的基本事实密不可分，这就是中国实力的快速上升，以及美国试图确保这一地区不脱离其掌控的努力。

从话语的角度，"东亚合作"概念有强调东亚国家自主性，强调东亚国家自己决定本地区国家的合作路径、合作方式、合作速度以及地区合作的最终目标的内在含义，在这一概念指导下地区合作的深入有效发展，随着时间的延续，在一定程度上会比较自然地发挥把美国影响力排除在外的作用。正如欧盟合作的深入，对美国参与欧洲事务所产生的某种排斥作用一样。如果东亚地区国家之间的合作，主要在"东亚合作"的名义下展开，并且东亚国家对此形成高度共识，由此造成的结果，至少是美国对"东亚合作"的深入参与和干预在概念上不具有合法性，在身份上也会陷入比较尴尬的境地。这种局面的出现无疑是美国所不希望的。借助于"亚太"概念，美国可以十分自然地参与到与东亚国家相关的合作进程中去。对美国而言，亚太

---

[1] 对此的讨论可以参考本书第四章。
[2] 如本书第二章所指出的，传统上美国亚太政策视野主要关注东亚和西太平洋地区，不包括中亚、南亚和西亚。小布什时期美国的亚太政策视野开始涉及中亚和南亚。奥巴马政府在思考其亚太战略时则明确将南亚次大陆包括进来。

区域合作赋予它一个相当合法的参与东亚地区事务的身份①。以此为基础，美国可以发挥其综合实力更为强大、在本地区有一个紧密的联盟网络、政治军事朋友较多等方面的优势，从而能较为容易地发挥其在亚太区域合作中的核心作用，更好地利用亚太概念赋予美国的更大的战略行动空间，而无被排挤出东亚地区之虞。

对美国来说，有利因素在于，在经济全球化时代，亚太地区的经济结构事实上具有跨太平洋的性质，美国与许多东亚国家继续保持十分紧密的经济关系，它是东亚国家大量出口产品的最终市场，许多东亚国家经济对美国市场依然具有很强的依赖性。同时，自20世纪50年代以来，美国在东亚地区构建了一个以其为中心的联盟体系。几十年来，虽然东亚地区局势发生了巨大和复杂的变化，但美国东亚联盟体系的架构总体上得到保持，并经受住了时间和各种事件的考验。从经济和安全的角度，美国插手东亚事务都有着颇为便利的现实条件和比较深厚的利益关系的基础。

以东亚合作还是以亚太合作为中心，不仅是一个在什么地区范围展开经济合作能为相关国家带来更大经济收益，以及在什么地域范围内政治、经济、安全合作能更有效推进的问题，也是一个关系到相关国家在地区合作中的主导权以及与此相应的地区合作路径的问题。"从结构层面上看，美国在本地区的利益是通过保持美国对地区事务的主导权来实现的，而美国的主导地位又是通过特定的地区安排而得以保证的"②。"东亚合作"与"亚太合作"之间的关系不是简单的互补关系，"东亚"与"亚太"概念也不是一个单纯的修辞问题，而是可以在大国权力竞争的过程中发挥工具性的作用③，可以在一定程度上影响到相关大国实力和影响力的消长。

美国在本地区有很多关系紧密的伙伴，美国不会仅仅满足于各国在当前对亚太合作的各种说法和表态，而会采取许多具体措施，把这一地区相关安排的发展方向，逐步锁定在以"亚太"为尺度的地区合作路径上，并以此

---

① 宋伟:《试论美国对亚太区域合作的战略目标和政策限度》,《当代亚太》2010年第5期,第6~21页。
② 吴心伯:《美国与东亚一体化》,《国际问题研究》2007年第5期,第47页。
③ 关于国际制度被用于权力竞争的讨论,可以参考 Kai He, *Institutional Balancing in the Asia Pacific: Economic Interdependence and China's Rise* (London: Routledge, 2009), p. 10; Deepak Nair, "Regionalism in the Asia Pacific/East Asia: A Frustrated Regionalism"; Jürgen Rüland, "Southeast Asian Regionalism and Global Governance: 'Multilateral Utility' or 'Hedging Utility,'" *Contemporary Southeast Asia*, Vol. 33, No. 1 (2011), pp. 83 – 112.

第一章 中国崛起、东亚格局演变与大国亚太战略的调整

削弱东亚合作的动力和基础,迟滞东亚合作的进程。本地区国家对"东亚"概念与"亚太"概念的不同侧重,也构成十分重要的判定相关国家战略立场与战略选择的依据,并具有较为明显的信号意义[①]。

美国在这方面采取的一个重要举措,是对跨太平洋伙伴关系协定(TPP)谈判的大力推进。TPP 的一个重要战略价值在于,为美国提供了一个"合法"地进入东亚地区的经济平台,使很多东亚国家和美国在经济上比较自然地紧密连接在一起,并有利于美国在这一地区获得经济规则制定权[②]。如果 TPP 谈判取得重要进展,则它可以发挥锁定地区合作路径的重要作用,使美国在区域合作的未来博弈中获得更大的主动性。如果 TPP 能够产生把中国排除在区域经济合作之外的作用,则它可以在战略层面更直接地服务于美国的目的,而不仅是达到以亚太合作挤压和消解东亚合作的作用。从这个角度来说,TPP 的进展对中国提出了一个如何巩固自身在地区经济合作中的地位与利益的战略问题。

虽然从学术角度来说,由于其模糊性和过于巨大的弹性,"亚太"不是一个非常好的学术分析的基础,但它具有十分重要的政治现实基础。随着美国全球战略重心的东移,这一点对很多东亚国家变得越来越清楚。这也使得"东亚"与"亚太"的关系变得十分复杂,有些纠缠不清。造成这种情况的根源,一是因为美国在东亚地区利益介入的深度,二是美国试图按照自身的意愿来处理东亚的问题,而美国需要一个合法的身份,才能实现如此深度介

[①] 某种意义上,几年前"10+3"与"10+6"的竞争具有中日在东亚地区争夺经济合作主导权的性质,日本的东亚经济合作战略有一个从积极推动东亚经济合作转向制衡中国经济崛起的过程。在当前的背景下,地区合作是以东亚合作为主渠道,还是以亚太合作涵盖乃至消解东亚合作,某种意义上具有中美之间在地区合作路径上展开竞争的蕴涵,在这个过程中,美国似乎具有较明显的优势。关于日本东亚合作策略的转变以及中日在地区合作的主导权之争,可以参考 Yul Sohn, "Japan's New Regionalism: China's Shock, Values, and the East Asian Community," *Asian Survey*, Vol. 50, No. 3 (2010), pp. 497 – 519; Christopher W. Hughes, "Japan's Response to China's Rise: Regional Engagement, Global Containment, Dangers of Collision," *International Affairs*, 85: 4 (2009), pp. 837 – 856;克劳德·迈耶:《谁是亚洲领袖:中国还是日本?》,潘革平译,社会科学文献出版社,2011。

[②] 参考李向阳《跨太平洋伙伴关系协定:中国崛起过程中面临的重大挑战》,《国际经济评论》2012 年第 2 期,第 17~27 页;沈铭辉:《跨太平洋伙伴关系协议(TPP)的成本收益分析:中国的视角》,《当代亚太》2012 年第 1 期,第 6~34 页;盛斌:《美国视角下的亚太区域一体化新战略与中国的对策选择》,《南开学报》(哲学社会科学版)2010 年第 4 期,第 70~80 页;刘中伟、沈家文:《跨太平洋伙伴关系协议(TPP):研究前沿与架构》,《当代亚太》2012 年第 1 期,第 36~59 页;Bernard K. Gordon, "Trading Up in Asia," *Foreign Affairs*, Vol. 91, Issue 4, Jul/Aug2012, pp. 17 – 22。

入的目的。

与本地区许多国家的关注重点从东亚合作向亚太合作发生某种程度转移相应的是，许多国家的亚太战略有一个成型的过程，有些国家的地区战略甚至有一个与美国对区域合作的态度转变过程大体相适应的从东亚战略转向亚太战略的过程，这一情况比较典型地体现在本地区大国日本区域战略的转型过程中[①]。

与美国、日本、中国的情况不同，本书讨论的其他大国如俄罗斯、印度以及欧洲大国，他们在东亚国家之间的合作是以"东亚"还是"亚太"为基础架构展开的问题上，没有那么深的利益卷入。对他们来说，不存在自身争取区域合作主导权的问题，他们没有从根本上决定和影响本地区合作基本架构的能力和抱负。因此，对他们的亚太战略来说，关注的重点是如何在不同的区域合作框架下比较稳定地占有一席之地，取得长期稳定的发言权，以更好地实现其战略利益。

第三节　大国是否有亚太战略

本书探讨的是大国的亚太战略，有两点需要说明。第一，我们讨论的大国涉及美国、日本、俄罗斯、印度和欧洲大国。这里的大国指"Major Power"，而不是"Great Power"，某种意义上是世界上的主要力量的含义。对于哪些国家可以算作为大国，没有绝对清晰和逻辑上完美无缺的标准，在大国的具体选取上，多少有一些武断的地方，这是难以避免的情况。第二，没有讨论中国的亚太战略，这样做的一个重要考虑是，我们把对其他大国亚太战略的讨论作为研究中国亚太战略的一个重要前提，希望通过对其他大国亚太战略的探讨，为中国制定自身的亚太战略提供更坚实的知识基础。

由于这里讨论的不仅是美国的亚太战略，而且还要讨论日本、俄罗斯、印度以及欧盟的亚太战略，由此提出的一个问题是，这些大国（以及欧盟）是否都有亚太战略？大国有亚太战略，是讨论大国亚太战略的前提，在这个前提下，我们才能讨论其亚太战略的内容与影响。如果某一大国没有亚太战略，则很多后续的讨论就丧失了基本的前提。

当我们讨论一个大国的亚太战略时，可能存在两种不同的情形。一种情

---

① 参考本书第四章。

况是，大国有颇为明确的亚太战略，包括国家领导人、政府高级官员的讲话，以及政府不同部门出台的具体的战略文件、战略报告等相关文件，对其进行了清晰的阐述，与此同时，还有相应的较为连贯一致的战略部署和政策行动，这些不同层面的内容有效地构成一个整体，成为大国亚太战略的有机组成部分。这方面比较典型的是美国。这种情况的存在，为人们讨论其亚太战略的性质和内涵，审视其成败得失，以及与其他大国的亚太战略会产生什么样的相互作用、形成什么样的相互关系，提供了很大便利。

另一种情况是大国并没有明确公布其亚太战略，没有权威的官方文件和报告，人们也不容易清楚地看到连贯一致的战略设计和政策操作。此时，一国是否存在亚太战略，就是一个有些存疑的问题。某种程度上，这种情况的存在，对战略研究造成某种尴尬的局面，但这并不构成学者放弃相关研究的充分理由。在有些情况下，人们可以根据大国所处的国际格局和国际环境、它的基本利益、行为方式以及它实际执行的政策，抽象出一个大国的战略，这在某种意义上是对大国战略的理性构建。正如我们研究春秋时期齐桓公、晋文公的行为，认为他们执行的是"尊王攘夷"的争霸战略[1]，而如果回到当时的历史条件下，齐桓公、晋文公并没有发布这样的战略报告，可能也没有完整的通过"尊王攘夷"的做法实现霸主地位的战略设计[2]，但学者仍然可以通过理性思考，抽象出这样的战略来。

就国际战略研究的实际情况来说，很多情况下，更经常存在的是第二种类型的战略研究。很多时候，一国国际战略的目标、手段、逻辑并不以政府文件的方式最清晰地呈现在人们眼前，而需要学者加以深入的分析和探讨。事实上，即使政府公布的战略文件也经常是对外交实践活动加以提炼的产物，而不是完全凭空构造和设计。从这个角度出发，理性重建似乎必不可少。我们看到的很多战略讨论，诸如"罗马帝国的大战略""腓力二世的大

---

[1] 这方面的探讨，可以参考周方银《松散等级体系下的合法性崛起——春秋时期"尊王"争霸策略分析》，《世界经济与政治》2012年第6期，第4~34页；徐进：《春秋时期"尊王攘夷"战略的效用分析》，《国际政治科学》2012年第2期，第38~61页。
[2] 这里所说的"有"还是"没有"这样的战略设计，实际很难通过对历史材料的阅读和了解来加以判定，在很多时候，战略更适合去具体地实践，而不是在口头上去言说。有些战略需要通过"只做不说"的方式来实行，才能更好地达到效果。许多时候，大国需要避免暴露自身的野心，以免引起很多负面的后果。比如，即使哈布斯堡王朝的腓力二世具有广泛的野心，但他却"不断试图令邻国放心，要它们完全不用害怕他"。从这个角度来说，即使腓力二世有一个具有扩张性的大战略，那也是不宜于公开的。参考杰弗里·帕克《腓力二世的大战略》，时殷弘、周桂银译，商务印书馆，2010，第24~27页。

战略"、一战二战时期德国的大战略、二战前英国对德国的"绥靖"、冷战时期苏联的大战略等，比较普遍地具有这样的特点①。对当前战略问题的讨论，包括对中国的周边战略、中国的崛起战略等也面临同样的情形，但这并不影响在这些方面大量有价值研究成果的取得②。与此相似，对于不同大国的亚太战略、亚洲战略或东北亚战略等，国内学界也有不少理性的讨论③。

对大国战略进行理性重建的重要性和普遍性，并不意味着学者们有了无穷的随意发挥空间，而是说，学者们可以在基于对相关情形进行深入了解和研究的基础上，谨慎地开展很多工作，并可能取得具有理论价值和现实意义的多方面成果。考虑到大国战略本身的复杂性和随着环境条件因素的变化而产生的动态演进性，"大战略永不可能是精确无疑和事先注定的"④，它需要不断的和明智的反思，以及在此基础上进行新的创造。从这个意义上说，即使对于美国的亚太战略，我们也不能仅仅停留在对美国政府相关官方文件的理解和解读上，而需要在理论探讨与政策研究的基础上进行反思性分析，揭示出其背后的动力和影响因素，对其合理性和利弊进行探讨，对其效力和局限性做出具有前瞻性的判断，以获得更为深入的理解。同时，美国的亚太战略受大量因素的影响，其本身还在演变的过程中，其丰富性远远超过官方文

---

① 相关内容可以参考爱德华·勒特韦克《罗马帝国的大战略》，时殷弘、惠黎文译，商务印书馆，2008；杰弗里·帕克：《腓力二世的大战略》，保罗·肯尼迪编《战争与和平的大战略》，时殷弘、李庆四译，世界知识出版社，2005；威廉森·默里等编《缔造战略：统治者、国家与战争》，时殷弘等译，世界知识出版社，2004。这些大国战略的经典著作中讨论的大量战略，带有很明显的事后理性重建的特点。

② 相关成果可以参考：Michael D. Swaine, Ashley J. Tellis, *Interpreting China's Grand Strategy: Past, Present, and Future* (Rand Publishing, 2000)；金骏远：《中国大战略与国际安全》，王军、林民旺译，社会科学文献出版社，2008；阎学通、孙学峰：《中国崛起及其战略》，北京大学出版社，2005；时殷弘：《当代中国的对外战略思想——意识形态、根本战略、当今挑战和中国特性》，《世界经济与政治》2009年第9期，第18~24页。

③ 这样的讨论很多，这里只是稍微列举其中的一些。李秀石：《试析日本亚太外交战略》，《现代国际关系》2009年第1期，第13~19页；日本战略走向课题组：《当前日本对外战略：成因、手段及前景》，《现代国际关系》2006年第12期，第23~29页；胡仁霞、赵洪波：《俄罗斯亚太战略的利益、合作方向与前景》，《东北亚论坛》2012年第5期，第80~87页；师学伟：《21世纪初印度大国理念框架下的亚太外交战略》，《南亚研究》2011年第3期，第66~84页；朱立圻：《从防御型转入进取型的欧盟亚洲战略》，《世界经济与政治》1995年第11期，第44~48页；崔宏伟：《21世纪初期欧盟对亚洲新战略与中国在其中的地位》，《世界经济研究》2003年第7期，第73~77页。

④ 保罗·肯尼迪：《战争与和平中的大战略：拓展定义》，载保罗·肯尼迪编《战争与和平的大战略》，时殷弘、李庆四译，世界知识出版社，2005，第5页。

件的内涵。如果对美国亚太战略的研究，仅仅停留在官方文件的解读以及美国相关政策行为的描述上，这样的战略研究实际是无法令人完全满意的。

从另一个角度来说，对某些大国，我们可以在先不确认其是否具有"亚太战略"的情况下，讨论如下一些问题：相关大国在亚太地区的主要利益是什么？他们试图在这一地区实现什么样的总体目标？他们对这一地区的力量走势、大国关系、地区格局与制度安排的发展方向如何进行评估和认知？他们试图投入多大的资源，并主要采用什么样的手段来实现其在本地区的目标和利益，他们的政策手段与政策目标之间是否能实现有效的匹配？推动其亚太政策调整的动力和因素是什么？以及他们执行的政策在本地区会产生什么样的影响？这些问题中的每一个，都可以在一定程度上单独加以研讨，它们也是在对大国亚太战略进行研究时需要加以具体关注的重要内容。如果我们能够对上述问题进行较为准确和有见地的回答，那么，就是在实质上为不同大国的"亚太战略"勾画具体轮廓，从而对不同大国亚太战略的内涵、特性与影响等问题做出判断。

耶鲁大学历史学教授加迪斯在讨论二战后美国国家安全政策时，对"战略"使用了一个颇为简单的界定，认为战略是"目的与手段、意图与能力、目标与资源联系起来的一个过程"[①]。从这个意义上说，我们对大国在亚太地区试图实现的目标、为实现目标而投入的资源和采用的手段以及实现其目标的能力等进行的分析，在宽泛的意义上说，就是对大国亚太战略进行的分析。这样的分析有助于我们更好地了解相关大国亚太政策的动力、方向、内涵与影响，理解不同大国亚太政策的相互作用，也有助于把相关研究进一步引向深入。这样的讨论，即使不冠以"亚太战略"讨论之名，也具有"亚太战略"讨论之实。

第四节　大国亚太战略调整与中国的崛起

实行改革开放以来，在三十多年中，中国的实力总体上保持了快速上升的势头。20世纪90年代下半期，关于中国崛起的声音逐渐出现。在21世纪以后，尤其是金融危机以后，关于中国崛起的现实性、可能性，以及中国

[①] 约翰·加迪斯：《遏制战略：战后美国国家安全政策评析》，时殷弘等译，世界知识出版社，2005，前言。

崛起对东亚地区秩序、国际秩序的冲击等问题,在学界与政策界的讨论变得更加热烈。

中国崛起引起国际社会的持续关注,一个很重要的原因在于,中国是在一种特殊的情况下崛起,中国崛起的特殊性体现在以下几个方面:

首先,中国的崛起是在单极下的崛起。在单极下,相对于其他国家而言,主导大国享有巨大的实力优势,其结果,在体系内没有其他国家有足够的能力对主导大国形成十分强有力的制约。单极结构极大地增加了其他国家制衡主导大国的成本,由此扩大了主导大国的行动自由,并易导致主导大国的过度扩张倾向。单极下特殊的实力分配结构给大国崛起造成了特殊困难。把这个逻辑颠倒过来用在次等大国的身上,单极格局造成的效应是,明显缩小了次等大国的行动自由。单极格局下,各种实力资源不成比例地集中到主导大国手中,这显著地提高了次等大国制衡主导大国的实力门槛[1],而且,霸权国以霸权护持为基本目标,对次等大国崛起的敏感度最高、容忍度最低和制约能力最强[2]。从这个意义上说,中国的崛起环境是颇为不利的。

其次,中国是在大国无战争的时代崛起[3]。在这个时代背景下,崛起国与霸权国很可能不再通过大国争霸战争的方式实现权力转移。中国总体上试图以和平方式进行崛起,如何在和平的状态下,实现权力平稳的再分配或转移,也成为一个新的国际政治现象,并对中国崛起带来了理论和现实挑战。

就东亚地区而言,中国的崛起也是在一个特殊的、某种意义上不是十分有利的背景下进行。中国的崛起一开始就面临美国在东亚地区的综合实力优势和一个较为完整的联盟体系。中国崛起不仅要解决实力增长的问题,还要解决在实力上升的过程中,如何与美国在东亚的等级体系对接,实现地区秩

---

[1] William C. Wohlforth, "The Stability of a Unipolar World," *International Security*, Vol. 24, No. 2 (1999) pp. 5-41;刘丰:《单极体系的影响与中国的战略选择》,《欧洲研究》2011年第2期,第15~29页。

[2] 贾庆国:《机遇与挑战:单极世界与中国的和平发展》,《国际政治研究》2007年第4期,第57页。

[3] 二战后,国际政治中出现了一种大国相互间的战争变得异常稀少的情况,某种意义上,国际体系进入了一种大国无战争的状态。参考 John Mueller, "War Has Almost Ceased to Exist: An Assessment," *Political Science Quarterly*, Vol. 124, No. 2 (2009), pp. 297-321; Raimo Vayrynen, ed., *The Waning of Major War: Theories and Debates* (New York: Routledge, 2006);杨原:《大国无战争时代霸权国与崛起国权力竞争的主要机制》,《当代亚太》2011年第6期,第6~32页。

序的平稳转型的问题①。随着美国全球战略的调整与战略重心的东移,东亚峰会的扩容②,中、美、日、俄、印等大国竞技的舞台在很大程度上转向亚太地区,中国已经无法再像金融危机以前那样,主要专注于东亚范围内地区合作的推动,而且这样的做法也很难再产生过去所期望的那种效果。

当前,中国崛起已经进入一个更为关键并在某种意义上更为困难的时期。自 20 世纪 90 年代初以来,中国总体上执行了"韬光养晦、有所作为"的对外战略。这一战略的主要目标是争取一个和平有利的外部环境,为中国的现代化建设与经济发展服务。从策略上说,这个战略主要谋求两方面的效果,一是谋求中国实力较为迅速的增长,二是试图在实力增长过程中尽可能避免在地区或全球范围引起不良反应,降低崛起过程中其他国家对中国的制衡,避免中国崛起造成战略上自我包围的效果③。这一策略试图在不挑战现有国际秩序,降低对现有秩序冲击的情况下,寻求自身的发展空间,避免成为国际斗争的焦点,减小发展的阻力,即力图在现有秩序不发生根本性变化或动摇的情况下,实现中国自身的"和平发展"。

但在当前情况下,中国继续执行"韬光养晦"政策很难继续收到过去那样的效果。从实践上,"韬光养晦"政策的顺利推进,从根本上依赖经济领域合作的深化与发展,而美国亚太战略的调整,很大程度上已经改变了区域经济合作的内容和方向,一些大国特别是美国对中国经济实力的上升和经

---

① 关于国际关系中的等级体系的探讨,可以参考 John M. Hobson and J. C. Sharman, "The Enduring Place of Hierarchy in World Politics: Tracing the Social Logic of Hierarchy and Political Change," *European Journal of International Relations*, Vol. 11 , No. 1 (2005), pp. 63 - 98; David A. Lake, *Hierarchy in International Relations* (Ithaca: Cornell University Press, 2009); William C. Wohlforth, "Unipolarity, Status Competition, and Great Power War," *World Politics*, Vol. 61, No. 1 (2009), pp. 28 - 57; David C. Kang, "Hierarchy and Legitimacy in International Systems: The Tribute System in Early Modern East Asia," *Security Studies*, Vol. 19, No. 4 (2010), pp. 591 - 622。

② 就成员范围而言,东亚峰会从成立伊始就包含了三个非东亚成员,即南亚的印度和大洋洲的澳大利亚和新西兰。这种成员构成跨越了东亚地区、南亚地区和亚洲之外的大洋洲地区,使东亚峰会在制度设计上具有跨地区主义的特点,美国、俄罗斯的加入,使这一特点变得更加突出。

③ 参考 Michael D. Swaine, Ashley J. Tellis, *Interpreting China's Grand Strategy: Past, Present, and Future* (Rand Publishing, 2000), p. 113;〔美〕金骏远:《中国大战略与国际安全》,王军、林民旺译,社会科学文献出版社,2008,第 45 页;周方银:《韬光养晦与两面下注——中国崛起过程中的中美战略互动》,《当代亚太》2011 年第 5 期,第 6~26 页。关于由于扩张政策而导致自我包围的逻辑,参见杰克·斯奈德《帝国的迷思:国内政治与对外扩张》,于铁军译,北京大学出版社,2007。

济影响力的扩大十分敏感。在中国受到的关注迅速增大,特别是一些国家对中国经济实力上升具有比较严重戒备心理的情况下,中国继续执行"韬光养晦"政策的难度显著增大。此时,中国不仅很难再做到"韬光养晦",而且一些正常的经济合作行动都可能受到"刁难",这比较明显地表现在中国对外经济合作中遭遇到越来越多经济问题被安全化的情况上[①]。

在美国战略重心东移的背景下,如何继续保持东亚合作的势头,使正处于构建过程中的亚太秩序和东亚秩序不至于往十分不利于中国的方向发展,并在这一地区秩序下为中国的未来发展保留和创造足够的战略空间,为中国的崛起营造较为有利的外部环境,是中国外交今后一个时期面临的根本性任务。未来形成的亚太秩序的性质直接关系到中国的国际地位与发展空间,为此,加强对大国亚太战略的内涵及其在本地区的相互作用和影响的研究,有助于我们在复杂变化的动态环境下,在大国互动的过程中做出更明智的选择,并通过大国互动的过程,营造一个相对有利的亚太和东亚地区秩序架构。

此外,中国周边存在的很多问题,也与亚太秩序的性质和变化息息相关。中国要实现顺利的、阻力较小的崛起,处理好与周边国家的关系十分关键,构建良好的周边关系将是我国成长为世界大国的重要前提条件。一个总体上和平与稳定,特别是在战略态势上对中国有利的周边环境,是我国集中精力进行国内经济建设的重要前提。周边是我国对外开展经济活动的主要场所、资源与能源的重要来源。周边是我国维护主权权益、发挥国际作用的首要保证,是我国提升国际地位的主要支撑点与战略依托带。大国在亚太地区的竞争与合作的博弈过程,对中国周边环境具有十分重要和直接的影响。周边地区的秩序安排、周边地区的繁荣与稳定与大国在亚太的互动具有深刻关联。为了更好地制定中国的周边战略,以及对现实问题和挑战做出有效应

---

① 经济问题安全化,指通过把经济问题贴上安全的标签,使其成为一个安全问题,从而可以基于特殊理由阻止某些经济行为的发生。这种现象近年来越来越多地针对中国的海外经济行为而发生。关于安全化问题,可以参考 Barry Buzan, Ole Waever and Jaap de Wilde, *Security: A New Framework for Analysis* (Boulder Colorado: Lynne Rienner Press, 1998); and Barry Buzan and Ole Waever, *Regions and Powers: The Structure of International Security* (London: Cambridge University Press, 2003); Matt McDonald, "Securitization and the Construction of Security," *European Journal of International Relations*, Vol. 14, No. 4 (2008), pp. 563 – 587; 王凌:《安全化的路径分析——以中海油竞购优尼科案为例》,《当代亚太》2011 年第 5 期,第 74~97 页。

对，也要求我们加强对大国亚太战略的研究。

未来几年是大国亚太战略调整的关键时期，这一阶段大国在亚太地区的互动，对于亚太地区未来的发展将产生一定的路径引导作用。亚太地区正处于格局与秩序新的塑造期。未来几年的发展，对地区秩序的演化会产生长期影响。同时，这也是中国全面建设小康社会、实现中华民族伟大复兴的关键时期，亚太地区对于中国的成功崛起至关重要。因此，我们需要加强对大国亚太战略的研究，并在这个过程中，做出自身的战略选择，以在亚太地区获得一个较为有利的战略位置，更好地维护中国的国家利益，拓展中国发展的国际战略空间。

第二章
美国的亚太战略

吴心伯[*]

21世纪最初的10年，东亚地区发生了重大变化，中国的崛起和地区合作的开展，重塑着地区政治、经济与安全生态。与此同时，美国忙于反恐以及阿富汗、伊拉克两场战争，对东亚事务的关注和参与有限。奥巴马执政后，着手调整美国的全球战略，结束两场战争，加大对亚太的关注和投入，经过4年的谋划和实施，新的美国亚太战略已基本定型[①]，对美国与亚洲特别是东亚的关系以及亚太地区形势已经并将继续产生重要影响。本章旨在回顾冷战结束后美国亚太战略的演变，剖析奥巴马政府对亚太的认知，研究其亚太战略的框架和具体实施，总结这一战略构想与执行的特点，展望其未来走向。

第一节 从克林顿到小布什：冷战结束后
美国亚太战略的演变

冷战的终结开启了美国亚太战略的新阶段。亚太战略不再受制于冷战时

---

[*] 吴心伯，复旦大学美国研究中心主任，教授。
[①] 对亚太地区的定义主要有三种。第一种定义覆盖了太平洋两岸，包括东亚、大洋洲、北美以及南美的太平洋沿岸国家，如智利和秘鲁，这是亚太经合组织的涵盖范围。第二种定义主要指东亚和西太平洋地区，不包括太平洋东岸。第三种定义包括了东亚和西太平洋地区以及在这一地区有着重要的政治、经济和安全存在的美国。本章所指的亚太地区是基于第三种定义。

期的全球遏制战略,而更多地反映美国在亚太地区的利益目标和战略关注。然而无论是在战略目标还是战略手段上都存在着连续性。保卫美国及其盟友的安全,维护航行自由,防止任何其他霸权力量的崛起,保持和扩大美国与本地区的商业联系,维持美国对地区事务的参与和领导,这些仍然是美国亚太战略的重要目标。与本地区的经济交往、前沿军事存在和双边安全同盟等也仍然是美国推进亚太战略的重要手段。另一方面,随着亚太地区形势的发展和变化,防止大规模杀伤武器的扩散、打击恐怖主义、因应大国的崛起,成为美国亚太战略的新的重要内容,而多边安全和经济合作机制也越来越成为美国推进亚太战略的重要工具。

后冷战时代美国的亚太战略主要受到三个因素的影响。首先是美国的国家安全战略,它决定了亚太地区在美国总体战略中的地位,也决定了美国在亚太要实现的主要战略目标。其次是美国对亚太地区的具体认知,它决定了美国亚太战略的基本态势和主要内容。最后是中国因素。由于后冷战时代中国经济的快速发展、综合国力的显著增长以及在本地区影响力的提升,对华战略不仅成为美国亚太战略越来越重要的组成部分,更影响到亚太战略的主旨和实施路径。

克林顿政府从美国"接触与扩展"的总体战略出发,基于冷战后变化的亚太地区环境,提出了建立"新太平洋共同体"的亚太战略,其主要思路是:积极参与和领导亚太经济,谋求建立更加开放的亚太经济贸易体系,以促进美国的经济利益;继续保持美国在亚太的军事存在,支持建立多边安全机制对话,以有效应对后冷战时代的安全挑战;积极向亚太地区输出西方的民主制度和价值观,以提升美国的政治领导地位和影响力。在20世纪90年代的大部分时间里,克林顿政府利用多边(亚太经合组织)和双边手段积极推动本地区经济贸易的自由化,使本地区经济体更多地对美国的商品和服务开放,强化了美国与亚太的经济联系,有效促进了美国的经济利益。克林顿政府还调整了与日本、韩国、澳大利亚的安全同盟,使其适应本地区新的安全现实,应对新的安全挑战。面对中国的崛起,克林顿政府经过一段时间的摸索,形成了接触加防范的两手战略,在积极发展对华经济关系、争取中国在国际和地区事务上合作、推动中国接受国际规范的同时,也在安全领域加强了对华防范。总体而言,克林顿政府的亚太战略适应了冷战后经济全球化和地区化的发展趋势,突出了经济因素,促进了美国在本地区的经济利益,也增强了美国与本地区政治、经济和安全上的联系。另一方面,亚太地区的多样性也使克林顿政府扩展民主与价值观的雄心饱受挫折,亚洲金融危机后东亚合作的启动也对美国以亚太经合组织为首要地区经济合作平台的战略形成一定挑战。

如果说克林顿政府的亚太战略突出经济的话,小布什政府的亚太战略则突出安全。在进攻性现实主义思维的主导下,小布什政府谋求使美国的力量优势最大化,进一步巩固美国的全球独霸地位。由此出发,小布什政府把正在崛起的中国视为对美国霸权地位的主要挑战,视亚太为美国全球战略重点,将美国的战略重心从欧洲向亚太转移。然而,"9·11"事件打乱了美国的战略计划,反恐突如其来地成了美国国家安全战略的优先任务。在此背景下,美国亚太战略的主线是打击恐怖势力、对快速发展的中国"两面下注"以及应对朝鲜核计划。在经济领域,小布什政府对推动亚太多边经济合作不感兴趣,主要是通过发展双边经贸关系谋取经济利益。随着中国经济的持续快速发展和加入世界贸易组织后市场的开放,小布什政府越来越重视对华经贸关系的发展,"中美经济战略对话"成为管理快速发展的双边经贸关系的重要手段。与克林顿政府相比,小布什政府的亚太战略乏善可陈,它一开始就做出以中国为主要对手的错误判断,在"9·11"事件之后又过于关注反恐,从问题的角度而不是地区的角度看待亚太,而阿富汗和伊拉克两场战争又大大牵制了美国对亚太地区事务的参与。对华战略的二元性特征——安全上的防范和经济上的交往也使对美国国家利益越来越重要的中美关系难以真正在战略稳定的基础上健康发展。

从以上的简要分析可以看出,冷战后两任美国总统亚太战略有如下特征:首先,亚太战略反映了美国国家安全战略的总体目标。其次,由于亚太地区经济的蓬勃发展,亚太在美国战略中的地位在上升。再次,中国的迅猛发展和综合国力的提升使其在美国亚太战略中占据越来越重要的位置,美国对华战略的二元性特征突出。最后,美国国内政治以及全球与亚太地区形势的变化赋予美国亚太战略以动态性,在不同时期重点关注的战略目标、思路和手段都有所不同。这些特征同样在奥巴马政府的亚太战略中得到体现。

第二节 奥巴马政府对亚太的认知

奥巴马政府是在美国处于冷战后最低潮的时刻上台的。阿富汗和伊拉克两场战争使美国在战略上筋疲力尽,一场金融危机又使美国经济面临空前的困难。奥巴马要结束两场战争以使美国摆脱战略困境，要振兴经济以使美国恢复活力，欣欣向荣的亚太地区因而在奥巴马政府的战略调整和经济振兴日程上占有重要位置。

奥巴马政府首先高度评价亚太的重要性。奥巴马本人出生在夏威夷，童年时在印度尼西亚生活过，对亚太地区有亲切感，自称是"美国首位太平洋总统"。他强调，"这个地区的未来与我们利害攸关，因为这里发生的一切对我们国内的生活有着直接的影响"。希拉里·克林顿国务卿称，"越来越清楚的是，在21世纪，世界的战略和经济重心将是亚太地区"。"……21世纪历史的大部分将在亚洲书写。这个地区将见证地球上最具转变性的经济增长。这里的大多数城市将成为全球商业与文化中心。随着本地区更多的人接受教育、获得机会，我们将会看到下一代商业、科技、政治与艺术领域的地区性和全球性的领军人物的崛起"①。

奥巴马政府认为，对美国而言，亚太在经济上提供了机会，而在安全上则提出了挑战。亚太是世界上经济最富活力的地区。亚太经合组织成员的经济总量占世界的54%，全球贸易额的44%，世界人口的40%，拥有27亿消费者。本地区庞大的新兴经济体不仅通过20国集团等机制积极参与全球经济治理，而且也在国际贸易、金融和新技术开发方面发挥强有力的作用。亚太地区快速的经济发展给美国提供了巨大的商业机会。美国出口商品的60%流向亚太地区，美国前15大贸易伙伴中的7个在亚太地区。美国公司每年向本地区出口3000多亿美元的商品和服务，从而为美国创造了几百万个高薪工作岗位②。美国对亚太的出口增长快于对其他地区的出口增长，奥巴马提出的5年内使美国出口翻番计划的实现，主要寄希望

---

① The White House Office of the Press Secretary, "Remarks by President Barack Obama at Suntory Hall," Tokyo: Suntory Hall, Japan, November 14, 2009, http: //www. whitehouse. gov/the - press - office/remarks - president - barack - obama - suntory - hall; Hillary Clinton, "Remarks on Regional Architecture in Asia: Principles and Priorities," address at Imin Center - Jefferson Hall, Honolulu, January 12, 2010, http: //www. state. gov/secretary/rm/2010/01/135090. htm; Hillary Clinton, "America's Engagement in the Asia - Pacific," remarks at Kahala Hotel, Honolulu, October 28, 2010, http: //www. state. gov/secretary/rm/2010/10/150141. htm;

② Robert D. Hormats (the Under Secretary for Economic, Energy and Agricultural Affairs, U. S. Department of State), Remarks at the Third Annual Engaging Asia Conference, The National Bureau of Asian Research, September 17, 2010, http: //nbr. org/downloads/pdfs/eta/EA_ Conf10_ Hormats_ Transcript. pdf; Hillary Clinton, "Remarks on Regional Architecture in Asia: Principles and Priorities."

于亚太地区,特别是中国市场。正如奥巴马所言,"亚太地区对实现我的第一要务至关重要,那就是为美国人民创造工作和机会"①。但是在安全上,奥巴马政府更多地看到了挑战。中国和印度的迅速崛起正在前所未有地改变着地区力量的界定和分布。暴力极端主义、核技术和导弹技术的扩散、对稀有资源的争夺以及毁灭性的自然灾害等非传统安全挑战在增加。军事现代化的快速发展使得一些国家(指中国)有能力挑战美国不受阻碍地进入空中、海上以及外空等全球公共领域②。像小布什政府一样,奥巴马政府对中国军事力量的发展忧心忡忡,认为中国军力的增强,特别是反进入和区域拒止能力的提高,正在削弱美国在西太平洋地区的军事优势和美军的行动能力。

奥巴马政府敏感地认识到,很大程度上由于小布什政府在亚洲追求狭隘的政策目标,同时也由于两场战争和一场金融危机的影响,亚洲国家越来越怀疑美国积极参与亚洲地区事务的意愿,怀疑美国是否还能履行对盟友的安全承诺,以及长远而言是否有能力在本地区部署必要的资源以维持地区安全。这些亚洲国家的担心并非空穴来风。亚洲尤其是东亚的变化,美国在小布什时期的政策失误所导致的美国与东南亚的疏远,以及美国实力的相对下降,有可能使美国在这一重要地区的政治与经济事务中被边缘化。政治上,日本鸠山政府在2009年明确提出"东亚共同体"不包括美国。经济上,在2005~2009年间,美国在亚太地区的贸易总额中所占的比重下降了3%③。这些无疑都引起了奥巴马政府的警惕。

基于上述认知,奥巴马政府意识到美国需要加大对亚太的投入,在地区事务中发挥积极地参与和领导作用。曾担任奥巴马竞选团队亚洲问题顾问、后又出任国家安全委员会亚洲事务高级主任的杰弗里·贝德(Jeffrey A. Bader)称,奥巴马政府的外交团队从一开始就明确认为,亚太地区在美国

---

① The White House Office of the Press Secretary, "Remarks by President Obama to The Australian Parliament," Parliament House, Canberra, Australia, November 17, 2011, http: //www. whitehouse. gov/the - press - office/2011/11/17/remarks - president - obama - australian - partiament.

② Michele Flournoy (the Under Secretary of Defense for Policy, Department of Defense), Remarks at The Third Annual Engaging Asia Conference, The National Bureau of Asian Research, September 17, 2010, http: //nbr. org/downloads/pdfs/eta/EA_ Conf10_ Flournoy_ Transcript. pdf.

③ Kurt M. Campbell, "Principles of U. S. Engagement in the Asia-Pacific," Testimony before the Subcommittee on East Asian and Pacific Affairs, Senate Foreign Relations Committee, Washington, DC, January 21, 2010, http: //www. state. gov/p/eap/rls/rm/2010/01/134168. htm.

外交政策中应享有更高的优先性①。希拉里·克林顿国务卿强调，今后 10 年美国治国方略最重要的使命之一就是"大幅增加对亚太地区外交、经济、战略和其他方面的投入"②。随着伊拉克战争的终结和美军减少在阿富汗的行动，美国可以将更多的资源投向亚太地区。另一方面，奥巴马政府相信，亚太地区面临的挑战——从确保南中国海的航行自由，到应对朝鲜的挑衅和扩散活动，再到促进平衡与包容的经济增长，都呼唤美国的领导。"美国的未来与亚太的未来相联系，本地区的未来有赖美国。美国有强烈的兴趣延续其在经济和安全领域发挥领导作用的传统，而亚洲也有强烈的兴趣看到美国继续作为一个充满活力的经济伙伴和起稳定作用的军事影响力"③。既要加强参与，更要积极领导，这就是奥巴马政府对美国在亚太地区角色的认知。

第三节 美国亚太战略框架的形成

从政策制定的角度看，奥巴马执政伊始，就指示其国家安全团队就美国的全球军事存在和优先任务开展战略评估，这项评估认为，美国力量的投送和聚焦存在不平衡。奥巴马认为，美国在某些地区（如中东）投入过多，而在某些地区（如亚太）投入不足。基于此，奥巴马决定加大对亚太的资源、外交活动和政策的投入④。在此背景下，国务卿希拉里·克林顿在 2010 年初提出了指导美国参与亚洲事务的一系列重要原则：①美国与亚洲的交往应以同盟体系和双边伙伴关系为基础。除了保持和发展与传统盟国的关系外，美国还要加强与其他"关键玩家"的关系，包括印度、中国、印度尼西亚、越南等。②要与本地区国家确立共同的议程。这些议程包括安全上的核不扩散、领土争端和军备竞赛，经济上降低贸易和投资壁垒、增加市场透明度，促进更加平衡、包容和可持续的经济增长模式，政治上保护人权和促

---

① Jeffery A. Bader, *Obama and China's Rise: An Insider's Account of America's Asia Strategy* (Washington DC: The Brookings Institution, 2012), p. 6.
② Hillary Clinton, "America's Pacific Century," *Foreign Policy*, November 2011, http://www.foreignpolicy. com/articles/2011/10/11/americas_ pacific_ century.
③ Hillary Clinton, "Remarks on Regional Architecture in Asia: Principles and Priorities."
④ Tom Donilon, "President Obama's Asia Policy & Upcoming Trip to Asia," Remarks at Center for Strategic and International Studies, November 15, 2012, http://www. whitehouse. gov/the - press - office/2012/11/15/remarks - national - security - advisor - tom - donilon - prepared - delivery.

进开放社会等。③在地区机制的建设上强调有效性。地区机制不能为了对话而对话,要有具体的行动,要以结果为导向。④促进多边合作的灵活性和创造性。积极推进针对特定问题的非正式安排,如朝核问题六方会谈、美日澳三边战略对话、美日韩三边战略对话等。支持次地区合作机制,如美国－东盟伙伴关系计划、美国－东盟贸易投资框架协议等。⑤确定主要的地区机制,这些机制应包括所有的关键的利益攸关者,如政治上的东亚峰会,经济上的亚太经合组织,安全上的东盟地区论坛等①。

尽管奥巴马政府上任伊始就明确了亚太地区的重要性,在执政一年后又提出亚太政策的基本原则,但其亚太战略框架的形成经历了一个过程。奥巴马政府一开始的亚太政策思路是在经济和外交上重视亚太,通过加强与亚太的经济联系扩大美国的出口,重振美国经济,提升美国就业率;通过外交上积极参与亚太事务防止美国被边缘化,影响亚太地区的发展,更好地促进美国在亚太的利益。由于伊拉克和阿富汗问题的牵制,奥巴马政府对亚太的安全关注一开始并不突出。2010年8月美国作战部队撤出伊拉克和2011年6月美国启动从阿富汗撤军进程使奥巴马政府结束两场战争的计划有了眉目,美国开始摆脱中东和中亚的战略牵制。另一方面,2010年亚太地区一系列事态的发展——"天安舰"和延坪岛炮击事件的爆发,南海纷争的激化,中日钓鱼岛争端所引起的外交纠纷等使奥巴马政府找到了"重返亚太"的新的切入点,美国亚太战略向地区安全倾斜,政治、经济、安全多管齐下。到2011年秋,美国利用举办亚太经合组织领导人会议和奥巴马首次参加东亚峰会这两个重要外交事件,将美国的亚太战略框架公之于世,这就是建立一个更富有活力和更持久的跨太平洋体系,塑造一个更加成熟的安全和经济架构②。

在奥巴马政府看来,这样一个安全和经济架构应该充分体现美国地区安全和经济政策所蕴含的基本原则。安全上,确保自由和开放的商业活动,以和平方式解决争端,公正的国际秩序,该秩序强调国家的权利和义务、忠于法制以及所有国家畅通无阻地进入天空、太空和海洋这些"全球公共领域"③(global commons)。经济上,一个以规则为基础的,开放、自由、透

---

① Hillary Clinton, "Remarks on Regional Architecture in Asia: Principles and Priorities."
② Hillary Clinton, "America's Pacific Century," Remarks at East-West Center, Honolulu, November 10, 2011, http://www.state.gov/secretary/rm/2011/11/176999.htm.
③ Michele Flournoy, Remarks at The Third Annual Engaging Asia Conference.

明和公平的经济秩序，亚太地区的经济合作与一体化，平衡、包容和环境可持续的经济增长，高标准、基础广泛的自由贸易协定①。在这一系列的安全与经济原则中，"全球公共领域"的概念值得注意，这一概念最早出现在2005年美国国防部公布的《国防战略报告》中，该报告将太空、国际水域、天空和网络空间界定为具有重要战略意义的"全球公共领域"，强调"美国在这些全球公共领域的行动能力十分重要，可以保障美国从稳固的行动基地向世界任何地方投射力量"②。奥巴马政府在2010年发布的《四年防务评估报告》沿用了"全球公共领域"概念，并指出其所面临的广泛威胁："一系列近期的趋势凸显了对全球公共领域稳定的不断上升的挑战，从来自国外的网络空间攻击到国内的网络入侵，到越来越多的海盗活动，到反卫星武器试验和利用太空的国家的增多，到一些国家投入资源以打造旨在威胁我们主要的力量投掷手段——我们的基地、我们的海洋和太空资产，及其支持网络的系统"③。鉴于中国军事能力的发展使其有潜力挑战和制约美国长期以来视为理所当然的干预和主导地区安全事务的能力，奥巴马政府突出"全球公共领域"的概念，强调所有国家有不受干扰地进入全球公共领域的权利，此举旨在确立美国的话语优势，推动建立美国主导下的"全球公共领域"的"交通规则"④。此外，"高标准、基础广泛"的自由贸易协定，也就是奥巴马政府积极推动的跨太平洋伙伴关系协定（TPP），它要体现美国在劳工权利、环境保护、知识产权保护等方面的要求，并作为未来亚太经合组织要推进的亚太自由贸易区的模板⑤。

在继承过去的美国亚太战略传统，同时又根据亚太地区经济快速发展、大国迅猛崛起和东亚合作蓬勃开展等新形势加以调整的基础上，奥巴马政府形成了基于以下内容的亚太战略框架：首先，深化和更新同盟关系；其次，拓展与越来越重要的地区伙伴如印度、印度尼西亚、越南、新

---

① Hillary Clinton, "America's Pacific Century," Remarks at East-West Center, Honolulu, November 10, 2011; Robert D. Hormats, Remarks at The Third Annual Engaging Asia Conference; Kurt M. Campbell, "Principles of U. S. Engagement in the Asia-Pacific."
② Department of Defense, *The National Defense Strategy of the United States of America* (Washington DC, March 2005), p. 13.
③ U. S. Department of Defense, *Quadrennial Defense Review Report*, February 2010, pp. 8 – 9, http://www.defense.gov/qdr/images/QDR_as_of_12Feb10_1000.pdf.
④ Michele Flournoy, Remarks at The Third Annual Engaging Asia Conference.
⑤ Robert D. Hormats, Remarks at The Third Annual Engaging Asia Conference.

加坡等国的接触;第三,与中国发展可预测、稳定、全面的关系;第四,参与和培育地区多边架构;第五,奉行自信而积极的贸易和经济政策;第六,打造更广范围的军事存在;第七,打民主与人权牌①。由此可见,奥巴马政府的亚太战略具有丰富的内容,正如其国家安全事务顾问汤姆·多尼隆(Tom Donilon)所称的,"我们在奉行一项持久和多维度的战略"②。这些内容广泛、手段多样的政策工具相辅相成,共同服务于美国亚太战略的总体目标:振兴美国经济,牵制东亚合作;制衡力量和影响力快速上升的中国,应对多种安全挑战;保持美国对地区事务的参与和领导,防止美国影响力下降和被边缘化。

第四节 美国亚太战略的实施

一 同盟关系

美国在亚太地区的安全同盟是其二战以后在本地区最重要的政治-安全资产。虽然这些同盟产生于冷战时代并服务于冷战的需要,但并没有随着冷战的谢幕而终结。相反,美国在后冷战时代谋求保持、调整和强化这些同盟关系,使其在新的国际形势下服务于美国的亚太和全球战略。奥巴马政府在2010年5月发表的《国家安全战略报告》称,"同盟是力量倍增器:通过多国合作与协调,我们行动的总体效应总是比单独行动的效应大",美国与日本、韩国、澳大利亚、菲律宾和泰国的同盟是"亚洲安全的基石和亚太地区繁荣的一个基础",美国将"继续深化和更新这些同盟以反映本地区变化的动力和21世纪的战略趋势"③。

奥巴马政府采取了一系列举措来深化和更新同盟关系。(1)重视促进

---

① Kurt M. Campbell, "Asia Overview: Protecting American Interests in China and Asia," Testimony before the Subcommittee on Asia and the Pacific, House Committee on Foreign Affairs, Washington, DC, March 31, 2011, http://www.state.gov/p/eap/rls/rm/2011/03/159450.htm; Hillary Clinton, "America's Pacific Century." Remarks at East-West Center, Honolulu, November 10, 2011.

② Tom Donilon, "President Obama's Asia Policy & Upcoming Trip to Asia," Remarks at Center for Strategic and International Studies.

③ National Security Strategy, May 2010, p. 42, http://www.whitehouse.gov/sites/default/files/rss_viewer/national_security_strategy.pdf.

盟友的能力建设，例如，与日本合作发展下一代导弹防御系统，与澳大利亚开展在网络空间的合作，与韩国加强反扩散合作，提升泰国和菲律宾打击暴力极端主义的能力，加强菲律宾的海上力量等。（2）重视与澳大利亚的安全关系。如果说后冷战时代克林顿政府和小布什政府都非常重视美日同盟的话①，奥巴马政府则出于美国亚太安全新布局的需要着力加强美澳同盟。2011年9月，美国和澳大利亚举行的外长和防长会谈（"2+2会谈"）在加强双边安全合作方面达成两个重要协议，一是将网络战纳入美澳共同防御条约，这是美国首次与北约以外的国家开展这种合作；二是同意美海军陆战队进驻澳大利亚北部的达尔文基地，这是美军首次正式驻军澳大利亚，被认为是30年来美澳同盟关系最大的提升。奥巴马总统在2011年11月对澳大利亚访问期间正式宣布了这项驻军计划。澳大利亚也着手调整国防布局以配合美国在本地区的军事战略。为显示美国对澳大利亚在其亚太战略中的地位的重视，美国军方还在2012年8月史无前例地任命一位澳大利亚将领担任美国陆军太平洋司令部副司令。（3）美日同盟的调整。奥巴马执政后，由于2009年上台的民主党鸠山政府有意推行美亚平衡外交和在驻日美军基地搬迁问题上的态度变化，美日关系一度趋向冷淡。2010年鸠山下台和中日钓鱼岛撞船事件使美日关系有了转机。随着继任的菅直人政府和野田佳彦政府在外交安保上采取越来越向美靠拢的政策，美日同盟重新得到了调整和加强。2011年11月，野田在国内存在严重分歧的情况下基于战略考虑宣布日本将参加跨太平洋伙伴关系协定谈判。2012年4月，美日发表联合声明宣布，两国就驻日美军搬迁达成协议，9000名美军从冲绳迁至关岛、澳大利亚和夏威夷。另外，两国将在关岛以及北马里亚纳群岛建立日本自卫队和美军共同训练基地。后者反映了美日同盟的一个新趋向，就是为了应对中国力量的上升，美日同盟从过去注重分工协作转向注重能力的联合与一体化②。日本面对中国的快速崛起越来越视中国为安全威胁，对华政策愈加强硬以及美国强化亚太战略、加强对华制衡，这两股趋势的结合重振了美日同盟，在主张美日共同制衡中国的美国分析家看来，

---

① 关于后冷战时代克林顿政府和小布什政府重新界定与加强美日同盟的举措，参见吴心伯《太平洋上不太平——后冷战时代的美国亚太安全战略》，复旦大学出版社，2006。
② Patrick M. Cronin, Paul S. Giarra, Zachary M. Hosford and Daniel Katz, *The China Challenge: Military, Economic and Energy Choices Facing the U.S.- Japan Alliance*, Center for a New American Security, April 2012, pp. 7, 9.

这一发展对保持亚太地区"有利的军事力量对比和可靠的威慑力至关重要"①。

二 伙伴关系

美国的亚洲政策长期以来是以与盟国的双边关系为基础的。但是随着亚洲大国中国和印度的崛起、中等国家印度尼西亚和越南的发展，美国传统盟国在地区事务中的分量下降已是不争的事实。无论是应对美国金融危机，还是解决地区问题（如朝核问题），抑或是促进全球治理，中印等国的作用至关重要。奥巴马政府在传统的盟友关系基础上提出要重视与地区新兴力量发展伙伴关系，是对亚洲政治、经济和安全格局变化的反应，既显示出其外交思维中务实的一面，也带有鲜明的地缘政治考虑。

在奥巴马政府谋求发展伙伴关系的努力中，印度、印度尼西亚、越南是三个重要对象。美国与印度关系的实质性改善与发展始于小布什政府时期，在奥巴马执政后得到延续。希拉里·克林顿在 2009 年 7 月访问印度之前表示，要开启美印关系"3.0 版"时代，在访印期间提出要在内容广泛的国际事务中与印开展合作，让印度成为美国的"全球伙伴"。实际上，发展"战略伙伴关系"是奥巴马政府对美印关系的定位。奥巴马政府在其《国家安全战略报告》中称，"美国和印度正在建立战略伙伴关系，它基于我们共同的利益，我们作为世界上最大的两个民主国家的共同价值观，以及两国人民之间的密切联系"②。2010 年 6 月，美印启动了战略对话，以推动两国战略伙伴关系的发展。奥巴马表示，"印度是可以信赖的全球性大国，美国与印度的关系将重新塑造 21 世纪亚洲乃至全球的国际关系"③。2012 年 1 月美国国防部公布的《战略指南》更宣称，美国投资于与印度的长期的战略伙伴关系，以提升印度作为"地区经济之锚和更广泛的印度洋地区安全提供者"的能力④。2010 年 11 月，奥巴马访问印度，为提升双边关系推出了两项重大举措：一

---

① Patrick M. Cronin, Paul S. Giarra, Zachary M. Hosford and Daniel Katz, *The China Challenge: Military, Economic and Energy Choices Facing the U. S. – Japan Alliance*, Center for a New American Security, April 2012, p. 8.

② *National Security Strategy*, May 2010, p. 43.

③ 中国经济网，北京 2010 年 6 月 4 日讯（记者王丰），"奥巴马确定 11 月份访问印度，欲战略联手重塑亚洲"，http://intl.ce.cn/specials/zxxx/201006/04/t20100604_21483120.shtml.

④ U. S. Department of Defense, *Sustaining U. S. Global Leadership: Priorities for 21st Century Defense*, January 2012, p. 2.

是表态支持印度成为改革后的联合国安理会常任理事国,二是宣布放宽自 1998 年以来美国实施的对印度的技术出口限制,取消了印度购买"双用途"技术的禁令。2011 年 1 月,美方正式宣布对印度战略高科技贸易解禁的措施。美印军事交流与合作也发展迅速,美印越来越频繁地举行双边和多边联合军事演习,美国对印度出售的军火越来越多,2011 年,印度成为美国对外军售的第二大客户。美方还提议与印度在国防装备上进行联合研发与合作生产。值得注意的是,与小布什政府一样,平衡和牵制中国在亚洲不断增强的实力和影响力是奥巴马政府对印政策的重要考虑,无论是积极发展与印度的军事合作,还是鼓励印度在东亚地区事务中发挥更大的作用,都带有制衡中国的强烈色彩。

作为世界上最大的伊斯兰教国家、东盟的头号大国和 20 国集团的成员,加之在东南亚重要的地理位置,印度尼西亚也是奥巴马政府重视的亚洲新兴大国。奥巴马政府在其《国家安全战略报告》中称,印度尼西亚将成为处理地区和跨国问题上"越来越重要的伙伴"[①]。奥巴马政府希望通过与印度尼西亚关系的发展改善同伊斯兰世界的关系、推动打击东南亚的恐怖主义和极端主义,以及影响东盟的内部发展和对外关系,诸如东盟在东亚合作中扮演的角色以及东盟的对华关系。奥巴马在 2010 年 11 月访问印度尼西亚期间,与印度尼西亚总统苏西洛签署了一份旨在提升双边合作的"全面"伙伴关系协议,承诺要促进两国在贸易、投资、教育、能源、环境、国家安全等领域展开全方位合作。为推动两国在上述领域的合作,美国和印度尼西亚成立了联合委员会,下设民主、环境、安全、能源、教育以及贸易与投资等六个小组,委员会每年召开一次会议,由两国外长共同主持。作为与印度尼西亚发展更加密切合作关系步骤的一部分,美国军方在 2010 年夏天恢复了同印度尼西亚特种部队的关系。奥巴马还在 2011 年 11 月出席在印度尼西亚召开的东亚峰会;其间,宣布美国向印度尼西亚出售 24 架翻新的 F-16C/D 型战机的决定。近年来,美国与印度尼西亚还一直在举行双边和多边的军事演习。不过值得注意的是,印度尼西亚在与美国发展"全面伙伴关系"的同时,也警惕被华盛顿利用来牵制中国,例如,印度尼西亚作为 2011 年东亚峰会的主办国就抵制了美国和一些东盟国家要将南海问题纳入峰会日程的压力,印度尼西亚对奥巴马政府强化亚太战略的某些军事举措(如在澳大利亚达尔文驻军)也持保留态度。

---

① National Security Strategy, May 2010, p. 44.

美越关系的进展更加引人注目。2010年奥巴马政府发表的《四年防务评估报告》称,将与越南发展"新的战略关系"[1]。2011年8月,希拉里·克林顿国务卿在越南国庆祝词中强调,两国正继续合作,努力拓宽合作领域,建设美越"战略合作伙伴关系"[2]。美越关系的发展主要体现在安全和地区事务中。在军事安全领域,两国建立了政治、安全和战略对话机制,以及定期的国防部长级安全会议[3]。美国军舰访问越南港口,并与越南在南海举行联合军事演习。2011年9月,两国签署了《防务合作谅解备忘录》,该备忘录内容包括双方共同"保证海上安全""为维护地区安全交换信息"等,被视作两国军事交流升级的标志。为推动该防卫合作协议的落实,2012年6月,美国国防部长帕内塔访问越南,并到访了越战期间曾为美军基地的金兰湾,越南也将金兰湾对美国的维修和补给船开放。此外,美越还在2010年3月签订《民用核能合作谅解备忘录》,内容包括分享核燃料和核技术,开展核相关技术的交流,并在核安全、核存储以及相关教育领域进行合作。在地区事务上,美越合作主要体现在南海问题上。美国要借插手南海问题实现"重返亚洲"的战略,越南则要借美国牵制中国。2010年7月在越南举行的东盟地区论坛会议上,希拉里·克林顿国务卿公开支持越南在南海问题上的立场,明确表现出美国要积极介入南海争端的姿态。美国与越南及其他一些东盟国家在南海问题上保持着密切的磋商,利用每年的东盟地区论坛、东亚峰会等场合对华施压。另外,美国还极力将越南拉进跨太平洋伙伴关系协定,鼓励越南在该协定的谈判中发挥"准伙伴"的作用。美国还通过"湄公河下游倡议"与越南开展在环境保护、医疗、教育、基础设施等领域的合作。总体而言,美国重视对越关系主要是基于战略考虑,越南的地缘战略位置、与中国在南海的纠葛及其强烈的对华防范心理,这些都有助于美国强化其亚太战略、推进对华制衡目标。

三 对华关系

在奥巴马政府的亚太战略中,中国既是美国谋求发展伙伴关系的"关键玩家"之一,也是要进行制衡的重点对象,而后者随着其亚太战略的强

---

[1] U. S. Department of Defense, *Quadrennial Defense Review Report*, February 2010, p. 59.
[2] "Hillary Rodham Clinton Press Statement on Vietnam's National Day," August 31, 2011, http://www.state.gov/secretary/rm/2011/08/171323.htm.
[3] 刘卿:《美越关系新发展及前景》,《国际问题研究》2012年第2期,第91页。

化表现得十分突出。奥巴马政府上台伊始,面对严峻的金融和经济危机以及全球问题的挑战,有意加强与中国的合作,视中国为美国在全球事务中的伙伴,将对华关系置于外交日程的优先位置。在此背景下,中美关系实现了从小布什政府到奥巴马政府的平稳过渡,从而打破了冷战结束后美国政权更替必定会引起中美关系动荡的怪圈。中美两国领导人较快地就两国关系的发展方向达成重要共识——发展"积极的、合作的、全面的"中美关系。奥巴马政府还将小布什政府时期建立的两个重要的中美对话机制——"中美高层对话"和"中美战略经济对话"合并成"中美战略与经济对话",作为增进了解、促进合作、解决分歧的重要手段。两国在应对国际金融危机和改革国际金融体系等问题上的合作也卓有成效。奥巴马总统还在执政的第一年访问了中国。但是,从2010年起,中美关系的发展势头出现变化。美国对台军售、奥巴马会见达赖、"天安舰"事件、中日钓鱼岛争端、延坪岛炮击事件等不断冲击着双边关系。这些事件有些是老问题,有些是新问题,有些是双边问题,有些是第三方问题。对台军售和奥巴马会见达赖反映了美国对华政策的惰性,显示奥巴马政府在新的形势下不能以新的思维处理对华关系中的老问题;而美国积极利用朝鲜半岛问题和钓鱼岛问题则暴露了奥巴马政府竭力巩固同盟关系、削弱中国地区影响力的政策动向。更重要的是,中美关系的挫折导致奥巴马政府内部对华事务权力格局的变化,对华政策的主导权从白宫国家安全委员会易手国务院,一些主张积极发展对华合作关系的官员离开了政府,对华强硬派希拉里·克林顿国务卿和负责东亚事务的助理国务卿坎贝尔开始主导对华政策。

在此背景下,美国对华政策发生了一系列重要变化。首先是指导思想的变化。奥巴马政府执政之初,确立了以积极的姿态扩大中美交往与合作的对华政策方针。然而到2011年初,坎贝尔公开提出美国对华政策的新方针,即"基于现实,关注结果,忠于我们的原则和利益"①。这个新方针的要义是,美国对同中国的关系不能抱有幻想,对华交往不能为了交往而交往,要积极追求实现美国的政策目标,不能为了搞好对华关系而牺牲美国的原则(如在人权问题上)和利益(如在对台军售问题上)等。虽然2011年初胡

---

① Kurt M. Campbell, "Asia Overview: Protecting American Interests in China and Asia." 之后希拉里·克林顿国务卿也在《美国的太平洋世纪》一文中对此原则作了阐述,Hillary Clinton, "America's Pacific Century," *Foreign Policy*, November 2011.

锦涛主席访问美国期间与美方达成了建设"相互尊重、互利共赢的合作伙伴关系"的共识，但美方处理对华关系的消极思维依旧。其次是政策重点的变化。在奥巴马执政的第一年，对华政策更多关注全球治理问题，如经济复苏、气候变化、大规模杀伤性武器的扩散等问题，希望中国在应对这些挑战上与美国和国际社会合作，发挥负责任的领导作用[1]。美国对华关系被置于全球的大视野中。然而，从2010年开始，奥巴马政府对华政策越来越关注中国在亚太地区力量和影响力的上升及其对美国的影响，关注如何有效应对这一局面。对华关系被置于亚太地区格局中，中国更多地被看做是美国在亚太地区的竞争者。最后是政策态势的变化。奥巴马执政之初，基于较强的全球治理理念，对华政策呈现合作态势。2010年以后，现实主义思维突出，对中美力量对比的变化趋势十分敏感，对华政策的制衡态势越来越明显[2]。

总体而言，奥巴马政府的对华政策是一个复杂的矛盾体。它的理念基础中既有自由主义和全球治理的成分，又有现实主义成分，但总体上以后者居多；它的目标既包括促进共同利益，又包括关注力量对比的变化，近年来后者更突出；它的关注点涵盖双边、亚太和全球层面，而以亚太层面为重。美国对华政策这种内在的矛盾性反映出中美关系正处在一个特殊的阶段：中国力量快速上升并保持良好的发展态势，美国发展速度趋缓，因而产生一种被中国超越的战略焦虑感。既要在经济和国际事务中借力中国，又要在安全和外交上制衡中国，如何二者兼顾，美国决策者尚未设计出一个理想的方程式。

四 地区多边架构

奥巴马政府亚太战略的重要目标就是建立一个跨太平洋的伙伴关系和地

---

[1] National Security Strategy, May 2010, p. 43.
[2] 奥巴马政府对华思维的变化也反映在一些政府官员的公开讲话中。在2010年底之前，希拉里·克林顿国务卿的讲话都把中国放在与印度、印度尼西亚等美国要与之建立伙伴关系的国家之列。然而，从2011年开始，希拉里·克林顿、坎贝尔、多尼隆等在公开讲话中，不再将中国与印度、印度尼西亚等国放在一起，而是将中国单列，并强调对华关系的复杂性和竞争性。——Hillary Clinton, "Remarks on Regional Architecture in Asia: Principles and Priorities," address at Imin Center-Jefferson Hall, Honolulu, January 12, 2010; Hillary Clinton, "America's Engagement in the Asia-Pacific," remarks at Kahala Hotel, Honolulu, October 28, 2010; Kurt M. Campbell, "Asia Overview: Protecting American Interests in China and Asia"; Hillary Clinton, "America's Pacific Century," Remarks at East-West Center, Honolulu, November 10, 2011; Tom Donilon, "President Obama's Asia Policy & Upcoming Trip to Asia," Remarks at Center for Strategic and International Studies, November 15, 2012.

区机制的网络,地区机制与地区规范和伙伴关系一道被认为是构建一个"开放、公正和可持续的"亚太地区秩序的基础①。奥巴马政府希望以这些机制为依托的地区架构不仅能够促进其经济与安全利益,而且也能促进其价值观,因此与小布什政府轻视地区机制的做法不同,奥巴马政府表现出积极参与和培育地区多边架构的姿态。为此,国务院还进行了机构重组,设立了负责东亚和太平洋多边事务和战略的助理国务卿帮办职位,并在东亚和太平洋事务局新设置了一个多边事务办公室,负责处理与本地区多边机构相关的事务。

鉴于奥巴马政府强化亚太战略的切入点是东南亚,因此美国首先积极参与和创设与东盟相关的地区机制。希拉里·克林顿国务卿表示,美国视东盟为亚太地区正在出现的地区架构的"支点",对处理诸多政治、经济和战略问题不可缺少。国家安全事务顾问多尼隆称:"我们的目标是支持和加强作为一个机构的东盟,这样它就能够更加有效地促进地区稳定、政治与经济进步、人权和法制。"② 美国在 2009 年 7 月加入了《东南亚友好合作条约》,从而获得了参加东亚峰会的资格。同年 11 月,奥巴马总统出席了首届美国-东盟领导人会议,这一会议此后每年举行一次。2010 年 6 月,美国在东盟总部所在地雅加达设立了驻东盟办事处,以加强与东盟的联系,并在次年由美军太平洋司令部派驻联络官,旨在强化与东盟的军事联系。美国国防部长盖茨参加了 2010 年 10 月首次举行的东盟防长扩大会,推动将人道主义援助与救灾、海上安全、军事医学、反恐和维和行动等 5 个领域作为优先合作选项。2011 年 10 月,美国国防部长帕内塔出席了首次美国-东盟防长非正式对话,他向东盟防长们传递了美国将保持其在亚太的强有力军事存在的决心和与东盟密切合作的意愿,并与他们探讨了海上安全问题。美国还与东盟合作,对东盟地区论坛进行改革,以增强其行动力,拓展其议程,使之更关注跨国和非传统安全挑战。美国还积极推动东盟地区论坛在救灾、海上安全、不扩散、打击跨国犯罪以及预防性外交等方面的作为。2010 年 7 月,希拉里·克林顿国务卿在参加东盟地区论坛外长会议时,表明美国积极介入南

---

① "Remarks by Hillary Clinton in Phnom Penh, Cambodia," July 12, 2012, http://www.state.gov/secretary/rm/2012/07/194909.htm.

② Hillary Clinton, "America's Engagement in the Asia-Pacific," remarks at Kahala Hotel, Honolulu, October 28, 2010; Tom Donilon, "President Obama's Asia Policy & Upcoming Trip to Asia," Remarks at Center for Strategic and International Studies, November 15, 2012.

海问题的姿态和在东盟地区论坛上凸显南海问题的意图。此外，美国还在 2009 年设立了"湄公河下游行动倡议"，以加强越南、泰国、柬埔寨、老挝这四个湄公河下游国家在互联互通、卫生、教育和环境等领域的合作和能力建设。缅甸在 2012 年 7 月加入了这一倡议。2012 年 7 月，希拉里·克林顿又在金边宣布美国的"亚太战略接触倡议"（Asia-Pacific Strategic Engagement Initiative, APSEI），这是一个新的援助项目，旨在"应对当前迫切的双边和跨国问题，并使美国及其伙伴能够维持地区稳定和支持一个包容性的地区经济"①。该项目提供的援助主要涵盖六个方面：地区安全合作、经济一体化与贸易、湄公河下游的参与、应对跨国威胁、民主发展、处理战争遗留问题等，其中大多数项目都是与东南亚相关的。为凸显奥巴马政府对东南亚的持续重视，美国还宣布要在 3 年的时间里通过"亚太战略接触倡议"向"湄公河下游行动倡议"提供 5000 万美元的援助。在 2012 年 11 月举行的美国－东盟领导人会议上，美国发起"扩大的经济接触倡议"（Expanded Economic Engagement Initiative），该倡议旨在为使东盟国家承担高标准的贸易义务提供能力建设和技术支持，将优先推进谈判《美国－东盟贸易便利协定》《美国－东盟双边（地区）投资条约》以及《美国－东盟信息与通讯技术协定》②。

在美国要积极参与和培育的地区机制中，东亚峰会居于核心位置。原本由东盟 10 国以及中、日、韩、澳、新、印参加的东亚峰会，本来是讨论推进东亚合作进程、促进东亚共同体建设的论坛，东盟在其中发挥领导作用，但 2010 年 10 月美国首次参加东亚峰会时，即表示希望峰会成为一个讨论"共同关心的迫切的战略和政治问题"，如核不扩散、海上安全、气候变化的论坛③。2011 年 11 月，奥巴马总统首次出席东亚峰会，再次呼吁峰会拓展讨论范围，关注本地区面临的战略与安全挑战。奥巴马在峰会上着重提出海上安全、核不扩散、灾害应对和人道主义救援三大议题，以推动将峰会打造成一个战略安全论坛④。多尼隆在解释美国的这一立场时表示，亚太经合

---

① U. S. Department of State, Office of the Spokesperson, "Asia-Pacific Strategic Engagement Initiative," July 13, 2012, http：//www. state. gov/r/pa/prs/ps/2012/07/194960. htm.
② U. S. Department of State, Office of the Spokesperson, "U. S. Institutional Support for ASEAN," Washington DC, November 19, 2012, http：//www. state. gov/r/pa/prs/ps/2012/11/200825. htm.
③ Kurt M. Campbell, "Asia Overview: Protecting American Interests in China and Asia."
④ The White House Office of the Press Secretary, "East Asia Summit," November 19, 2011, http：//www. whitehouse. gov/the－press－office/2011/11/19/fact－sheet－east－asia－summit.

组织给本地区的领导人提供了处理经济和贸易问题的机会,外交和国防部长们则在东盟地区论坛和香格里拉对话会面,而除了东亚峰会外,地区各国领导人磋商政治事务没有别的渠道,因而东亚峰会应该成为这样一个论坛[①]。事实上,随着美国将东亚峰会作为推进其地区战略的重要抓手,峰会不仅面临着重新定位的压力,东盟在其中的主导地位也面临挑战。

在克林顿政府时期,亚太经合组织在美国的亚太战略中占有重要位置,美国力图利用这一机制推进亚太地区的贸易和投资自由化,构建"新太平洋共同体"。奥巴马政府一方面表示要巩固亚太经合组织作为亚太地区首要的经济机制的作用,推动发达经济体和新兴经济体共同促进开放的贸易与投资,并于2011年在夏威夷举办了亚太经合组织领导人会议。另一方面,奥巴马政府积极推进跨太平洋伙伴关系协定,试图通过打造一个高标准、基础广泛的自由贸易协定为未来的亚太自由贸易区奠定基础。实际上,鉴于亚太经合组织成员在实现既定的贸易与投资自由化目标上存在分歧,美国对该机制的兴趣早已淡化,而跨太平洋伙伴关系协定因其在实现美国在亚太地区多种利益目标的工具价值而受到奥巴马政府的青睐,这点将在后文中进一步分析。

总体看来,奥巴马政府参与和培育地区多边机制的举措有两大特点:一是着重抓安全机制,二是谋求塑造这些机制的议程。美国促进地区安全机制建设的主要动机,一是利用这些机制作为处理美国安全关切的手段,二是以此为抓手,塑造地区安全秩序,使之朝对其有利的方向发展。

五 贸易和经济政策

在经济政策方面,鉴于亚太地区对美国经济发展首屈一指的重要性,奥巴马政府致力于促进美国对亚太的出口,谋求制定对美有利的经济贸易规则,塑造美国主导的地区经济合作格局。要实现奥巴马总统提出的5年出口倍增计划,关键是扩大对北美(加拿大和墨西哥)和东亚(中国、日本、韩国、东南亚国家)的出口。鉴于中国既是美国出口增长最快的市场,又是美国贸易顺差的最大来源,奥巴马政府一方面通过中美战略与经济对话等机制促使中国更多进口美国产品,另一方面频频对华使用贸易救济措施,限

---

① Tom Donilon, "President Obama's Asia Policy & Upcoming Trip to Asia," Remarks at Center for Strategic and International Studies, November 15, 2012.

制从中国的进口，以促进美国的制造业复苏和就业增长。奥巴马政府还游说美国国会在2011年通过了小布什政府2007年与韩国签署的《美韩自贸协定》，该协定将在5年内取消95%的美国对韩出口商品的关税，从而使美国对韩商品出口增加100亿美元，支撑7万个美国工作岗位[①]。作为2011年亚太经合组织峰会的东道主，美国推动APEC为亚太地区设置21世纪的议程，聚焦高质量的经济增长，即平衡、包容和环境可持续的增长[②]。美国希望利用亚太经合组织发挥自身的比较优势，如同20世纪90年代美国利用APEC推动世界贸易组织达成《信息技术协定》，从而有利于美国发挥其信息技术优势一样，如今奥巴马政府希望利用APEC扩大环保产品和服务的市场准入，以发挥美国在这方面的优势。在2011年11月13日召开的第十九次领导人非正式会议以"紧密联系的区域经济"为主题，主要讨论亚太地区经济增长、区域经济一体化、绿色增长、能源安全、规制合作等议题。会议发表的《檀香山宣言》同意，2012年将为制定一个对实现绿色增长和可持续发展目标有直接和积极贡献的APEC环境产品清单而开展工作，并根据各成员国经济状况，在不影响各成员国在世贸组织的立场的情况下，在2015年年底前将这些产品的实施税率降至5%或以下。《檀香山宣言》还提到，APEC成员要加强规制改革和规制衔接，以防止不必要的贸易壁垒抑制经济增长和就业。

对奥巴马政府来说，最重要的地区经济政策工具还是跨太平洋伙伴关系协定。TPP最初是由智利、新西兰、新加坡和文莱四国于2005年6月签订、2006年5月生效的一个促进经贸互惠与合作的协定。2009年11月奥巴马宣布加入TPP的意向以来，美国一直在积极推进并主导该协定的谈判，旨在将其打造成亚太地区范围最大、起点最高的自由贸易安排。2011年11月，奥巴马又选在夏威夷APEC峰会召开之际宣布与有关国家达成TPP基础框架[③]，以凸显美国对TPP重视。参加基础框架谈判的国家曾计划在2012年

---

① Hillary Clinton, "America's Pacific Century," *Foreign Policy*, November 2011.
② Robert D. Hormats, Remarks at The Third Annual Engaging Asia Conference.
③ 这些国家包括澳大利亚、文莱、智利、马来西亚、新西兰、秘鲁、新加坡和越南等。日本、墨西哥、加拿大也在TPP基础框架达成后宣布要加入跨太平洋伙伴关系协定的谈判。基础框架指出TPP核心议题包括：贸易协定、工业产品、农业、纺织、知识产权、技术性贸易壁垒、劳工和环境。中新社檀香山2011年11月12日电（记者孙宇挺），"奥巴马称，TPP基础框架达成，明年之前形成法律文本"，中国新闻网，http://www.chinanews.com/gj/2011/11-13/3456470.shtml。

形成该协定的法律文本，但实际并未如期实现这一目标。在奥巴马政府眼中，TPP 能为美国带来至少如下的重要利益：首先，美国希望该协定将大大促进其对本地区的出口，创造更多的就业，从而有利于美国的经济复苏。奥巴马在达成 TPP 基础框架之后坦言，该协定将帮助美国实现出口翻番的目的，支撑美国数以百万计的工作机会。其次，重订游戏规则。在该协定的谈判中，美国通过将知识产权保护、劳工标准、环境标准纳入其中，以提高美国企业的竞争优势，更好地保护美国的知识产权。再次，希望以此牵制东亚合作，重振亚太合作。美国担心东亚经济合作的发展不仅会削弱其与本地区的经济联系，更使中国成为地区经济的中心，从而降低美国对地区事务的影响力。美国的如意算盘是，随着东亚国家如新加坡、马来西亚、越南、文莱、日本等加盟 TPP，东亚合作的动力将大大减少，而美国主导的亚太合作将获得新的动力。最后，该协定还将加深美国与亚太一些国家的联系，有助于巩固美国在本地区的政治与安全上的影响力，维持美国在地区事务中的主导地位。

六 更广泛和更强大的军事存在

奥巴马政府强化亚太战略最主要的措施在军事领域。随着美国结束伊拉克和阿富汗两场战争，其军事部署的重点开始向亚太转移。2012 年 1 月美国国防部公布的新战略指南文件《维持美国的全球领导地位：21 世纪防务的优先任务》表示，需要根据变化的地缘政治环境和变化的预算条件评估美国的防务战略，虽然美国军队将继续在全球部署，但"将不可避免地向亚太地区再平衡"[1]。虽然美国面临着紧缩军事预算的压力，但奥巴马政府明确表示这不会影响到对亚太的军事投入。奥巴马在 2011 年访问澳大利亚时在对澳议会的演讲中强调，"当我们考虑我们武装力量的未来时，我们已经开始了一项评估，以界定未来 10 年我们最重要的战略利益，指导我们防务的优先任务和开支。随着我们结束今天的战争，我已经指示我的国家安全团队把我们在亚太地区的存在和使命作为一项最优先的课题。因此，削减美国的防务开支不会——我再说一遍，不会——影响我们在亚太的投入"[2]。

---

[1] U. S. Department of Defense, *Sustaining U. S. Global Leadership: Priorities for 21st Century Defense*, January 2012, p. 2.

[2] The White House Office of the Press Secretary, "Remarks by President Obama to The Australian Parliament".

新战略指南文件认为，要维持亚太的和平与稳定、商业活动的自由开展以及美国的影响力，部分取决于潜在的军事能力和军事存在的平衡。因此，奥巴马政府的新亚太军事战略主要围绕如何提升美国在亚太的军事能力和军事存在。这种调整主要体现在以下几方面：

首先，增加在亚太的军事部署。目前美国海军在太平洋和大西洋的部署大约是一半对一半，根据新的计划，到2020年，美国海军60%的水面舰只和潜艇将集中到亚太地区，包括11艘航母中的6艘。为提升作战能力，美国将更新诸多武器装备，如第5代战机（F-22和F-35），改良型的弗吉尼亚级潜艇，新的电子战和通信能力，改进的精确制导武器等[①]。实际上，美国军方已计划于2017年前在太平洋基地部署B-2、F-22、F-35三种隐形战机，特别是在日本的美军岩国基地部署新型隐形战机F-35，这是该型战机首次海外部署。随着美军撤离伊拉克和阿富汗，美国陆军和海军陆战队在亚太地区的存在将会扩大。这意味着亚太将成为美国全球军事部署的重点。

其次，加强在东南亚和印度洋的军事存在。长期以来，美国在亚太的军事部署集中在东北亚，以应对朝鲜半岛和台湾海峡的军事冲突为要旨，在新的安全环境下，美军更多关注东南亚和印度洋。为此目的，美国宣布要在新加坡部署濒海战斗舰，在澳大利亚的达尔文常驻美国海军陆战队，以轮换部署的方式扩大在菲律宾的军事存在。为凸显美国在本地区的军事存在，美军有意以港口访问和临时使用的方式重返其在菲律宾、越南和泰国的军事基地，并与东南亚的盟友经常地、无缝地展开行动，包括增加联合训练的机会，进行新的联合巡逻和演习等。

再次，提升美国对付"冲突和胁迫"的威慑能力，确保美国的军事能力、军事基地和作战理念能够在一个美军的进入和自由行动会遭到挑战的环境中获得成功[②]。为此，美国积极加强美军及盟友的导弹防御能力，采取措施更好地分散关键的军事资产和兵力（如将驻冲绳美军迁至第二岛链），加固军事设施，提高远程情报、侦察、监视能力，加强打击平台建设，发展新的"空海一体战"概念。

[①] Speech at Shangri-La Security Dialogue by Leon E. Panetta, June 2, 2012, http：//www.defense.gov/speeches/speech.aspx?speechid=1681.

[②] Michele Flournoy, Remarks at The Third Annual Engaging Asia Conference.

这里值得关注的是"空海一体战"构想。在冷战时期，美国为了对付苏联强大的地面军事力量，曾提出过"空地一体战"概念，冀图借助空中与地面力量的有效配合削弱苏联的地面军事优势。在新的安全环境下，鉴于中国、伊朗等国发展"反介入"和"区域拒止"能力，美国军方提出了"空海一体战"的构想。美国国防部在 2010 年 2 月发表的《四年防务评估报告》中首次表示，空军和海军正一起发展新的联合空海作战的概念，探讨为应对不断增长的对美军行动自由的挑战，两大军种应如何整合在所有的作战领域——空中、海上、陆地、太空和网络空间的作战能力[1]。2011 年夏，新上任的国防部长利昂·帕内塔批准了"空海一体战"构想，随后五角大楼成立了"空海一体战"办公室负责贯彻这一理念。2012 年 1 月，美国国防部公布了具体体现该构想的《联合作战介入概念》（the Joint Operational Access Concept）。根据美国军方的介绍，"空海一体战"的核心理念包括"网络化、联合、深入打击"。"网络化"是指通过建立稳固的通信网络，加强个人与组织的联系，使得空军和海军能够有效地开展跨领域作战，破坏敌人的反介入和区域拒止能力。"联合"是指空军和海军在作战行动中密切协调，如通过网络和水下行动破坏防空系统，或通过空中打击消除潜艇或鱼雷威胁。"深入打击"是指向任何需要破坏的敌军系统发动进攻，以进入达到行动目标所需的争夺地区。基于上述作战理念，美国空军和海军在实施"空海一体战"时将在 3 个方面开展行动，即"破坏"——进攻敌方战斗网络，尤其是破坏情报、监视和侦察系统以及指挥控制系统；"摧毁"——压制敌方武器运输平台，如舰船、潜艇、飞机和导弹发射架等；"消除"——保护联合部队不受对手攻击[2]。

最后，举行更多和更大规模的军事演习。美军相信，其在亚太地区举行的单边、双边和多边军事演习能够强化美国的威慑力，增强盟友的防务能力，提升同盟的凝聚力[3]。例如，2012 年美国在亚太举行的双边和多边演习的规模与数量都有所扩大，其中"环太平洋军演"有 22 个国家参加，参加

---

[1] U. S. Department of Defense, *Quadrennial Defense Review Report*, February, 2010, p. 32, http://www. defense. gov/qdr/QDR% 20as% 20of% 2029JAN10% 201600. pdf.

[2] General Norton A. Schwartz and Admiral Jonathan W. Greenert, "Air-Sea Battle: Promoting Stability in an Era of Uncertainty," February 20, 2012, http://www. the - american - interest. com/article. cfm? piece = 1212.

[3] U. S. Department of Defense, *Sustaining U. S. Global Leadership: Priorities for 21st Century Defense*, January 2012, p. 5.

演习的共有42艘水面舰艇、6艘潜艇、200余架飞机和2.5万名军人,是1971年这一演习开始以来规模最大的一次。

七 打民主与人权牌

"民主与人权牌"是奥巴马政府亚太战略的重要组成部分。希拉里·克林顿声称,"作为一个国家,我们最强有力的资产是价值观的力量——尤其是我们对民主和人权的坚定支持",这甚至比军事能力和经济规模更加重要[1]。奥巴马政府在亚太地区打人权和民主牌的对象是中国、越南、缅甸和朝鲜,但手段各不相同。对中国,奥巴马政府一开始主要关注应对金融危机和全球气候变化,因而淡化在人权和民主问题上的分歧。但是在2009年11月奥巴马的中国之行和2010年初的"谷歌事件"中,美国开始在信息自由上做文章。从2011年起,随着所谓"阿拉伯之春"在中东北非的蔓延,奥巴马政府在人权和民主问题上对华立场趋向高调和强硬,希拉里·克林顿国务卿更在2011年5月举行的第三届中美战略与经济对话上就人权问题对华发难,她还在2012年7月对蒙古的访问中含沙射影地攻击中国模式。对越南,美方以发展战略伙伴关系为诱饵,要求越方保护人权和促进政治自由。2011年,美国国会通过《越南人权制裁法案》《2011年越南人权法案》等,要求国务院处理对越关系时将越南违反人权和宗教自由因素考虑进去。奥巴马政府一再强调,人权问题阻碍了美越双边关系的快速发展,如果越南不进行新一轮政治改革,那么美越关系只能原地踏步[2]。对朝鲜,虽然美国国会和行政部门不断在人权问题上对其公开抨击,但美国对朝鲜主要关切的是安全问题,人权问题既非美国的优先目标,美国也缺乏有效的施压手段。

奥巴马政府的"民主与人权牌"在缅甸取得了明显进展。奥巴马执政后调整了美国对缅政策,由以制裁为主的孤立打压向制裁加接触的"务实接触"方向转变[3]。2009年11月和2010年5月,坎贝尔两次访问缅甸,与时任总理吴登盛、反对派全国民主联盟主席昂山素季等会谈。2009年8月,美国参议员吉米·韦布(Jim Webb)也访问缅甸,与军政府最高领导人丹瑞大将长谈。坎贝尔和韦布的访问都旨在了解缅甸国内政治动向,敦促缅军

---

[1] Hillary Clinton, "America's Pacific Century," *Foreign Policy*, November 2011.
[2] 刘卿:《美越关系新发展及前景》,《国际问题研究》2012年第2期,第97页。
[3] 杜兰:《美国调整对缅甸政策及其制约因素》,《国际问题研究》2012年第2期,第41页。

政府实行政治改革。2010年11月缅甸举行受到民主联盟抵制的大选后，美国不承认大选结果，但随着新政府上台后改革步伐的迈进，奥巴马政府的态度发生改变。2011年8月，奥巴马政府任命米德伟（Derek Mitchell）为缅甸问题特使，标志着美国对缅甸接触机制化。9月，美国邀请赴纽约参加联合国大会的缅甸新外长吴温纳貌伦访问国务院。2011年11月，希拉里·克林顿国务卿访问缅甸，表示如果缅方在美国关切的一系列问题上（如停止缅甸与朝鲜的军事合作、释放政治犯、与少数民族和解等）作出回应，奥巴马政府将采取新的举措推进对缅关系。2012年5月，奥巴马总统提名米德伟出任美国驻缅甸大使，缅甸外长吴温纳貌伦也受邀正式访问美国，这标志着美缅外交关系的全面恢复。在提升与缅甸的政治互动的同时，奥巴马政府还逐渐扩大对缅甸的援助，并取消了对缅甸金融和投资领域的制裁，鼓励美国企业到缅甸投资和开展贸易。2012年9月，昂山素季访美并与奥巴马会面，缅甸总统吴登盛赴纽约出席第67届联合国大会，成为46年来首位访美的缅甸最高领导人。11月，奥巴马访问缅甸，成为首位访问缅甸的美国总统，这标志着美缅关系取得了重大进展。此外，美国军方也在考虑开启与缅甸的军事关系，五角大楼邀请缅甸观摩2013年"金色眼镜蛇"亚太多国联合军演，但内容仅限于人道主义救援救灾及军队医疗救助。美军还将对缅甸军队进行"非杀伤性"培训，帮助其推进防务改革，提升其人道主义救援能力。

应该看到，美国对缅甸大打"民主与人权牌"、积极改善美缅关系的背后有着重要的地缘政治利益。缅甸地处南亚次大陆和中南半岛之间，是中国走向印度洋的必经之地，战略位置十分重要。中国是缅甸的近邻，是其最大的贸易伙伴和最大的投资国，对缅甸有着重要的政治和经济影响力，缅甸成为中国走向印度洋的重要通道。而从缅甸西部港口到中国昆明的中缅油气管道的修建，还增加了中国石油和天然气输入的通道，改善了中国能源供应的安全性。美国加紧改善与缅甸的关系，无疑有削弱中国在中南半岛的影响力、牵制中国进入印度洋和制约中国能源供应安全的战略考虑，这符合美国亚太再平衡战略中制衡中国的重要目标。

第五节　美国亚太战略的特点

与后冷战时代的克林顿政府和小布什政府相比，奥巴马政府的亚太战略在构想和实践上都具有一系列鲜明的特点。

一是大亚太的视野。传统上美国亚太政策视野主要关注东亚和西太平洋地区，不包括中亚、南亚和西亚[①]。随着亚洲力量对比和地缘政治环境的变化，小布什时期美国的亚太政策视野开始涉及中亚和南亚。奥巴马政府在思考其亚太战略时，明确将南亚次大陆包括进来，将印度洋和西太平洋的安全联系起来加以考虑，"印-太地区"（印度洋和太平洋）思维浮出水面。2012年1月美国国防部公布的《战略指南》表示，"美国的经济与安全利益不可分割地维系于从西太平洋和东亚延伸到印度洋和南亚的弧形地带的事态发展"[②]。作为这一大亚太视野的体现，美国积极鼓励、支持印度实施"东向"政策，积极参与东亚事务。2011年12月在华盛顿举行的首次美国、日本、印度三边对话就旨在使印度更多地介入东亚安全与经济事务，加强三国间在东亚事务上的协调与合作。此外，奥巴马政府也积极谋划将美国在西太平洋尤其是东南亚的军事部署与印度洋的安全形势联系起来，美国在澳大利亚达尔文的驻军就反映了这一目的。美国国防部长帕内塔坦言，美国在达尔文派驻的海军陆战队能够快速地部署在亚太地区，"从而使得我们能够更加有效地与东南亚和印度洋的伙伴合作以应对诸如自然灾害和海上安全这样的共同挑战"[③]。

二是强烈的"布局"意识。二战以后的美国亚太政策兼有结构性和功能性的双重目的，前者在于塑造地区格局，后者在于处理具体的政治、经济和安全挑战。这二者之间又存在互补关系：结构性安排为处理功能性问题提供手段，而处理功能性问题又为结构性安排提供了支撑。冷战时代，美国通过一系列的双边同盟布局亚太，形成了"轮毂-轮辐"形状的地区政策架构，并塑造了地区政治安全格局，这是结构性安排作用的体现。冷战结束后，克林顿政府提出构建"新太平洋共同体"的口号，意在重塑亚太格局。克林顿政府在经济上通过亚太经合组织整合亚太，在安全上巩固已有的双边同盟，亚太地区的经济联系大大加强，但地区格局总体上并未发生重大变

---

① 例如，美国在20世纪90年代发表的三份关于亚太战略的报告，*A Strategic Framework for the Asian Pacific Rim：Report to Congress*（1992），*United States Security Strategy for the East Asia-Pacific Region*（1995），*The United States Security Strategy for the East Asia-Pacific Region*（1998），都没有将南亚和印度洋包括进去。

② U. S. Department of Defense, *Sustaining U. S. Global Leadership：Priorities for 21st Century Defense*, January 2012, p. 2.

③ Speech at Shangri-La Security Dialogue by Leon E. Panetta, June 2, 2012.

化。小布什上台后，谋求重塑亚太地缘政治格局，但"9·11"事件和朝核问题的再起打乱了小布什政府的战略计划，迫使其在亚太地区重点关注反恐和朝核等功能性问题。奥巴马政府鉴于亚太地区正在发生的深刻变化，提出需要建立一个"更加充满活力和持久的跨太平洋体系"，为亚太地区提供一个"更加成熟的安全和经济架构"①，这表明尽管奥巴马政府的亚太战略并没有忽视处理本地区的各种具体挑战，但其着眼点在结构性层面，要旨在塑造新的地区格局。通过打造新的地区安全与经济架构，奥巴马政府希望巩固美国与本地区关系的基础，并提升美国在中国崛起背景下主导地区事务的能力。

三是将"轮毂－轮辐"形状的地区政策架构转变成网络状的地区政策架构。传统的"轮毂－轮辐"状架构是建立在以美国为中心的同盟关系之上的。随着中国的快速崛起、美国力量的相对下降以及日本经济的停滞不前，"轮毂－轮辐"架构在因应亚太地区事务中的作用方面显得捉襟见肘，另一方面，一些地区成员力量和影响力在上升，他们潜在和现实的地缘政治作用被美国所看重。奥巴马政府将这些国家视为美国在亚太的重要伙伴，积极发展与他们在政治、安全和经济领域的合作。虽然美国自克林顿政府后期起就在着手改善与其中一些国家的关系，小布什政府也继承了这一做法，但奥巴马政府对此有更明确的战略构想，有更多的资源投入，有更现实的政策需求。

具体说来，奥巴马政府打造亚太地区"盟友＋伙伴"关系网络的举措主要体现在三个层次。首先是将与本地区盟友的双边合作扩大到三边合作，即将美日、美韩、美澳合作模式拓展为美日韩、美日澳合作模式，以增大同盟的效应。例如，2012年6月，美、日、韩三国海军在朝鲜半岛以南海域举行了首次联合军事演习，而美、日、澳三国海军自2007年以来便举行联合军演，2012年更在南海附近海域进行军演，以凸显三国合作应对南海局势的态势。其次是"2＋1"模式，即美国、日本与某个美国的安全伙伴的合作，如2011年12月在华盛顿举行的首次美国、日本、印度三边对话，就是奥巴马政府将"美国＋盟友"的传统政策架构扩展为"美国＋盟友＋伙伴"的新架构的重要举措。最后是积极鼓励盟友和伙伴之间加强安全联系，积极介入美国关切的地区问题。例如，近年来日本、澳大利亚、印度都在以

---

① Hillary Clinton, "America's Pacific Century," Remarks at East-West Center, Honolulu, November 10, 2011.

各种方式介入南海问题，日本和印度还举行了关于"海上交通线"的战略对话，两国与越南的关系也热乎起来，日本还在积极加强与菲律宾的军事关系。通过编织"美国＋盟友＋伙伴"的合作网络，美国在亚太的安全政策架构不再仅是一些盟国与美国之间的单线联系，也包括了这些盟国和伙伴相互之间的联系和配合，形成了纵横交错的格局。将"轮毂－轮辐"状的地区政策架构转变成网络状的地区政策架构，丰富了美国赖以实现其亚太政策目标的手段，有助于夯实其亚太战略的依托。

四是外交、经济、安全多管齐下，相互配合。在以往的美国亚太政策实践中，有时会出现外交、经济和安全相互脱节，各部门自行其是的情况，这使得美国亚太政策效果大打折扣。奥巴马政府的亚太战略在设计和实施上注重外交、经济和安全的配套。外交上，积极发展与印度、印度尼西亚、越南等国的伙伴关系。经济上，推进 TPP，打造新的地区经济架构。安全上，抓住南海问题大做文章，将东亚峰会转变为多边安全平台。这些政策手段之间的互补效应十分明显：发展与伙伴国家的关系有利于美国搭建新的地区经济和安全架构；打造新的地区经济架构有利于美国拉拢一些地区成员，并巩固其地区安全安排的基础；南海问题和东亚峰会这两个抓手又有助于美国介入地区安全事务和拉拢一些东南亚国家。以上这些手段又在总体上服务于制衡崛起的中国这一重要战略目标。从政策执行的情况看，国务卿扮演了主要角色。从 2009 年到 2012 年 9 月，希拉里·克林顿国务卿 13 次出访亚太，多次就美国亚太政策发表演讲，美国负责亚太事务的助理国务卿坎贝尔也积极出谋划策，活跃于台前幕后，与此同时，美国国防部和经济部门也提供了积极和有效的配合，使奥巴马政府的亚太政策整体上体现出较强的一致性。

五是以东南亚为重点。在后冷战时代，克林顿政府和小布什政府的亚太战略重点都是在东北亚，注重加强与日本、韩国的同盟关系，积极谋求处理朝鲜半岛问题和应对台海冲突。奥巴马政府忧心于 21 世纪最初 10 年中国与东南亚国家关系的发展和在这一地区影响力的扩大，同时也鉴于小布什政府对东南亚的忽视，决意把亚太战略重点放在该地区。实际上，希拉里·克林顿国务卿上任后第一次出访包括了印度尼西亚这一举动就是要传递一个信息，即美国对亚洲的兴趣超越了传统上对东北亚的关注[①]。从签署《东南亚

---

① Jeffery A. Bader, *Obama and China's Rise: An Insider's Account of America's Asia Strategy*, Washington DC: The Brookings In stitution, 2012, p.94.

友好合作条约》到正式加入东亚峰会,从启动"美国-东盟峰会"到推进"湄公河下游行动计划",从重点发展与越南、印度尼西亚的伙伴关系到解冻与缅甸的关系,从介入南海问题到在新加坡部署濒海战斗舰等,这一系列举措使得奥巴马政府成为美国自越南战争结束以来最重视东南亚,并在这方面最有作为的一届政府。奥巴马的国家安全事务顾问多尼隆称,"我们不仅在向亚太地区再平衡,我们也在亚太地区内部再平衡,即重新聚焦东南亚和东盟"①。其中积极介入南海问题更是暴露出奥巴马政府的多重政策目的:拉拢东南亚国家,离间中国与这些国家的关系,更深地介入地区事务,牵制中国海军在南海的活动,等等。

六是对华战略态势的变化。冷战结束以来,历届美国政府的亚太战略都有针对中国所可能带来的安全挑战的设计,克林顿政府是"防范"战略,小布什政府是"避险"战略,奥巴马政府则是"制衡"战略②。从理念上讲,对华"制衡"战略是与克林顿政府的"防范"战略和小布什政府的"避险"战略一脉相承的,但其针对性更强。"防范"战略和"避险"战略都是旨在做好应对中国有可能朝着对美不利的方向发展的准备,侧重于塑造中国的战略环境、引导中国的安全行为,对中国安全利益的影响主要是潜在的。"制衡"战略则是针对中国力量上升、影响力扩大的现实,要直接地和针锋相对地平衡中国的影响力、牵制中国的行为,其对中国安全利益的影响已是现实。奥巴马政府的对华制衡战略已经对中国的安全利益产生了明显的负面影响,最主要的就是南海问题的激化和中国与东盟国家关系的紧张。由于 2010 年以来美国的怂恿、拉拢和挑拨,越南、菲律宾等国在南海问题上对华立场越来越强硬,不断挑起事端,南海争端高温不退,东盟内部在南海问题上分歧凸显,东盟与中国的关系趋向紧张。21 世纪初的 10 年中国周边外交的一大亮点就是与东南亚国家关系的进展,现在由于美国的"破坏性"介入,中国的东盟外交面临新的挑战。此外,在美国的怂恿下,日本也在钓鱼岛问题上不断发难,力图突破现状,以所谓"国有化"的方式巩固日本

---

① Tom Donilon, "President Obama's Asia Policy & Upcoming Trip to Asia," Remarks at Center for Strategic and International Studies, November 15, 2012.
② 关于克林顿政府的对华"防范"战略和小布什政府的对华"避险"战略,参见吴心伯《太平洋上不太平——后冷战时代的美国亚太安全战略》,复旦大学出版社,2006,第四章。以及吴心伯《世事如棋局局新——二十一世纪初中美关系的新格局》,复旦大学出版社,2011,第三章。

对该岛屿的占有。奥巴马政府强化对华制衡的战略态势使得中国的周边环境更趋复杂，中国所受到的外交与安全压力剧增。

七是重视规则制定。希拉里·克林顿在《美国的太平洋世纪》一文中称，美国要求新的伙伴们与美国一道塑造和参与"一个以规则为基础的地区和全球秩序"。2012年1月出台的新战略指南文件也表示，"与盟友和伙伴网络密切合作，我们将继续促进以规则为基础的国际秩序，该秩序确保稳定，鼓励新兴力量的和平崛起、经济的蓬勃发展以及建设性的防务合作"[①]。奥巴马政府相信，在亚太地区力量对比发生重大变化的背景下，掌握游戏规则的制定权是确保美国在本地区主导地位的关键，同时也是美国"软实力"和"巧实力"的体现。如前所述，这些规则包括商业活动的自由和开放，以和平方式解决争端，所有国家畅通无阻地进入天空、太空和海洋这些全球公共领域，经济秩序的开放、自由、透明和公平等。美国谋求通过自身和盟友的努力以使这些规则在新的地区经济与安全架构中充分体现出来。与此同时，美国不断敲打和施压中国，攻击中国不按规则行事，要中国在从海上航行自由到人民币汇率自由浮动等诸多方面遵守国际规则和规范[②]。

第六节　前景展望

在分析亚太地区的形势变化和冷战后美国亚太政策得失的基础上，为了更好地巩固美国的亚太地位和促进美国的亚太利益，奥巴马政府苦心孤诣地制定了比较系统的亚太战略，该战略在过去三年的实施中产生了一系列重要影响，例如美国在亚太的存在感和对地区事务的参与度提高，影响力有所上升，与本地区一些国家的关系得到改善和加强，也给中国的地区政策和与某些邻国的关系制造了不大不小的麻烦。但是美国国内也不乏怀疑和批评的声音。一些分析人士认为，美国的亚太再平衡战略并非如奥巴马总统和希拉里·克林顿国务卿所宣称的那样充满胜算。美国缺乏必要的资源和能力来

[①] Hillary Clinton, "America's Pacific Century," *Foreign Policy*, November 2011; U. S. Department of Defense, *Sustaining U. S. Global Leadership: Priorities for 21st Century Defense*, January 2012, p. 2.

[②] See, for instances, "Remarks by President Obama and Prime Minister Gillard of Australia in Joint Press Conference," November 16, 2011, http：//www. whitehouse. gov/the－press－office/2011/11/16/remarks－president－obama－and－prime－minister－gillard－australia－joint－press; Remarks by the President in State of the Union Address, January 24, 2012, http：//www. whitehouse. gov/the－press－office/2012/01/24/remarks－president－state－union－address.

实施这一战略，也不能指望该地区国家站在美国一边对抗中国，美国还面临着在南海问题上被越南和菲律宾拖入与中国的争端的风险。该战略不仅没有促进亚洲的稳定，反而使得该地区局势更加紧张、更容易发生冲突。更重要的是，奥巴马的亚太战略调整及其所引起的中方的反应加深了中美之间的相互猜疑，不利于地区的稳定，并结束了"9·11"事件后长达十年的中美关系的稳定。极具讽刺意味的是，这一战略本来是要钳制正在崛起的中国，结果却使得中国更"好斗"，并损害了中国对与美国合作的信心①。

奥巴马竞选连任成功后，第一次出访就是参加东盟峰会和访问缅甸、柬埔寨和泰国。多尼隆在为奥巴马的此次东南亚之旅"暖身"的演讲中称，奥巴马在当选连任后如此迅速地决定开展亚洲之行，表明他对该地区的重视以及该地区对美国诸多国家安全利益和优先关注具有关键性。"在奥巴马总统的第二任期内，亚太地区将仍然是一项战略优先关注"②。多尼隆还表示，奥巴马的此次东南亚之旅标志着亚洲再平衡战略下一阶段的开始。那么，奥巴马第二任期内的亚太战略将会呈现哪些新的特点呢？

第一，在美国经济复苏乏力、联邦政府债务高企、财政紧缩的背景下，美国将更加积极地拓展其在亚太地区的经济利益，特别是推进TPP战略。在2013年底之前完成TPP谈判将是奥巴马第二任期内亚太政策的优先课题。

第二，面对中国稳步推进国防现代化和加快建设"海洋强国"的步伐，美国将加速强化和调整其在该地区的军事部署。例如，美军将从2013年起在新加坡部署频海战斗舰，于2017年前在太平洋基地部署B-2、F-22、F-35三种隐形战机，加快推进将60%的海军舰只部署在太平洋的计划，在日本、关岛、澳大利亚和夏威夷部署海军陆战队空-地特遣队，等等。

第三，加大介入南海问题的力度。在关心南海的航行自由、和平解决争端等立场的背后，美国在南海具有压缩中国战略空间、限制中国海军活动范

---

① See, for instances, Kenneth Lieberthal, "The American Pivot to Asia: Why President Obama's turn to the East is easier said than done," http://www.foreignpolicy.com/articles/2011/12/21/the_american_pivot_to_asia; Michael D. Swaine, "America's Asia Pivot Threatens Regional Stability," December 7, 2011, http://nationalinterest.org/commentary/washington-destabilizes-sino-american-relations-6211; Robert Ross, "The problem with the Pivot: Obama's New Asia Policy Is Unnecessary and Counterproductive," *Foreign Affairs*, Vol. 91, No. 6 (November/December 2012), pp. 70-82.

② Tom Donilon, "President Obama's Asia Policy & Upcoming Trip to Asia," Remarks at Center for Strategic and International Studies.

围、保持美国在该地区的军事行动自由等一系列重大利益。虽然美国自2010年以来的种种推波助澜之举使得南海问题高烧不退，也使得菲律宾和越南在南海地区变本加厉，但2012年中国在双边和多边渠道的有力反击，如应对菲律宾在黄岩岛的挑衅，反击越南出台将西沙群岛和南沙群岛视为其领土的《海洋法》，在东盟外长会议、东盟峰会等系列场合挫败越南、菲律宾要建立东盟在南海问题上对华统一战线的企图，等等，使美国颇有挫折感。在其第二任期内，奥巴马政府可能在策略上做些调整，鉴于东盟国家对尽快制定《南海行为准则》达成了共识，美国将重点推动该议题，以达到用规则制约中国行为的目的，如若中国不同意，则将使中国处在与整个东盟对抗的不利地位。

第四，加大对朝鲜问题的投入。奥巴马第一任期内，对朝鲜奉行所谓"战略耐心"政策，实际上是对朝鲜无计可施的表现。在第二任期内，奥巴马政府将不得不更多地关注和处理朝鲜问题。原因之一是朝鲜在核能力和导弹能力开发上取得的进展将迫使美国改变对朝鲜问题冷处理的态度，原因之二是由于韩国新领导人朴槿惠将采取更加灵活与和解的对朝姿态，这将推动美国对朝政策的调整，而新任国务卿约翰·克里（John Kerry）重视美朝对话的立场也有助于美国对朝鲜采取更积极的外交。

第五，对华关系有望得到改善。奥巴马第一任期内国务卿希拉里·克林顿对华持强烈的意识形态偏见，而负责东亚事务的助理国务卿坎贝尔则具有亲日反华的战略观，因此他们推进美国亚太战略时过于突出制衡中国的目标，处理对华关系的竞争性甚至对抗性手段导致了中美之间的摩擦，也影响了中国对美国政策意图的信任。在奥巴马第二任期内，新的外交团队在推进美国亚太战略目标时可能会更加平衡，处理对华关系的风格也会有所不同，这将有助于中美关系的改善，也有利于亚太地区的稳定。

尽管奥巴马的连任给美国的亚太战略注入了连续性，但是这并不意味着他在第二任期内的亚太战略将与第一任期完全一致，展望未来，这一战略仍然面临着诸多的不确定和制约因素。

首先是美国外交议程优先性的变化。后冷战时代的国际形势充满不确定性，一些突如其来的变化往往会搅乱美国外交的既定议程。例如，小布什政府执政初期着手进行的以亚太为重心的战略调整就被"9·11"事件所打乱。从目前的形势看，叙利亚冲突、伊朗核问题等都需要奥巴马政府在第二任期内付出更多精力，欧债危机的发展、俄美关系的走向以及2014年美国从阿富汗撤军后阿富汗和巴基斯坦的局势发展等也存在着不确定性。因此，尽管奥巴马政府希望通过从伊拉克和阿富汗两场战争脱身以更多关注亚太，从而实现美国外交的再平衡，但在一个"计划赶不上变化"的时代，美国外交议程上亚太优先的持久性是要打上问号的。

其次是美国经济的走向。2008年爆发的金融危机和经济危机是20世纪30年代以来美国所经历的最严重的经济危机，它不仅给美国经济带来严重打击，也暴露了美国经济的深层次结构性问题，更预示着今后美国经济发展的不确定性。在美国总体实力相对下降的背景下，美国外交和安全战略就面临着维护霸权的雄心与手段不匹配的矛盾。例如，冷战后美国的军事战略长期以来是以"同时打赢两场大规模地区性战争"为目标，但在伊拉克和阿富汗的挫折暴露了美国军事能力的有限性，新的《战略指南》不得不将今后美国的军事战略目标修改为遂行"一场半"战争。由于财政紧缩，美军在2011～2020年间至少要削减近5000亿美元的预算。当前的亚太战略仍然是以谋求美国主导地位为宗旨的，在亚太地区力量兴起的背景下，要实现这一目标，美国必须投入更多的资源。虽然奥巴马政府一再表示当前的军事"瘦身"不会以亚太的投入为代价，但美国是否能够"水涨船高"地增加其在亚太的投入则是大有疑问的。

再次，作为亚太战略重要内容的TPP的效应尚在未定之中。TPP的重要目的之一是迟滞东亚合作，然而目前东亚的三大经济体中日韩各自都已敲定与东盟的自由贸易区安排，"10＋1"经济合作框架已然建立。中日韩三边和中韩双边自贸区谈判业已启动。虽然三国之间的政治和安全关系时有起伏，但鉴于中国已是日本和韩国的头号贸易伙伴，他们之间结成更密切的经济联系势在必然。由于这三国庞大的经济实力和巨大的双边贸易额，他们之间的合作会使东亚合作更有实质性。此外，2012年11月20日，东盟和中国、日本、韩国、澳大利亚、新西兰、印度等16个国家的领导人在东亚峰会期间发布《启动＜区域全面经济伙伴关系协定＞谈判的联合声明》，宣布启动自由贸易区的谈判。谈判将于2013年初开始，2015年底结束。协定旨在通过削减关税及非关税壁垒，在东盟（10个国家）和中日韩印等6个亚洲周边国家范围内，对贸易、服务和投资自由化等做出一体化安排。它是对已有的、以东盟为中心的一系列区域合作机制的继承和发展，将原有的多种协定整合为一个新的协定，避免分别签署协定产生的市场不联通、贸易成本较高等弊端，标志着亚洲自由贸易区合作正在加快。因此，尽管TPP半路上插上一脚，东亚合作还是会按照自身的逻辑往前走。TPP还有削弱亚太国家与中国的经贸联系的企图，然而中国今天已是日本、韩国、朝鲜、蒙古、印度、越南、印度尼西亚等国的最大贸易伙伴，是日本、韩国、蒙古、马来西亚、印度尼西亚和泰国最大的出口市场，还是亚洲越来越多国家主要的外来投资来源国。中国已经是亚洲特别是东亚经济发展的主要引擎和中心，要这些国家在经济上疏远中国殊非易事。只要中国经济保持良好的发展态势，中国作为亚洲经济中心的地位就难以撼动。另一方面，TPP的谈判进程并不如预期的那样顺利。参加基础框架谈判的国家原计划在2012年形成该协定的法律文本，但是由于各方在知识产权保护、争端解决机制、农业、劳工等一系列问题上分歧严重，谈判进展缓慢，而在2011年11月宣布要加入TPP谈判的日本出现在谈判桌旁的时间也大大推迟。在此情况下结束TPP谈判的时间表调整为2013年10月，但能否实现也未可知。

最后，安全牌的限度。在亚太地区打安全牌是美国的强项，奥巴马政府的亚太战略就是要凸显美国作为地区力量的平衡器和安全的维护者的身份，以弥补美国经济影响力的下降，一些国家近年来出于安全考虑也加强了与美国的安全纽带。但是在这种"经济上靠中国、安全上靠美国"的格局中，那些安全上靠美国的国家基于自身的全面利益考虑，不可能完全站在美国一边反对中国，他们一方面要依靠美国的保护伞，另一方面又积极与中国交往以谋取经济上的好处。奥巴马政府欲将东亚峰会转变成地区安全机制的做法也受到一些亚洲国家的抵制，因为这将大大削弱东亚峰会作为促进东亚合作的战略论坛的作用。在南海问题上，美国虽然可以从中国与一些东南亚国家的纷争中捞取一些外交与安全上的好处，但美国毕竟不是主权声索国，难以直接介入争端。只要中国不犯战略上的错误，美国在南海问题上的角色只能限于"敲边鼓"。至于美国推动东盟在南海问题上联手对付中国的企图，只要看一下2012年东盟外长会议和东盟峰会的结果，就不难发现美国的如意算盘落了空。

总体而言，与小布什政府相比，奥巴马政府对亚太地区的重要性有更深切的理解，对美国亚太战略的构想更加系统，政策设计更具针对性，在实施中更注重多种手段的配合。这一战略总体上反映了美国的国家利益将越来越取决于其与亚太地区的关系，美国的对外政策将越来越重视亚太地区的大趋势，在这个意义上，奥巴马政府的亚太战略体现了时代性。然而囿于美国外交政策的惯性和狭隘的利益考虑，其亚太战略的指导思想存在着三个明显的误区：一是没有认识到亚洲国家越来越视美国为地区事务中的伙伴而非领导，仍然谋求通过主导地区事务来推进美国的利益目标；二是不能接受东亚一体化的大趋势，在政策设计上仍力图牵制甚至颠覆东亚合作；三是难以摆脱冷战思维，在安全政策上迷恋地缘政治、集团政治和军事安全。这些思维误区使美国亚太政策跟不上地区变化的现实，也制约着美国在亚太地区事务中作用的发挥，从长远看，不利于美国更好地实现其在亚太地区的利益。

第三章
美国的亚太区域合作战略

沈铭辉[*]

原本默默无闻的跨太平洋战略经济伙伴关系协定（Trans-Pacific Strategic Economic Partnership，P4），随着 2009 年美国宣布加入跨太平洋伙伴关系协定（Trans-Pacific Partnership，TPP）谈判备受关注。尽管 TPP 充当了美国"重返亚洲"战略的政策工具，但是研究表明，多年来美国从未间断其亚太区域经济合作活动，或者说，美国从未离开过亚洲。

第一节 美国亚太区域合作的历史回顾

一 美国从未离开过亚太地区

尽管美国于 1989 年作为首批成员加入亚太经合组织（APEC），然而学界一般认为，令美国认真考虑其亚太区域合作战略的诱因是 1990 年 12 月马来西亚总理马哈蒂尔提出了东亚经济集团（EAEG）构想。马哈蒂尔在其 EAEG 构想中指出，为了应对西方国家的贸易集团、推动乌拉圭回合的贸易谈判，推动东亚经济发展，有必要联合东亚地区的国家，以便能够更好地维

---

[*] 沈铭辉，中国社会科学院亚太与全球战略研究院副研究员。

护发展中国家特别是东亚小国的利益,这样一个集团的成员应该包括东盟国家和中国、日本、韩国,而不包括澳大利亚、新西兰或者美国等区外国家①。此举令美国感受到在东亚地区可能被边缘化的危机,时任国务卿贝克毫不留情地加以反对,即美国反对"沿太平洋中间划一条线"。迫于美国的压力,日本始终未对该倡议公开表示支持,而东盟国家内部也未形成统一意见。随后作为妥协,东盟只能将该倡议改造成"东亚经济核心论坛"(EAEC),并将其并入APEC,进而导致该构想基本名存实亡。

但是从此以后,美国迅速加强了对APEC的投入。克林顿政府不仅推动促成了APEC领导人峰会机制,并在1993年美国西雅图召开的首届APEC领导人峰会上,推动APEC领导人接受了关于伯格斯滕领导的"名人小组"②所提交的"通过自由开放的贸易和投资,逐渐发展亚洲太平洋经济共同体"的报告③。随后,"名人小组"在1994年APEC雅加达会议前又提交了第二份报告"为在亚洲太平洋地区实现自由开放的贸易而努力——APEC 2020年展望",该报告建议从2000年开始至2020年实现地区内贸易自由化目标,即1994年APEC峰会确认的《茂物宣言》。

基于美国历来主张的贸易机制化考虑,即贸易自由化应该遵循严格的时间表和具有约束性的自由贸易安排,以规避部分经济体在贸易投资自由化过程中"免费搭车"问题,为了推动APEC的贸易投资自由化并落实"茂物目标",美国基本按照北美自贸区的模板,通过1995年大阪峰会的《大阪行动议程》,推动APEC成员在关税、非关税壁垒、服务、投资、标准和一致化、海关程序、知识产权、竞争政策、政府采购、放松管制、争端调解、商业人员流动、实施乌拉圭回合谈判的决议、信息收集与分析等15个具体领域采取贸易投资自由化行动。但是这种基于互惠主义的"盎格鲁撒克逊模式"却与亚洲的现实发生了摩擦,由于参与APEC的不少亚洲国家经济发

---

① http://globalasia.org/pdf/issue1/Mahathir_GA11.pdf.
② 1992年11月,APEC曼谷第四次部长会以后,APEC成立了"名人小组",由成员方派一名学者参加,不受政府影响,以贸易和投资自由化为中心,独立研究亚太经济合作等有关问题。
③ 当然,美国在1993年APEC领导人峰会上强烈推动自由贸易与投资,也与迫使欧洲改变在乌拉圭回合谈判上的立场有极大关系。参见宋伟《美国对亚太区域合作的战略目标》,载张蕴岭、沈铭辉主编《东亚、亚太区域合作模式与利益博弈》,经济管理出版社,2010,第207页;Richard Feinberg, "The Political Economy of United States' Free Trade Arrangements," *The World Economy*, Vol. 26, 2003, p.1029.

展水平较低，对于实现"茂物目标"显得信心不足，亚洲参与方特别是东盟国家主张应该在自愿、协商一致和渐进的基础上实现自由化以及经济体制间的合作，他们顶住了来自美国等西方发达国家的机制化、互惠化的要求，坚持以"协调的单边主义"来实现"茂物目标"。最终，大阪峰会虽然接受了美国提出的行动议程，但是在实施方法上，却以妥协的方式结束，即未做出严格的时间表和期限要求，同时允许各参与方以单边、自愿的方式，即所谓的"单边行动计划"逐渐实现"茂物目标"，并辅以分享最佳实践和经验、"探路者"方式以及同行评议①。

尽管在大阪峰会上遭受了挫折，美国仍未放弃对 APEC 的机制化建设，并试图推进更为具体的贸易议程。在1996年马尼拉峰会期间，美国首次提出部门提前自由化概念，并在领导人峰会上通过了信息技术协议（ITA），随后成功地被 WTO 新加坡部长会议所采纳。受此鼓励，美国转而在 APEC 内积极推动特定部门内实现有约束力的贸易开放承诺以及统一标准承诺，希望以此成为最终实现"茂物目标"的"垫脚石"，甚至推动 WTO 框架下的多边部门自由化协议谈判②。因此，克林顿政府推动1997年 APEC 温哥华峰会确认了能源、珠宝、玩具、林业和林产品、水产品、化学品、环境产品和服务、医疗器械、电信设备等9个优先部门，以及汽车、橡胶、食品、化肥、民用航空器、油籽等共计15个部门提前实现贸易自由化（EVSL）③。当然，尽管峰会领导人原则上通过了上述 EVSL，但是操作中如何处理"协调的单边主义"与 EVSL 的关系却引发了混乱，即 EVSL 再次深刻暴露出以互惠式谈判和有约束力承诺为特征的"盎格鲁撒克逊模式"与自主自愿、协商一致、渐进式的"亚洲模式"间的巨大理念差异。而伴随着1997～1998年亚洲金融危机爆发，亚洲多个经济体的经济遭受巨大打击，但是 APEC 却未做出任何实质性回应。这一状况不仅导致亚洲经济体对 APEC 极其失望，而且对 EVSL 谈判也更无兴趣。毫无疑问，在印度尼西亚、泰国、

---

① Claude Barfield, *The United States and Asian Regionalism: The Long Road to The Trans-Pacific Partnership*, Paper Prepared for the ELSNIT Conference: Revisiting Regionalism, St. Gallen, Switzerland, October 21 – 22, 2011, pp. 7 – 8.

② Amy Searight, "The United States and Asian Economic Regionalism: On the Outside Looking In," in Edited by Mark Borthwick and Tadashi Yamamoto, *A Pacific Nation: Perspectives on the US Role in an East Asia Community* (Washington DC: the Brookings Institution 2010), pp. 51 – 52.

③ 9个优先部门计划从1999年开始实施自由化，而其余6个部门将在优先部门完成自由化计划后再行开放。

马来西亚等东盟成员对 EVSL 持消极态度，日本反对将渔业和林业两个部门纳入 EVSL 的情况下[1]，EVSL 谈判最终只能以失败告终，而美国希望通过 APEC 推动贸易自由化的希望也随之破灭，从此美国对 APEC 的兴趣也逐渐下降。

1997/1998 年亚洲金融危机不仅成为压垮 EVSL 谈判的最后一根稻草，而且也成为推动东亚国家加强区域经济合作的主要动力之一。正是这次危机，使得东亚经济体意识到加强区域合作对经济可持续发展的重要性。出于对 IMF 和 APEC 的反应不满，同时自身国内政策调整存在时滞，东亚经济体普遍认为必须加强区域"自救"机制建设，与此同时东亚经济体的地区身份认同感也得以提高[2]。于是，1997 年 12 月，中国、日本、韩国三国领导人受邀参加东盟非正式领导人会议，并在事实上促成了"东盟＋3"合作机制。2000 年 11 月，中国总理朱镕基提议建立中国－东盟自贸区，得到了东盟领导人的积极响应；特别是 2002 年 11 月，中国与东盟签署了《中国－东盟全面经济合作框架协议》，决定在 2010 年建成中国－东盟自贸区，并正式启动了自贸区建设的进程，这在东亚地区内引起了一系列的连锁反应。具体而言，2000 年，东亚地区仅东盟自贸区完成谈判，而 2002 年，日本－新加坡自贸区、新加坡－新西兰自贸区已完成谈判，同时大量自贸区已展开谈判[3]。

与此同时，美国则面临着消极的 APEC 和活跃的东亚这一困境局面，这使得美国开始关注来自新加坡的自贸区请求。作为一个高度开放的经济小国，新加坡非常清楚自身的地位是由自由贸易所决定的事实，新世纪伊始，新加坡就致力于将自身打造为"轮轴－轮辐"结构中的"轮轴"国，从而最大程度获得自由贸易为经济小国带来的利益[4]。而新加坡的请求，此时非常符合美国的战略需要，为了回应中、日、韩纷纷与东盟展开自贸区谈判的势头，美国不得不于 2002 年 10 月的 APEC 峰会上，宣布了"开创东盟事业倡议"，以平衡中日韩在东亚地区的贸易影响力。但是东盟各经济体经济发展水平差异过大，对美国而言，一个低水平的自贸区的作用是非常有限的。

---

[1] 事实上，当时 APEC 18 个成员，仅有 6 个成员表示愿意考虑实施，一些发展中国家如智利和墨西哥开始就明确表示不参与。参见陆建人《APEC 20 年：回顾与展望》，《国际贸易问题》2010 年第 1 期，第 3~9 页。

[2] ADB, Emerging Asian regionalism: A partnership for shared prosperity. Mandaluyong City, Phil. : Asian Development Bank, 2008, pp. 71 - 72.

[3] 参见沈铭辉《亚洲经济一体化——基于多国 FTA 战略角度》，《当代亚太》2010 年第 4 期。

[4] 李向阳：《区域经济合作中的小国战略》，《当代亚太》2008 年第 3 期，第 45 页。

因此，选择该地区的发达国家——新加坡首先进行自贸区谈判，进而以其为模板在东盟内部加以推广，这样更能在东盟内部形成"竞争性自由化"压力，迫使这些国家以高标准换取美国的市场准入，同时避免东盟国家结成谈判同盟对美造成谈判压力。事实上，美国－新加坡自贸区确实满足了美国的高标准要求，该自贸区不仅包括高度开放的传统货物贸易，还包括电子商务、人力资源发展、投资等条款。当然，高标准的自贸区未必适合东亚地区的现实，其结果就是尽管泰国、马来西亚分别于2005年、2006年与美国展开谈判，但最终都以搁浅告终。

尽管2002年期间，美国贸易谈判代表佐利克仍然对东亚合作表现得不甚担心，甚至表示欢迎亚洲区域一体化且不担心被排除在该进程之外①，但是当东亚合作进展异常迅速，如2004年11月"东盟＋3"领导人采纳了2001年由东亚展望小组②提出的东亚经济体需要加强经济合作、金融合作、政治安全合作、环境合作、社会文化合作以及机制合作，并以东亚自由贸易区（EAFTA）为路径最终实现东亚共同体（East Asian Community）的建议③，还同意建立东亚峰会（EAS）机制，随后该峰会于2005年12月首次召开，美国再次表现出了对该地区可能形成排外贸易集团的担心，正如2004年底美国副国务卿阿米蒂奇接受日本记者采访时，表示美国对"东盟＋3"并不太满意，原因在于美国被排除在外④。截至2006年，美国在亚太地区仅与新加坡、澳大利亚达成自贸区，其"开创东盟事业倡议"谈判进展并不顺利，而此时中日韩三国与东盟的自贸区谈判均已有所突破，美国不得不重新开始加大对亚太地区的投入。

这一次，美国的政策工具是选择韩国作为其自贸区谈判对象。事实上，作为"贸易兴国"的韩国，从新世纪开始便大幅修正其自贸区战略，卢武

---

① David Capie, "Rival Regions? East Asian Regionalism and its Challenge to the Asia Pacific," January 20, 2003, Available at http：//www. alternative－regionalisms. org/wp－content/uploads/2009/07/capie_ rivalregions. pdf.

② 1999年，在韩国总统金大中的倡议下，东亚经济体建立了以专家为主的东亚展望小组（EAVG）。

③ Masahiro Kawai and Ganeshan Wignaraja, Regionalism as an Engine of Multilateralism: A Case for a Single East Asian FTA, ADB Working Paper Series on Regional Economic Integration, No. 14, February 2008, pp. 5－8.

④ Richard Armitage, Deputy Secretary of State, "Interview With Takao Hishinuma of Yomiuri Shimbun," Washington DC, November 30, 2004. Available at http：//www. state. gov/s/d/former/armitage/remarks/39295. htm.

铉政府强调积极的自贸区原则,即"没有费用支出就没有利益收入"。为了确保通过自贸区能够取得实质性的利益,反而果断地积极推进与大型先进经济圈的自贸区缔结关系①。在这种思想主导下,韩国政府的自贸区两大战略基调就定位为"同时多边行动"和"全面的、高水准的"自由贸易协定签约原则②,具体而言,韩国同时向新加坡、东盟、欧自联、美国、智利等多个经济体同时发起了自贸区谈判请求。与此同时,面临着来自东亚排他性贸易集团越来越明显的压力,美国接受了韩国的请求,并在 2006～2007 年两年内相当快速地完成了谈判。通过美国-韩国自贸区的签订,美国在东亚地区完成了切实的经济投入,一方面,通过该自贸区,美国完成了除欧盟、北美自贸区外第三大自贸区的建设,而且该自贸区直接涉及东亚地区经济大国,有效防止了美国经济被该地区一体化进程所边缘化;另一方面,美国-韩国自贸区谈判伊始,双方均表示要达成全面、高水平的自贸区,而后来该自贸区在奥巴马政府期间,又经过重新谈判,其标准设定更符合美国的利益,不仅包括农业、纺织品等部门开放,还包括药品和医疗设备、投资、金融服务、电信服务、政府采购、劳工、环境、透明度等众多超 WTO 条款。

与此同时,小布什政府的贸易代表佐利克,再次运用"竞争性开放"战略,从双边、区域、全球等"多轨"上同时推动自贸区谈判。在"开创东盟事业倡议"谈判不顺利的情况下,美国政府的区域谈判轨道再次回归 APEC,他一反 2004 年的反对态度,对智利倡议的,后来得到 APEC 工商理事会强烈支持的亚太自贸区(FTAAP)③ 开始表示支持和推动,甚至将该倡议作为其APEC 的首要工作。随后,美国便在 2006 年 APEC 河内峰会上,推动领导人研究将亚太自贸区作为该地区的长期愿景;2007 年 APEC 悉尼峰会上,美国继续推动亚太自贸区倡议,要求领导人们以切实、逐步的方式研究该倡议。

虽然亚太自贸区在理论上有助于防止该地区大量出现的低水平自贸区可

---

① 沈铭辉:《亚洲经济一体化——基于多国 FTA 战略角度》,《当代亚太》2010 年第 4 期。
② 崔兑旭:《韩国自由贸易协定(FTA)的推进战略》,《当代韩国》2006 年春季号,第 27 页。
③ 事实上,伯格斯滕在其研究中早已明确指出,亚太自贸区倡议有助于达成多个目标:①通过亚太自贸区,可以迫使欧盟、巴西等贸易集团重新重视 WTO 谈判;即使多哈回合破产,该倡议仍能作为"方案 B"维持亚太地区的贸易自由化进程。②亚太自贸区能够整合亚太地区众多的自贸区协议,有利于防止"意大利面条碗效应"所引发的贸易成本。③亚太自贸区有助于亚太地区的整合,进而防止分裂。④实施亚太自贸区倡议有助于复兴 APEC。参见 C. Fred Bergsten《亚太自由贸易区——APEC 和世界贸易体系下一步行动计划》,载梅平主编《中国与亚太经济合作——现状与前景》,世界知识出版社,2008,第 99～103 页。

能引发的"意大利面条碗效应"[①]和相应的交易成本，同时防止该地区出现排除美国的亚洲贸易集团，最为重要的是，该倡议有助于美国重新掌握在该地区内的规则制定权[②]。但是，亚太自贸区倡议也确实面临着巨大的困境：①APEC 内部始终面临着成员方经济发展水平差距较大，甚至持续扩大的问题；②如果采纳亚太自贸区，将意味着以有约束力的自贸区取代自主自愿、协商一致和非约束性的"APEC 方式"；③发达成员方急于推动亚太自贸区，却将"茂物目标"置之不理。可能会引发发展中成员方和发达成员方的分裂；④东亚经济体缺乏所谓的亚太身份认同；⑤任何包括中国在内的 FTA 都难以通过美国国会，而且 FTAAP 也不能保证美国实现 WTO 谈判中的关键目标——农产品开放；⑥日本将难以面对农产品和服务业开放[③]。也许美国政府也意识到了亚太自贸区所面临的困难，该倡议可能只适合作为其亚太区域合作的远期目标，而非回应东亚合作的短期政策工具，美国政府随后便在 2008 年 2 月宣布加入跨太平洋战略经济伙伴关系协定（Trans-Pacific Strategic Economic Partnership，P4）[④]的投资条款的谈判，仅仅几个月后，小布什政府便决定考虑正式加入该自贸区。

二 TPP 是美国"重返亚太"的经济工具

尽管面临着国际金融危机和国会反对自由贸易的阻力，但是中国经济崛

[①] "意大利面条碗效应"（Spaghetti Bowl effect）这一概念最早由美国学者 Bhagwati 于 1995 年提出，但当时他并未给出完整的概念。2008 年，他在一篇论文中对该效应进行了定义，并以此为标准考察了东亚地区的 FTA。他认为，由于存在着多重、重叠的 FTA，此时的贸易自由化是歧视性的，同种商品可能会面临不同的关税税率、降税步骤以及原产地规则。当 FTA 数量增加时，国际贸易体系可能会变得混乱。另外，他还指出，为了应付不同的关税和原产地规则，企业特别是中小企业的交易成本可能会因此而上升。转引自 Kawai Masahiro and Ganeshan Wignaraja, "The Asian 'Noodle Bowl': Is It Serious for Business?" ADBI Working Paper Series No. 136, April 2009, p. 5. 关于东亚面条碗效应，参见沈铭辉《应对"意大利面条碗"效应——兼论东盟在东亚合作中的作用》，《亚太经济》2011 年第 2 期，第 14~19 页。

[②] Amy Searight, "The United States and Asian Economic Regionalism: On the Outside Looking In?" in Edited by Mark Borthwick and Tadashi Yamamoto, A Pacific Nation: Perspectives on the US Role in an East Asia Community (Washington DC: the Brookings Institution 2010), pp. 59 – 60.

[③] 沈铭辉：《东亚合作中的美国因素——以"泛太平洋伙伴关系协定"为例》，《太平洋学报》2010 年第 6 期，第 62 页。

[④] P4 的来源可以追溯至 1998 年，当时澳大利亚、新西兰、智利、新加坡以及美国希望通过缔结一项优惠贸易安排（PTA），来推动 APEC 区域内的贸易自由化。由于种种原因，澳大利亚、智利以及美国最后均未参与，最终仅以新加坡和新西兰缔结双边 PTA 结束。2002 年后，伴随着智利以及文莱的加入，该双边 PTA 才逐渐演变成三边 PTA，直至 P4，并于 2006 年正式实施。

起及其在东亚合作中的积极表现，特别是日本鸠山政府上台后不断倡导其"东亚共同体"概念，迫使美国加速其"重返亚洲"的经济布局[①]。奥巴马政府于 2009 年 11 月 APEC 峰会期间宣布加入 TPP 谈判，希望将其打造成为"具有广泛成员基础的，且体现高标准的 21 世纪贸易协议"[②]。尽管有学者指出，TPP 将为美国甚至全球提供一个全面的、高标准的贸易协议模板，即 TPP 将涉及许多在 WTO 谈判中较少或未出现的领域，如服务贸易、投资、竞争政策、规制一致性等；加强亚太地区的经济联系，防止"沿太平洋中间划一条线"；克服目前东亚地区自贸区蔓延所导致的"意大利面条碗效应"，即目前亚太地区包括 TPP 谈判方之间存在着较复杂的双边原产地规则，如果采用 TPP 去统一这些原产地规则，将极大地降低贸易成本；维护美国企业在亚洲市场上的竞争力，规避可能出现的贸易转移效应等，即东亚地区可能出现的具有排外性质的自贸区，将导致美国企业处于不利的竞争地位，而 TPP 能够确保这些企业的公平竞争环境[③]。

虽然 TPP 宣称将有助于加强亚太地区的经济联系[④]，但其目前并没有显示出吸纳中国这一亚洲最重要经济体的任何迹象；而目前 TPP 的 11 个谈判方之间，大多数国家已经相互缔结双边 FTA，TPP 能够提供的货物贸易新市场准入相当有限[⑤]。以美国为例，目前美国尚未与文莱、新西兰、马来西亚

[①] 李向阳：《跨太平洋伙伴关系协定：中国崛起过程中的重大挑战》，《国际经济评论》2012 年第 2 期，第 17~27 页。

[②] 转引自 Claude Barfield, *The United States and Asian Regionalism: The Long Road to The Trans-Pacific Partnership*, Paper Prepared for the ELSNIT Conference: Revisiting Regionalism, St. Gallen, Switzerland, October 21 - 22, 2011, p. 18.

[③] Petri Peter A., Michael G. Plummer and Fan Zhai, "The Trans-Pacific Partnership and Asia-Pacific Integration: A Quantitative Assessment, East-West Center Working Papers," *Economics Series*, No. 119, October 24, 2011, pp. 6 - 7.

[④] 根据美国东西方研究中心的研究，亚洲市场为美国全部出口行业提供了 27% 的就业岗位，而且 2002~2006 年该就业水平达到了 12% 的增长率，亚洲市场对美国经济的重要性不言而喻。然而 2005~2009 年，尽管美国对亚太地区的出口增长了 63%，但是其出口市场份额却降低了 3%，美国贸易谈判代表办公室认为美国有必要进一步加强同亚洲的经济联系。参见 Office of the United States Trade Representative, "Economic Opportunities and the TPP," December, 2009. http://www.ustr.gov/about - us/press - office/fact - sheets/2009/december/economic - opportunities - and - tpp。

[⑤] 理论上，TPP 的 9 个谈判方之间的双边 FTA 有 36 种组合，目前已经实施了 25 个双边 FTA，另有 2 个已经签署但尚未实施，仅有 9 个双边 FTA 尚处于空白状态，即使 11 国情况也未改变。参见 Japan External Trade Organization, "2011 JETRO Global Trade and Investment Report: International Business as A Catalyst for Japan's Reconstruction," August, 2011. http://www.jetro.go.jp/en/reports/white_paper/trade_invest_2011.pdf。

和越南四国缔结双边 FTA，这些国家的市场仅占美国货物贸易出口市场的 1.5% 左右①，即使未来 TPP 扩大至包括日本、韩国、加拿大、墨西哥等国，美国通过 TPP 获得的新市场份额也仅占其全部货物贸易出口市场的 6.5% 左右，有限的新市场准入恐怕难以加强亚太地区的经济联系。

相关 TPP 的福利效应分析也印证了上述判断。基于一般均衡模型（CGE）的福利分析显示，TPP 产生的福利收益很有限。目前国内外公开发表的有关 TPP 福利分析的研究比较有限，一些学者对美国加入 TPP，以及日本进一步加入 TPP 后的福利效应分析进行了有益的尝试，虽然基于静态模型，且对 TPP 成员扩大情况、TPP 情景假设等方面还稍显不足，但是其基本结论却明确显示，美国加入 TPP 只能拉动其 GDP 0.05%～0.06%，增加出口 0.24%～1.1%，并使 TPP 其他 7 国的 GDP 增长 0.19%～0.78%，出口增长 0.58%～1.12%。可见，TPP 对加强亚太地区经济联系作用十分有限②。如果进一步完善模型及其假设，那么结论是否会改变呢？美国学者 Petri 等根据已实施的 FTA 调整模型中的关税假设，将不同时期 TPP 的动态进展、不同经济体在不同时间点加入不同 TPP 后可能的福利效应纳入考虑，并全面纳入关税减让、服务自由化、贸易便利化引起的福利变化等多种影响因素，其福利分析结果依然显示，美国从 TPP 中获得的经济收益有限，仅能使其 GDP 增加 0.03%～0.38%，出口增加约 2.0%。同时，TPP 对其他谈判方的 GDP 推动作用也十分有限，基本在 1% 以下，增加出口仅为 2%～3%③。当然，基于对 TPP 条款的不同判断而做出的不同情景假设，可能会产生完全不同的计量结果。非常遗憾的是，投资、劳工条款、环境条款等重

---

① John Ravenhill, "Extending the TPP: The Political Economy of Multilateralization in Asia," Paper presented at UNESCAP Asia-Pacific Trade Economists' Conference on "Trade-Led Growth in Times of Crisis", Bangkok, Thailand, November 2 – 3, 2009.

② 万璐：《美国 TPP 战略的经济效应研究——基于 GTAP 模拟的分析》，《当代亚太》2011 年第 4 期，第 69~70 页。

③ 除了能够明显推动越南 GDP 增长 6%～14%、秘鲁 GDP 增长 1%～2% 外，其他国家从 TPP 获得的 GDP 增长幅度均小于 1%；出口方面，除了能使越南大幅增长 25.8%、秘鲁增长 11.0%、新西兰增长 5.7% 之外，TPP 其他谈判方的出口增加幅度均不超过 2%～3%。参见 Petri Peter A., Michael G. Plummer and Fan Zhai, "The Trans-Pacific Partnership and Asia-Pacific Integration: A Quantitative Assessment," East-West Center Working Papers, *Economics Series*, No. 119, October 24, 2011, pp. 29 – 37, 以及 Peter A. Petri and Michael G. Plummer, The Trans-Pacific Partnership and Asia-Pacific Integration: Policy Implications, *PIIE Policy Brief* No. 12 – 16, June 2012, p. 6.

要因素，目前都未纳入上述福利分析之中，而且 TPP 具体条款仍未形成而导致情景假设千差万别，这些因素难免会在一定程度上影响结论的有效性。

理论上，TPP 的重要经济意义还在于它有助于解决亚太地区的"意大利面条碗效应"，减少贸易交易成本。但是 TPP 谈判伊始，就有学者质疑 TPP 究竟能否解决这一难题[①]。有学者从 P4 文本出发，认为即使是 P4 这样相对简单的原产地规则可能仍不足以解决"意大利面条碗效应"[②]。而根据现有 TPP 谈判信息，美国似乎并不愿意在 TPP 11 国范围内设立全新的、简单的以区域累积为主的原产地规则，而是希望在保留既有双边 FTA 敏感商品目录的前提下，以双边谈判的方式针对不同商品设立针对特定产品（product-specific ROOs）或特定国家的原产地规则（country-specific ROOs）[③]。如果 TPP 以双边谈判的方式加以谈判和确立[④]，那么其原产地规则将绝不可能是简单、有效的，TPP 也会沦为"众多面条碗中的一碗面条"，更遑论它能解决亚太地区的"意大利面条碗效应"[⑤]。

这样看来，经济效用有限的 TPP 可能并不值得 TPP 谈判方特别是美国耗费精力加以推动，但是现实的发展却暗示 TPP 的意义可能不止于此。事实上，与其说参与 TPP 是美国的短期经济行为，不如说是其战略性选择更具有说服力[⑥]。

[①] 参见 John Ravenhill, "Extending the TPP: The Political Economy of Multilateralization in Asia"。

[②] Gao Henry, "The Trans-Pacific Strategic Economic Partnership Agreement: High Standard or Missed Opportunity?" Paper Presented at UNESCAP Asia-Pacific Trade Economists' Conference on "Trade-Led Growth in Times of Crisis".

[③] Claude Barfield, "The Trans-Pacific Partnership: A Model for Twenty-First-Century Trade Agreements?" *American Enterprise Institute for Public Policy Research International Economic Outlook*, No. 2, June 2011, pp. 4 - 5.

[④] 现实表明，TPP 市场准入谈判仍然采用双边方式。参见 Office of the United States Trade Representative, "Trans-Pacific Partnership Negotiations Take Place in Kuala Lumpur," December, 2011. http://www.ustr.gov/about-us/press-office/blog/2011/december/trans-pacific-partnership-negotiations-take-place-kuala-lum。

[⑤] Shiro Patrick Armstrong, "Australia and the Future of the Trans-Pacific Partnership Agreement," *East Asian Bureau of Economic Research Working Paper*, No. 71, December 9, 2011.

[⑥] 美国学者 Petri 认为美国推动 TPP，意在取得与亚洲企业公平竞争的 FTA 环境，同时也可以使得美国在战略上更好地融入亚太地区。参见 Peter A. Petri, et al., "The Trans-Pacific Partnership and Asia-Pacific Integration"。不少中国学者支持这一观点，参见盛斌《美国视角下的亚太区域一体化新战略与中国的对策选择》，《南开学报》（哲学社会科学版）2010 年第 4 期，第 70~80 页；魏磊、张汉林《美国主导跨太平洋伙伴关系协议谈判的意图及中国对策》，《国际贸易》2010 年第 9 期；刘晨阳《"跨太平洋战略经济伙伴协定"与美国的亚太区域合作新战略》，《国际贸易》2010 年第 6 期，第 56~59 页；杜兰《美国力推跨太平洋伙伴关系战略论析》，《国际问题研究》2011 年第 1 期，第 45~51 页。

这是因为：一方面，提高美国企业参与亚太地区的商业机会与竞争能力[①]。目前东亚合作方案均未包括美国，有研究表明，排除美国的亚洲经济一体化将导致美国福利受损，将使美国出口每年损失约 250 亿美元，相当于丧失 20 万个高薪就业岗位[②]。更为重要的是，美国企业将因为不能享受 FTA 优惠，长期面临歧视待遇和竞争环境，而参加一个包含环境保护、透明度、劳工权益和保护、发展、知识产权等条款的高标准的、"21 世纪"的 TPP 将有助于美国跨国企业甚至中小企业获得亚洲市场准入机会[③]，并维持美国企业的长期竞争力。另一方面，TPP 有助于维持美国的长期经济影响力。美国通过 TPP 维持或加强与新加坡、韩国、日本以及其他部分东盟国家的经济联系甚至政治安全联系，"对冲"或平衡中国经济发展的影响[④]，延长美国经济霸权的时间[⑤]。

第二节　TPP 的成本 – 收益分析

一　TPP 的潜在成本

2006 年生效的 P4 是一个涵盖广泛领域的综合性 FTA，包括序言和原始条款、一般定义、货物贸易、原产地规则、海关程序、贸易救济、动植物卫生检验检疫、贸易技术壁垒、竞争政策、知识产权、政府采购、

---

① Office of the United States Trade Representative, "The President's 2008 Annual Report on the Trade Agreements Program," 2009, http://www.ustr.gov/sites/default/files/uploads/reports/2009/asset_upload_file422_15403.pdf. 转引自盛斌《美国视角下的亚太区域一体化新战略与中国的对策选择》，《南开学报》（哲学社会科学版）2010 年第 4 期，第 73 页。

② Robert Scollay, "Preliminary Assessment of the Proposal for A Free Trade Area of the Asia-Pacific," An Issues Paper for the APEC Business Advisory Council (ASAC), 2004.

③ Fred Bergsten and Jeffrey J. Schott, "Submission to the USTR in Support of a Trans-Pacific Partnership Agreement," Paper submitted to the United States Trade Representative on the Trans-Pacific Partnership Agreement, January 25, 2010.

④ 现有基于 CGE 模型的福利分析均显示，TPP 将会导致中国福利受损，对 GDP 增长率产生一定程度的负面影响。

⑤ 亚洲开发银行和世界银行的相关研究都表明，2030 年左右，中国有可能取代美国成为世界第一大经济体，但这将取决于中国是否能够维持经济可持续发展。如果期间中国经济发展受到影响，美国的经济霸主地位将相应得到延长。关于中国经济的长期预测，参见 ADB, *Asia 2050: Realizing the Asian Century*, 2011; World Bank, *Securing the Present, Shaping the Future*, 2011。

服务贸易、短期人员流动、透明度、争端解决、战略伙伴关系、管理和制度条款、一般条款、一般免责条款、最终条款等20个条款，还附带环境合作协定和劳动合作备忘录两个补充文件。随着2009年美国、澳大利亚等新成员宣布加入TPP谈判后，TPP所涉及的领域将进一步扩大。鉴于美国主导TPP谈判和议题设置，对TPP潜在成本分析时必须充分考虑美国相关FTA条款。一般来说，北美自贸区（NAFTA）协定具有示范意义，但是由于NAFTA签署时间过早，许多情况可能已经发生改变，因此这里参考系的选择将NAFTA仅作为辅助，而非主参考系。考虑到签署时间以及签署国位于东亚地区内，韩国-美国FTA成为比较合适的主参考系，同时辅以P4[①]。

1. 货物市场准入

P4规定其关税减让的最终目标是将关税削减至零（覆盖97%的商品），当然，鉴于其成员国都是开放的小国，事实上其大部分商品的关税在P4实施伊始即为零关税，具体而言，新加坡是在协定生效的2006年率先实现零关税，新西兰和文莱于2015年、智利于2017年两阶段实现零关税。

虽然前期TPP市场准入谈判一直面临着保留已签署的双边FTA或在多边基础上重新谈判的争论，但是目前的谈判现实表明，为了最大程度地保护国内市场，美国坚持保留现有与澳大利亚、智利、秘鲁、新加坡之间的双边FTA，而对马来西亚、文莱、越南、新西兰等未签署双边FTA的谈判方则采用双边谈判方式进行市场准入谈判[②]；澳大利亚、新西兰等国则主张用TPP取代现有FTA，通过在成员间进行多边谈判形成统一的降税安排[③]。事实上，这些争议的焦点在于美国如何处理敏感商品，毕竟TPP中的小国只要能够获取美国特定部门的特定市场开放，其他方面的损失可能就值得承受。但是在农

[①] 该部分内容参考了 Trans-Pacific Strategic Economic Partnership Agreement 协议文本以及美国签署的部分双边 FTA 协议文本，具体参见 http://www.ustr.gov/trade-agreements/free-trade-agreements。

[②] 虽然美国与TPP其他谈判方已经就谈判方式达成一致，即采用包括双边和多边谈判的混合方式（hybrid approach）作为TPP的谈判方式，但是美国在货物市场准入谈判中已经明确使用双边方式。

[③] 澳大利亚希望在原有FTA的基础上，通过TPP多边谈判打开美国蔗糖、奶制品市场；新西兰则渴望获得美国奶制品、牛羊肉市场，坚持多边谈判方式有助于扩大澳大利亚的收益和提高新西兰的谈判实力。

产品方面，美国至今仍然拒绝将澳大利亚的蔗糖和新西兰的奶制品①纳入 TPP 谈判，尤其是美国农产品出口补贴构成目前谈判关键障碍之一。在非农产品市场准入方面，对于纺织品、服装、鞋类等劳动力密集产品，美国则可能设置较长的过渡期，参考其已签署的 FTA，这一过渡期可能长达 10 年；在汽车、化工、电子、信息技术等行业，美国可能要求缩短开放过渡期或在 TPP 生效后立即实现自由化②。

2. 原产地规则

P4 在原产地规则方面的自由化水平虽然较一般 FTA 有所提高，但是并未达到所谓"简单"的规则。除了采用"负向列表"（negative list）以及原产地证书采取自我证明方式外，其他方面的优势有限：①尽管多数商品采用税目转换（CTC）标准，但是 P4 没有统一使用一种 ROO 标准，仍采用多种标准；②其原产地规则中区域价值增加标准（RVC）要求满足 45% ~50%，但是这么高的要求甚至高于东亚其他 FTA 的相关要求；③与其他 FTA 类似，仍然只允许双边累积的方式，并不允许使用斜边累积或者完全累积的方式；④微量条款（de minimis）依然采用 10%，即非当地成分含量低于货物交易价值 10% 的产品也将被视为原产货物，这一规定并不比其他 FTA 高。

但是美国在 TPP 谈判中试图推广 NAFTA 中的原产地规则，即以税目转换标准（CTC）为主，辅之以价值增值标准（RVC）和加工工序标准（SP），一般而言，美国 FTA 的原产地规则比较严格，并不利于货物自由贸易。具体而言，以交易价值法计算的区域价值增值成分比例不低于 60%，以净成本法计算的增值比例不低于 50%，而且可能只允许使用双边累积的方式，而不允许使用斜边累积或者完全累积的方式。微量条款（de minimis）则采用 7% 的标准，即非当地成分含量低于货物交易价值 7% 的产

---

① 目前新西兰对美国有关奶制品的市场准入并不是争议焦点，毕竟美国仅占新西兰 4.2% 的出口总量，以及 6.3% 的出口份额，相比之下，中国占其出口总量的 17.4%，但是新西兰担心该问题会构成未来中国加入 TPP 时的谈判隐患。参见 Ross Korves，"New Zealand Dairy and the Trans-Pacific Partnership Trade Agreement," July 28, 2011. http：//www. truthabouttrade. org/news/editorials/trade – policy – analysis/18611 – new – zealand – dairy – and – the – trans – pacific – partnership – trade – agreement。

② TPP 市场准入谈判显然比 P4 复杂得多，最终可能是多数商品实现单一的"共同降税目录"，却保留一定的以双边方式存在的敏感商品目录。这一结果与 P4 区别较大，P4 规定其关税减让的最终目标是将关税削减至零（覆盖 97% 的商品）。当然，鉴于 P4 成员国都是开放小国，事实上其大部分商品的关税在 P4 实施伊始即为零关税，具体而言，新加坡在协定生效的 2006 年已率先实施零关税，新西兰和文莱将于 2015 年、智利于 2017 年分别实现零关税。

品也将被视为原产货物①。需要指出的是，TPP 可能制定针对特定产品或者特定国家的原产地规则。以纺织品为例②，美国提出"纺纱前沿"（yarn-forward）原产地规则，要求进入美国市场的服装等纺织品，从纺纱、织布、裁剪至加工为成衣的过程都必须在 TPP 境内完成③。由于越南需要从中国进口纺纱等原材料，根据这一原产地规则，越南将无法利用 TPP 关税优惠和配额等，而东亚生产网络也可能因此被破坏。

3. 其他方面

在货物贸易自由化的其他方面，P4 与美国的自由化要求基本类似。

具体而言，P4 在海关程序方面就海关程序和便利化、海关合作、海关估价、预裁定、复议和诉讼、磋商机制、无纸化贸易、快件、风险管理、货物放行等内容做出了具体规定，其中货物放行方面特别规定，货物向海关申报后必须在 48 小时内放行。TPP 谈判各国在海关合作方面争议较小。

P4 关于限制使用贸易救济的词语极其模糊。目前 P4 条款规定，只要符合 WTO 或者 P4 的要求，P4 国家仍然可以使用包括反倾销、反补贴、保障措施在内的贸易救济措施。根据美国在双边 FTA 中的相关规定，美国在贸易救济方面的立场，将是积极维护其国内产业利益，因此仍将允许使用上述贸易救济措施。与此相反，在东亚地区许多双边 FTA 中，都有相应条款取消或者限制使用贸易救济。另外，TPP 谈判还涉及建立过渡性区域保障机制。

P4 的卫生与植物卫生措施（SPS）规定遵守 WTO 相关规定，并就设立 SPS 委员会、主管机构和联络点、适应地区条件、SPS 法规的等效性、验证、进口检查、通知、暂行办法、信息交换和技术咨询及合作等方面做出了规定。美国近年来签订的双边 FTA 中，关于卫生与植物卫生措施的相关规定比较简单，除了明确适用范围和一般性条款之外，通常只对设立 SPS 委员

---

① 这些指标比 P4 的相关指标更为苛刻。P4 原产地规则中区域价值增加标准（RVC）要求满足 45%～50%，微量条款依然采用 10%。
② TPP 设立了单独的"纺织品和服装"章节，以专门处理与纺织品相关的海关合作、执法程序、原产地规则、保障措施等。参见 Office of the United States Trade Representative, "Economic Opportunities and the TPP," December, 2009. http：//www. ustr. gov/about – us/press – office/fact – sheets/2009/december/economic – opportunities – and – tpp。
③ Countries Oppose U. S. Position On ROO For Textiles And Apparel, Inside U. S. Trade, September 10, 2011.

063

会等做出比较明确的规定，基本不涉及其他方面的内容。但是 TPP 关于 SPS 谈判将纳入科学、透明度、区域化、合作、等效性等一系列新的承诺，并考虑在双边和多边的基础上进行合作等①。

在技术性贸易壁垒（TBT）方面，P4 表示遵守 WTO 相关内容的规定，并就原产地、贸易便利化、国际标准、技术法规的等效性、合格评定程序、透明度、技术咨询及 TBT 联合委员会，以及技术合作等内容提出了相关要求。目前 TPP 谈判中的相关要求与 P4 要求区别不大。

4. 服务贸易

服务贸易是美国对外谈判 FTA 的重点之一，特别是涉及"21 世纪 FTA"规则的制定，其开放程度将高于 P4②。当然，服务贸易领域构成 TPP 谈判各方博弈的焦点。从目前 TPP 谈判的进程来看，美国在该领域特别是对金融服务和通信服务领域的开放要求较高。具体而言，第一，鉴于已签署的双边 FTA，美国在 TPP 谈判中坚持根据服务提供模式对服务贸易进行分类，将模式 1（跨境交付）和模式 2（境外消费）整合为"跨境服务贸易"并独立成章，将模式 3（商业存在）从服务贸易章节中分离出去，归入"投资协定"部分，将模式 4（自然人流动）独立成章，并就"商务人员临时入境"进行了规定。第二，在近年来签订的 FTA 中，美国一直采取"否定列表"，因此在 TPP 服务贸易承诺方式上，美国倾向采用"否定列表"。如采用该方式，除非明确表示现在及将来与协定背离的保留措施，其他所有部门一律开放。特别需要指出的是，采用这种方式后，服务贸易未来出现的任何新部门将自动开放，这是与"肯定列表"最大的不同。当然，这可能会留下相当的不确定性，特别是对于发展中国家而言，任何新的服务部门将毫无例外地面对来自美国的竞争压力。第三，在部门开放方面，美国一直追求高标准、全面的自由化，除了 P4 相关要求外，美国高度关注金融服务与通信服务部门开放，美国从自身的比较优势和商业利益出发，在 TPP 中将金融和电信两个服务业部门独立设章。在金融服务方面，美国关注资本自由流

---

① Office of the United States Trade Representative, "Economic Opportunities and the TPP".
② P4 服务贸易领域主要涉及旅游、教育、通信、陆路和水路运输、航空、会计、工程、法律等领域的市场开放问题，排除了金融服务部门、空运服务等重要服务部门开放。P4 服务贸易开放承诺力度一般，仅针对国民待遇、最惠国待遇、市场准入、当地存在等做出了相对宽泛的规定。另外，根据现有 P4 的附件 3 和附件 4，P4 国家可以保留限制措施甚至引入新的措施。

动、自由设立独资的金融机构、国民待遇与最惠国待遇等。在现有的 FTA 中，美国对金融服务条款的适用范围主要集中于金融机构与金融服务跨境贸易等方面。具体而言，主要就金融机构的市场准入、非歧视待遇、争端解决程序、投资保护、有效的争端解决机制等自由贸易方面进行了规定，较少关注金融监管方面的内容。在通信服务方面，美国已签署的 FTA 主要对保障各缔约方电信基础设施的共享、确保各缔约方公共电信服务提供商传输网络的互联互通、对海底电缆电信服务给予非歧视待遇、确保独立的监管机构对电信服务业进行监管、提高透明度、确保企业提出上诉的权利等内容进行了规定。

5. 投资条款

P4 成员国间的投资自由化问题暂时没有具体协议或者承诺，他们约定在 P4 实施两年内开始进行谈判。当然，对投资自由化至关重要的"商业存在"已经在服务自由化领域有所体现。

鉴于美国在对外投资方面存在巨大商业利益，美国将在 TPP 谈判中持续推动建立全面、高标准的投资协定。首先，从美国已签署的双边 FTA 来看，美国将在国民待遇方面提出较高的开放要求，具体而言，即在外资市场准入方面要求"否定列表"方式，并主张在设立外资企业后，要求享受国民待遇。这将给广大发展中国家带来较大影响，特别是会涉及需要修改大量的国内法和相关行政规章。其次，美国主张将服务贸易模式 3（商业存在）的自由化谈判纳入投资领域自由化谈判项下。服务自由化条款仅适用于模式 1、模式 2 和模式 4。最后，在投资争端解决机制上，美国拒绝适用 WTO 的"国家间争端解决"方式，主张当外资企业遭遇争端时，诉诸"投资者－国家争端解决"方式[1]。由于"投资者－国家争端解决机制"将赋予企业起诉国家的权利，该条款引起了 TPP 谈判方的极大争论。澳大利亚指出，本国不会赋予美国投资者在超国家机构下对澳大利亚提出仲裁或司法程序的权利[2]。事实上，早在 2011 年 4 月，澳大利亚就质疑过关于投资者与东道国争

---

[1] "投资者－国家争端解决机制"规定最早出现于 NAFTA 的第 11 章 C 节。根据该节第 1116 条和第 1117 条的规定，一缔约方的投资者无需其所属国卷入，即可以在无仲裁协议的情况下另找一缔约国或其所属的地方当局违反 NAFTA 投资规则而导致其受损害的行为提请仲裁。转引自张圣翠《NAFTA 投资规则及其影响》，《政治与法律》2005 年第 2 期，第 156 页。

[2] Kelsey Jane, "Pitfalls of A Gold-standard Trade Deal," *NZ Herald News*, July 27, 2011.

端解决程序,并宣称未来在与发展中国家进行自贸区谈判时将不会考虑该条款。但是,2011年APEC峰会期间出台的TPP纲要文件显示,"投资者－国家争端解决机制"仍将以某种形式出现于TPP最终文本之中,尽管声明将保护国家为了公众利益进而规范企业行为的权利[1]。

6. 知识产权

P4对知识产权(IPR)领域做出了一般性规定,要求缔约方遵守TRIPS协定以及诸如世界知识产权组织版权条约(WCT)、世界知识产权组织表演及录音制品条约(WPPT)、1971年保护文学和艺术作品的《伯尔尼公约》等与知识产权保护有关的多边协定。但是,美国IPR的保护标准则远远超出TRIPS水平[2],并在其签订的FTA中制定了很多具体条款,如果TPP采用美国的IPR要求,将对发展中成员国产生极大的不利影响[3]。美国的IPR主要包括:①承诺方需要履行多项国际公约义务,即在履行TRIPS协定的基础上,还需履行涉及专利合作、工业产权、文学和艺术作品、人造卫星播送信号、商标国际注册、微生物保存、植物新品种保护、商标法、版权、表演和录音制品等多个领域的国际条约和公约。②加强对包括地理指标在内的商标的保护。规定商标的首次注册及每次续展注册期限不少于10年。不得要求视觉可感知成为商标注册条件,注册商标可由声音或气味组成,同时提供商标注册异议申述机制。③加强对互联网域名的保护。为解决网上盗版问题,要求顶级域名(ccTLD)管理依据统一域名争议解决政策原则建立争端解决机制。④版权及相关权利。规定作者、表演者、录音制品制作者(包括其继承人)有权授权或禁止任何方式的、永久或暂时的复制行为。自然人作品保护期不得少于作者有生之年加去世后70年。⑤对卫星电视和有线电视的加密信号的保护。制造、组装、修改、进口、出口、销售、租赁或以其他方式传播未经授权的有解码功能的有形或无形的设备或系统的行为将视为犯罪,缔约方需

---

[1] Office of the United States Trade Representative, "Economic Opportunities and the TPP".

[2] Flynn Sean, Margot Kaminski, Brook Baker and Jimmy Koo, "Public Interest Analysis of the US TPP Proposal for an IP Chapter", Draft Version 1.3, December 6, 2011, http://insidetrade.com//index.php?option=com_iwpfile&file=dec2011/wto2011_4302.pdf.

[3] Flynn Sean, Aidan Hollis & Mike Palmedo, "An Economic Justification for Open Access to Essential Medicine Patents in Developing Countries," *Journal of Law, Medicine and Ethics*, Vol. 37 (2009) pp. 184 – 208.

要为受损失利益方提供民事补偿。⑥加强专利保护。包括扩大专利保护范围,限制强制许可及平行进口,限制专利的撤销,禁止在专利申请授权前提出异议,延长专利保护期等内容①。⑦对受管制产品的保护措施。规定药品和农业化学品市场准入后若干年内(对应不同情况,可能是3、5或10年),对方不得以其提交市场许可的数据信息为基础,销售同样或相似的产品。缔约方不得在保护期限结束前改变专利保护条款。缔约方对专利持有人需尽到告知或其他保护义务等。⑧对知识产权纠纷规定民事和行政司法程序及相关补救措施,并允许一国用替代争端解决机制解决与知识产权有关的民事争端。

虽然 TPP 知识产权整体保护程度仍未确定②,但是不少学者却指出 TPP 在地理指标、互联网域名、版权保护、反规避责任、专利保护、转知识产权保护成本、药品定价等多个方面远高于 TRIPS 水平,甚至高于美韩 FTA③。以药品专利为例,由于新西兰、澳大利亚等国均对药品实施价格控制,而美国在 TPP 谈判中提出的药品专利方案将会大幅推高药品价格,因此关于药品专利的谈判异常困难。除此之外,其他谈判方对美国的知识产权方案存在很大异议,不少国家如新西兰等国认为对专利制度过度保护可能会阻碍创新并有损 TPP 内发展中国家的经济发展。目前,知识产权章节是 TPP 谈判的主要障碍之一。

7. 政府采购

P4 以及美国近年已达成的各种双边 FTA 中的政府采购条款均以政府采购协定(GPA)为基础,其内容和原则与 GPA 相符,只是在具体条款规定和承诺水平上有所差异。但是由于 TPP 谈判方在政府采购方面差距过大,TPP 将考虑允许发展中国家实施过渡措施④。

---

① 美国制药公司一直在推动强制性专利联动和专利期限延长。根据美国法律,传统药品享有 5 年的专利保护期,但是新的美国医疗保健改革法案给予生物制剂 12 年的专利保护期。美国制药公司正在推动 TPP 谈判中给予生物制剂 12 年的专利保护期。专利联动则要求一国监管机构,除非能够证明药品没有侵犯品牌药品专利,否则不能对仿制药品发放销售许可证。USTR To Table Full IPR Text, Explanatory IPR 'White Paper' Next Week, Inside U. S. Trade, September 10, 2011.

② U. S. TPP IPR Proposal Offers Middle Ground Between May 10, Korea FTA, Inside U. S. Trade, November 22, 2011.

③ Flynn Sean, Margot Kaminski, Brook Baker and Jimmy Koo, "Public Interest Analysis of the US TPP Proposal for an IP Chapter".

④ Office of the United States Trade Representative, "Economic Opportunities and the TPP".

8. 竞争政策

P4 协定中的竞争政策章节包括目标、竞争法及实施、合作条款、告知、磋商及信息交换、涉及独家委托或垄断等权利的公共企业或一般企业、争端解决机制等七项内容和一个附件。美国已签署的 FTA 中的竞争政策与 P4 基本一致，涉及竞争法及反竞争商业行为、指定垄断、定价差异、透明度、跨境消费者保护、磋商、争端解决机制等内容。特别需要指出的是，TPP 提出了全新的关于国有企业的议题，该议题要求消除国有企业补贴、消除对国有企业海外投资所给予的特惠融资措施、保护外国私营企业经济活动、撤销政府采购的优惠偏好等内容。议题规则涉及美国国内和国外两个市场。在美国国内市场，要求确保外国国有企业和国家支持的企业在投资美国市场或争取贸易机会时不会对美国公司带来不公平竞争。在国外市场，要求制定国有企业在海外市场运营时应该遵守的规则，以使美国公司在海外市场可以公平地与国有企业竞争[①]。

9. 电子商务

P4 协定并没有纳入电子商务章节。但是美国在近年来缔结的双边 FTA 中都纳入了电子商务章节，其主要条款包括：投资、跨境服务贸易和金融服务的有关条款同样适用于以电子方式提供的服务；任一缔约方不能对其他缔约方的数字产品征收关税或其他费用；任一缔约方都必须对其他缔约方的数字产品及其作者、开发者、生产者和表演者等给予非歧视待遇；确保电子签名和电子认证。关于网上消费者保护方面，规定各缔约方必须采取透明和有效的措施，确保消费者在参与电子商务的过程中免受商业欺诈；在执行相关针对电子商务中的欺诈和欺骗行为的法律时，双方消费者保护团体需加强合作等；为促进无纸贸易发展，各缔约方都应确保公众能够获得电子版的贸易管理文件；接受其他缔约方的电子版管理文件，视其具有纸质文件的同等效力；规定除法律不允许外，双方消费者有权利选择、使用、运行相关服务和电子产品，将其电子产品接入互联网等；双方应努力削减阻碍跨境电子信息的障碍等。TPP 电子商务条款可能对发展中国家在海关、知识产权、互联网等多个方面带来不少挑战。

---

① 蔡鹏鸿：《TPP 谈判最新发展、挑战及其前景》，中国太平洋经济合作全国委员会"TPP 与亚太区域经济一体化"研讨会，北京，2011 年 8 月 26 日。

10. 劳工标准

P4 劳工备忘录的主要内容与美国签署的 FTA 劳工章节基本类似①，以美韩 FTA 为例，相关条款的主要内容包括：承诺采用和维持国际劳工组织"工作的基本原则和权利宣言"及其后续文件规定的五大劳工标准，即允许劳工自由集会结社以及集体谈判；取消一切形式的强迫或强制劳动；废除童工；消除就业和职业歧视；不得以减损或降低劳工权利影响贸易和投资②。承诺保证利益方能获得通过行政、准司法、司法或劳动仲裁法庭执行劳工法律的程序，规定详细要求以保证程序的公正、公平和透明，并承诺这些程序的当事方可寻求救济以确保其实现权利。成立由高级官员组成的劳工事务委员会，审查劳工条款执行情况以及其他劳工合作机制下的活动；在劳工部内指定办公室作为联系点，为公众提供沟通渠道；组建包括劳工和商业组织在内的由公众组成的国家劳工顾问委员会，为劳动条款执行提供建议。关于劳工合作机制，除国际劳工组织声明外，还要遵守其第 182 号公约"最有害的童工形式"；劳工合作活动包括如基本劳工权利及其有效实现、童工问题、社会保障计划、工作条件、劳工管理关系、劳工统计、人力资源发展和终生学习等；劳工合作将通过包括访问、人员交流、信息交换，组织研讨会、工作组，开发合作项目、组织联合研究等方式实现。关于劳工磋商部分，规定先以磋商解决劳工问题，磋商不成请求劳工事务委员会通过调解或调停等程序解决，此后才可根据 FTA 的争端解决机制寻求救济或补偿。

在劳工条款上，不仅 TPP 发展中国家谈判方与美国存在较大争议，即使美国国内也存在不同理解，因此劳工条款的谈判将比较复杂、艰难。目前，TPP 谈判方正在就劳工权力保护，劳工问题上的对话、合作、协调机制等问题进行协商③。

---

① P4 协定以劳工备忘录形式对劳工问题进行规定，主要内容包括：成为国际劳工组织（ILO）的成员国；确认对 1998 年 ILO "工作的基本原则和权利宣言"及其后续文件的承诺；努力确保其国内劳动法规、政策和实施与国际劳工承诺相一致；尊重各方依据其国情来制定、管理和实施其劳动法律和法规的主权；不应出于贸易保护的目的而制定或使用劳动法律、法规、政策和实践；不应通过削减或降低国内劳动法的保护来鼓励贸易或投资；提高国内对劳动法律和法规的公众意识水平。参见 New Zealand Ministry of Foreign Affair and Trade, "Trans-Pacific Strategic Economic Partnership Agreement".

② International Labour Organization (ILO), "Declaration on Fundamental Principles and Rights at Work," http://www.ilo.org/public/english/standards/index.htm.

③ Office of the United States Trade Representative, "Economic Opportunities and the TPP".

11. 环境标准

美国近年来签订的 FTA 都包括相关环境章节。以美韩 FTA 为例，其相关条款的主要内容包括：承诺履行多边环境协定（MEAs）七项公约的义务，涉及濒危野生动植物、消耗臭氧层物质、船舶污染、湿地、南极海洋生物、捕鲸、金枪鱼等领域；承诺不能以影响各方贸易投资为由削弱或降低环境保护法律、法规或其他方式；确保利益方可向主管当局请求调查违反环境法的行为，并依据法律对此类请求给予适当考虑；确保司法、准司法或行政程序能够为违反环境法的行为给予制裁或救济，且利益方有权获得此程序；建立由双方高官组成环境事务委员会，定期召开会议，处理环境事宜并监督协议执行，并制定详细的程序安排；提升公众参与的机会，包括确保公众获得相关信息、发展与公众就环境事务进行沟通的程序、向公众征求意见、为书面意见提供回执与反馈意见、利益人可向主管当局请求调查环境法的违反行为等内容；除与国际协定义务相关的争端另有安排外，环境争议均应在磋商、斡旋、调和、调解不成功之后，诉诸 FTA 相关的争端解决机制，以寻求救济或补偿[①]。

美国一般要求其 FTA 伙伴参加全部多边环境协定七项公约，但是目前 TPP 谈判方仅全部参加了"国际濒危物种贸易公约"和"关于消耗臭氧层物质的蒙特利尔议定书"两项公约。TPP 发展中国家的谈判方如越南、智利等参加全部多边环境协定可能还存在一定困难。2011 年 APEC 峰会期间出台的 TPP 纲要文件显示，TPP 将可能部分采取环境合作的形式，以能力建设的方式帮助发展中国家的谈判方实施环境条款。

二 TPP 的福利分析

FTA 的福利效应是决定一国应否加入 FTA 的主要前提。实证研究方面，对 FTA 引发的福利分析主要遵循两条途径：一是基于引力（gravity）及其扩展模型的事后分析；另一种是基于 CGE 的事前分析。目前，基于 CGE 的 GTAP 模型被较为广泛地应用于 FTA 问题的相关研究，虽然 GTAP 仍存在未

---

① Office of the United States Trade Representative, "U. S. -Korea Free Trade Agreement," http://www. ustr. gov/trade – agreements/free – trade – agreements/korus – fta/final – text, 以及美国其他双边 FTA 的环境章节。Office of the United States Trade Representative, Free Trade Agreements, http://www. ustr. gov/trade – agreements/free – trade – agreements。

必能全面测算参加 FTA 带来的潜在经济收益[1]，而且 GTAP 测算的潜在福利收益对分析假设和数据选取高度敏感，可能会引发较大误差，非关税壁垒、服务等方面还难以纳入模型等一系列问题[2]，但是该模型仍然成为估算 FTA 福利得失的一种通用工具。鉴于 TPP "21 世纪 FTA"的特性，利用 GTAP 测算 TPP 的影响效应隐含着相当的风险，毕竟美国等发达国家更关注 TPP 的服务贸易自由化和投资自由化，以及取消非关税壁垒等非传统议题，GTAP 对这些问题的处理能力非常有限。因此，本章将在多个相关研究的基础上，找到具有一定共性的结论，以期尽可能控制由于不同研究假设所引发的误差，而这些具有一定共性的福利分析结论，亦构成正确判断相关国家对待 TPP 态度的理论基础。

国内学者万璐基于 GTAP 6.0 版本数据库，将澳大利亚、新西兰、马来西亚、新加坡、越南、秘鲁、智利纳入一组（简称 TPP 7），而将美国、日本、中国等国单独进行考察。该研究的前提假设包括：①选择关税作为冲击变量，不考虑技术壁垒和其他非关税壁垒，如果美国加入 TPP，假设所有可贸易商品的关税降为零；②加入 TPP 的成员国对其他非成员国的关税壁垒保持不变，世界其他国家或地区的关税壁垒保持不变；③保持前述 GTAP 模型的基本经济学假定，并假设人口增长保持不变。在此基础上，该研究讨论了三种 TPP 情景假设：①美国加入 TPP，从而在美国与 TPP 7 之间取消关税壁垒；②美国和日本都加入 TPP，但美、日之间保持原有的关税壁垒，即未将受保护的产业放开；③美国和日本都加入 TPP，且美、日之间取消关税壁垒限制[3]。但是很可惜，该研究并没有对 TPP 7 国进行单独研究，而且未同时测算参与东亚合作和取消非关税壁垒可能对上述国家的影响。

韩国学者 Kim 则从静态模型和动态模型两个方面，比较全面地考察了 TPP 对各国的福利影响。显然，该研究注意到了 TPP 致力于削减非关税壁垒方面的努力，因此在情景假设时，增加了"利用贸易便利化削减 5% 的交易成本"的考虑，同时通过将服务贸易关税等值估计削减 10%，初步将 TPP 范围内服务贸易谈判可能造成的影响纳入 CGE 模型中。但是该模型仍未彻

---

[1] 关于参与一体化的传统收益与非传统收益，具体参见李向阳等《国际金融危机与国际贸易、国际金融秩序的发展方向》，《经济研究》2009 年第 11 期，第 52 页。
[2] ADB, *Methodology for Impact Assessment of Free Trade Agreements*, 2010, p. 23.
[3] 万璐：《美国 TPP 战略的经济效应研究——基于 GTAP 模拟的分析》，《当代亚太》2011 年第 4 期，第 67~68 页。

底解决非关税壁垒、GTAP 情景假设动态化等不足①。

Petri 等人基于 GTAP 8.0 版本数据库,将 24 个地区和 18 个部门纳入 CGE 模型,模型对以 TPP 为主的"跨太平洋轨道"和以"东盟+3"为主的"亚洲轨道"两条 FTA 路径进行了对比式的福利分析(见图 3-1)。该研究不仅考虑到关税削减,还充分考虑到非关税壁垒②、FTA 利用率、原产地规则引发的成本等因素,使得整个模型更加合理,而且为了符合现实情况,该模型在情景假设上未采用"一步到位式",而是根据不同时间段 TPP 发生扩容并导致相应的福利变化这样"渐进式"的假设,以便动态化地测算相关福利效应。

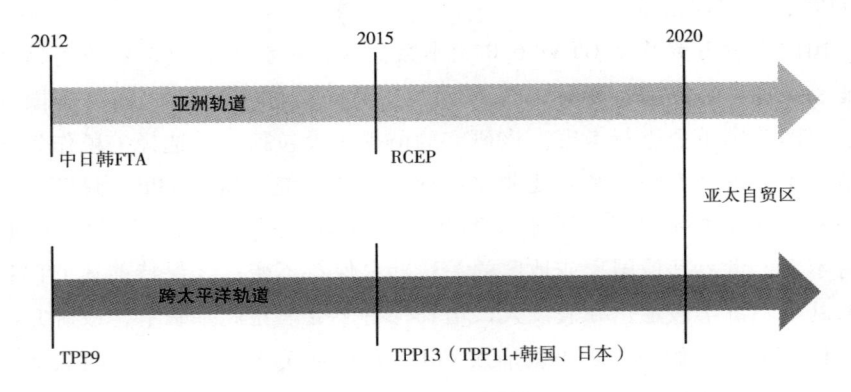

图 3-1 动态情景

资料来源:Peter A. Petri, Michael G. Plummer, and Fan Zhai, "The Trans-Pacific Partnership and Asia-Pacific Integration: A Quantitative Assessment"。

该模型假设:
(1) FTA 的自由化内容于签署后 5 年内平均地分阶段实施。
(2) 受到多个 FTA 所涵盖的贸易以潜在双边 FTA 保护级别最低水平为准。

---

① Kim Sangkyom, "Korea and TPP: Options and Strategies," Paper Presented at CNCPEC Seminar "TPP and Its Implications for Regional Economic Cooperation," Beijing, China, December 8-9, 2011.

② 基于世界银行的非关税壁垒关税等值估计货物贸易非关税壁垒,基于彼得森国际经济研究所的服务部门关税等值估计服务贸易非关税壁垒。参见 Petri Peter A., Michael G. Plummer, and Fan Zhai, "The Trans-Pacific Partnership and Asia-Pacific Integration: A Quantitative Assessment", East-West Center Working Papers, *Economics Series*, No.119, October 24, 2011, pp. 65-70.

(3) 模拟情景假设。

①基准情景。亚洲经济体继续缔结实施"亚洲轨道"版的 FTA，具体而言：

2012~2015 年，全面实现东盟自贸区以及澳大利亚 - 东盟 FTA、东盟 - 日本 FTA、东盟 - 韩国 FTA、新西兰 - 中国 FTA、新西兰 - 香港 FTA、中国大陆 - 台湾 ECFA；

2016~2020 年，中日韩 FTA、澳大利亚 - 中日韩 FTA、印度 - 东亚自贸区（EAFTA）FTA。

②替代情景。在美国和其他经济体实施一系列动态的"跨太平洋的轨道"的 FTA，具体而言：

2012~2015 年，实现 TPP 9 以及美国 - 韩国 FTA、智利 - 日本 FTA、智利 - 澳大利亚 FTA、秘鲁 - 中国 FTA、秘鲁 - 新加坡 FTA；

2016~2020 年，实现 TPP 13（即 TPP 11 + 日本、韩国）；

2020~2025 年，APEC 21 个成员国实现亚太自贸区（FTAAP）。

对比这些基于 CGE 模型进行的福利分析（见表 3 - 1），可以得到一些具有共性的结论：

(1) TPP 为北美和南美经济体带来了相当可观的经济收益，而东亚合作为亚洲经济体带来了稳定的收益。

(2) TPP 为美国带来的福利收益有限。

(3) 小型、开放经济体（特别是越南）从 TPP 中获得的福利收益相当可观。

(4) 东亚合作本身也会对美国经济产生正面影响，尽管规模较小，这是因为亚洲经济体生产率提高进而改善了美国的贸易条件，但是进一步的东亚合作有可能会轻微有损美国的福利。

(5) 日本从 TPP 或东亚合作中获得的福利收益基本相等，区别不明显。

(6) 没有参加 TPP 的经济体普遍遭受福利损失，尽管福利损失并不显著。

(7) 对大多数东亚经济体而言，东亚合作两个方案所导致的福利收益区别并不显著。

(8) 澳大利亚从 TPP 中获得的福利收益有限，但是可以从 ASEAN + 6 中大幅获益。

(9) 中国参与东亚合作获得的福利收益完全可以弥补不参加 TPP 导致的福利损失。

表 3-1 不同情景下的收入效应 (GDP)

单位：%

国家或地区	Petri(2011) TPP 9	Petri(2011) TPP 13	Petri(2011) CJK	Petri(2011) ASEAN	Petri(2012) TPP	Petri(2012) 亚洲轨道	Petri(2012) TPP 9	Petri(2012) FTAAP	Kim(2011) ASEAN+3	Kim(2011) ASEAN+6	万璐(2011) TPP(1)	万璐(2011) TPP(2)	万璐(2011) TPP(3)	Kawai and Wignaraja(2007) ASEAN+3	Kawai and Wignaraja(2007) ASEAN+6
美国	0.03	0.06	0.01	0.01	0.38	0.01	0.67	0.03	0.00	-0.01	0.05	-0.03	0.06	-0.03	-0.06
澳大利亚	0.03	0.15	0.01	0.00	0.60	0.02	0.92	0.16	-0.03	1.14	—	—	—	-0.41	3.91
加拿大	0.00	0.11	0.01	0.01	0.50	0.02	0.02	1.71	-0.01	-0.02	—	—	—	0.18	0.15
智利	0.28	0.68	0.02	0.03	0.90	0.02	1.47	0.14	-0.01	-0.01	—	—	—	—	—
墨西哥	0.01	0.50	0.09	0.13	1.05	0.21	0.13	2.19	0.01	-0.02	—	—	—	0.31	0.30
新西兰	0.21	0.67	0.01	0.00	2.25	0.13	1.54	0.21	-0.03	1.61	—	—	—	-0.27	5.24
秘鲁	1.36	2.19	0.01	0.01	1.42	0.04	0.83	0.10	0.00	-0.01	—	—	—	—	—
中国	-0.03	-0.08	0.11	0.42	-0.27	1.35	0.01	2.24	1.81	1.83	-0.06	-0.15	-0.31	1.26	1.33
香港	-0.01	-0.02	-0.06	2.94	-0.19	10.51	0.00	3.09	0.00	0.00	—	—	—	-0.33	-0.59
印尼	-0.03	-0.09	-0.05	0.31	-0.23	0.83	0.00	1.72	1.59	1.61	—	—	—	2.62	2.86
菲律宾	-0.06	-0.13	-0.15	0.81	-0.35	1.72	-0.01	3.16	3.08	3.10	—	—	—	2.64	2.85
泰国	-0.06	-0.24	-0.24	0.97	-0.67	1.78	-0.01	4.71	4.18	4.27	—	—	—	12.10	12.84
文莱	0.14	0.48	0.04	0.76	1.10	2.77	—	—	—	—	—	—	—	—	—
日本	-0.01	0.54	0.44	0.64	2.24	1.93	0.00	0.74	0.59	0.60	-0.05	0.17	0.34	1.54	1.59
韩国	-0.02	0.71	1.16	1.52	2.16	4.12	-0.01	2.99	2.70	2.76	-0.05	-0.16	-0.35	6.19	6.43
马来西亚	1.43	2.21	-0.19	1.10	6.10	1.93	0.00	7.32	5.10	5.16	—	—	—	5.54	6.33
新加坡	0.07	0.28	-0.12	-0.08	1.95	-0.49	6.67	0.41	6.68	6.72	—	—	—	4.79	5.43
越南	6.37	13.89	-0.42	5.20	13.57	3.97	6.08	4.52	7.09	7.15	—	—	—	7.35	7.63

资料来源：Peter A. Petri, Michael G. Plummer, and Fan Zhai, "The Trans-Pacific Partnership and Asia-Pacific Integration: A Quantitative Assessment"; Peter A. Petri and Michael G. Plummer, "The Trans-Pacific Partnership and Asia-Pacific Integration: Policy Implications"; Kim Sangkyom, "Korea and TPP: Options and Strategies"; 万璐：《美国 TPP 战略的经济效应研究——基于 GTAP 模拟的分析》；Kawai Masahiro and Ganeshan Wignaraja, "ASEAN+3 or ASEAN+6: Which Way Forward? ADB Institute Discussion Paper, No. 77 (2007), pp. 36-37。

第三节　美国的亚太区域合作战略动机分析

　　尽管美国的亚太区域合作战略，经历了20世纪90年代反对"沿太平洋中间划一条线"，21世纪初"善意忽略"东亚合作，进而2009年"重返亚洲"的各种宣言式变化，但是美国的亚太区域合作战略实质并未发生任何实质性变化，即美国要防止在东亚地区形成类似于欧盟的贸易集团的出现，因为只有这样，才能保持美国在国际贸易领域的优势和规则制定权，最符合美国的全球经济利益。

　　一方面，美国的亚太区域合作战略是对东亚出现以"东亚合作"为代表的东亚贸易集团最直接的反应。虽然直接反对东亚合作也可能是应对手段之一，但是现实表明，一味的反对只可能招致东亚地区更加团结，因此美国构建了亚太区域合作战略应对可能出现东亚贸易集团。通过亚太区域合作，美国不仅可以获得参与东亚地区事务的"合法身份"，而且可以将东盟、中国、日本、韩国等国纷纷纳入亚太区域合作的范围内，这样不仅可以降低东亚地区形成"排他性"东亚合作的可能性，而且美国还可以凭借其强大的经济实力和治理能力，取得亚太区域合作中的主导地位。

　　事实上，美国早在21世纪初便开始采用FTA的方式取代APEC，以应对东亚合作的势头，即美国不断与东亚国家签署双边贸易、投资安排，试图以此削弱东亚合作对东亚国家产生的吸引力，并减缓东亚合作的进程。具体而言，美国于2003年与新加坡签署了双边FTA，2005年与老挝签署双边贸易协议（BTA），2007年与韩国签署双边FTA，并积极推动与泰国、马来西亚等国的双边FTA谈判。2006年与东盟签署了旨在简化海关程序、促进贸易流动以及加强知识产权保护等的"贸易与投资安排"（TIFA），并分别与菲律宾、柬埔寨、越南签署了"贸易与投资框架协议"（TIFA）；不仅如此，美国还在推进与越南和印度尼西亚的"双边投资协议"（BIT）等。事实上，这些双边协议确实是有效的工具，可以帮助美国达到多重目的：①赋予美国"轮轴－辐条"（Hub-and-Spoke）结构中的"轮轴"地位，贸易方面，美国可以通过贸易协议进入所有的"辐条"国市场，而"辐条"国之间却因为原产地规则无法相互进入；投资方面，"轮轴"国的特殊地位也有利于吸引外资的进入。特别需要指出的是，这种经济"轮轴－辐条"结构与美国在东亚的双边军事同盟关系相互作用，强化了美国在东亚地区的"存在感"，使得"去美国化"变得更加困难。②获得规则的制定权，美国希望通过选择与东亚地区的一些经济体签署双边 FTA，刺激该地区的其他国家为了获得美国的巨大市场而争相与美国进行 FTA 谈判，这样美国不仅可以通过推广其 FTA 谈判条款和细则形成所谓"最佳实践"（Best Practice），而且还有利于获得区域贸易规则的制定权。③引发"自由化竞争"局面。正如美国贸易谈判代表佐利克所说，美国要"大力推动地区和双边 FTA"，通过与不同国家达成 FTA，美国用"累积扩大的方式推进自由贸易，激励各国竞相开放"。由于美国积极推动双边 FTA 战略，会促使各国为了追求"轮轴"国地位而纷纷签署双边 FTA，并引发全球的"竞争性自由化"，而这正是 WTO 受阻后美国所希望看到的。④双边 FTA 可能会破坏东亚合作。经济学家贾格迪什·巴格瓦蒂认为，在国际贸易博弈中，尽管各国可以通过合作获得更大利益，但它们却以非合作的方式各自寻求个人利益。随着双边协定的增加，由于各国担心落后，便谋划建立自己的双边协定，所以出现了双边协定飞速增加，特别是这种情况还具有相当的稳定性。当各国都盲目追寻双边 FTA 时，对东亚地区的多边 FTA 的热情就会相应降低。

然而，伴随着中国的经济崛起，特别是中国经济实力的快速提高，中国在东亚地区与周边国家启动的双边 FTA 开始领先美国在东亚地区的贸易经济联系，特别是中国对东亚合作的积极性很高，使得美国对东亚贸易集团的担心与日俱增，双边 FTA 在东亚推行效果有限的情况下，美国重新回到了 APEC 的思路上。即 2006 年美国总统布什呼吁 APEC 需要以"亚太自由贸易区"（FTAAP）作为目标，因为这样就能避免，或至少是极大地降低东亚合作带来的贸易歧视。但是由于面临着 APEC 内部成员方经济发展水平差距较大，放弃 APEC 运行 20 年的"开放地区主义"以及对"协调的单边行动"基本原则和运行方式，自主自愿、协商一致和非约束性的"APEC 方式"，东亚经济体缺乏所谓的亚太身份认同等一系列问题，FTAAP 方案在东亚地区甚至 APEC 内毫无进展。因此美国希望以 TPP 作为迂回手段，先行吸收亚太地区的部分"积极"成员，这一做法非常类似于本世纪初美国在美洲自贸区谈判中的做法，由于巴西等贸易集团与美国的谈判利益冲突严重，美国通过与中美洲部分国家先行谈判签署中美洲自贸区，以此威胁美洲自贸区谈判中巴西等国的谈判立场。同理，在推动 FTAAP 短期内无望的判断下，美国先行推动 TPP 是美国亚太区域合作战略的阶段性目标。

另一方面，美国推动亚太区域合作战略的更深层动机应该是非传统经济利益，或者说是影响国际经济规则的能力。新区域主义理论表明，一国追求区域合作，除了获得传统经济收益外，还可以获得非传统收益，而影响国际经济规则的能力可能是大国更为看重的区域合作目标。虽然多数研究均表明，以"东盟+3"和"东盟+6"为主要方案的东亚合作对美国产生的贸易转移效应微乎其微，但是美国有理由防止另一个欧盟的出现。欧洲统一大市场的建立意味着欧盟的市场规模第一次超过了美国。在国际贸易领域，一国对国际经济规则的影响力取决于该国能够向世界提供多大的出口市场。欧洲国家通过欧盟的形式克服了单一国家市场规模较小的局限，一个拥有与美国同等市场地位的欧盟构成了对美国取得国际经济规则主导权的挑战①。现在，东亚国家正通过东亚合作进一步加强经济联系，并有可能形成一个挑战美国国际经济规则主导权的新的经济集团②，这一局面是美国不愿意看到的。美国面临的FTA激励如图3-2所示。

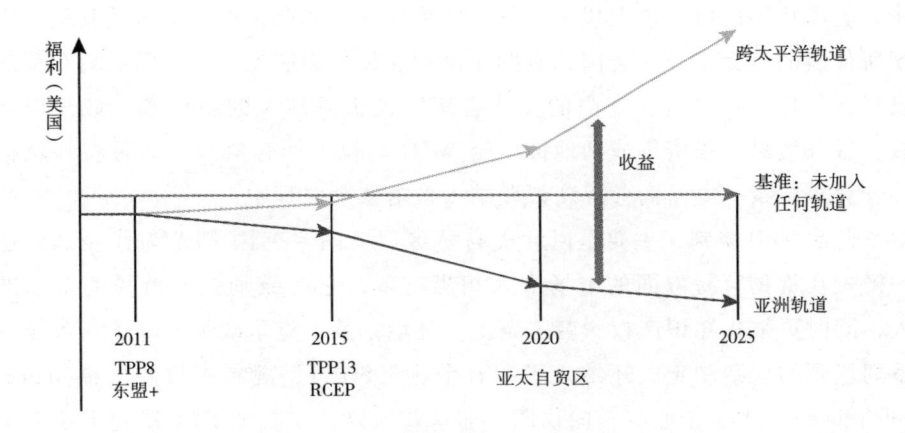

图3-2　美国面临的FTA激励

资料来源：Peter A. Petri et al., "The Trans-Pacific Partnership and Asia-Pacific Integration"。

历次美国对外FTA谈判，美国都凭借自身的经济实力，或者先行通过形成贸易集团达到扩大的经济实力，基本都获得了主导谈判的能力③。相同

---

① 李向阳：《新区域主义与大国战略》，《国际经济评论》2003年第4期，第8页。
② 尽管目前亚洲出口商品的最终消费市场仍在欧美等区域外市场，其中美国占23.9%，欧盟占22.5%，而亚洲自身仅占28.9%。参见ADB, *Institutions for Regional Integration: toward an Asian Economic Community*, 2010, p. 33。
③ 李向阳：《新区域主义与大国战略》，《国际经济评论》2003年第4期，第7页。

的道理，面对东亚合作可能形成东亚贸易集团的压力，美国的最优选择就是以不对称经济实力，通过双边谈判方式使得 TPP 国家先行接受美国的贸易规则模板，以此平衡东亚合作可能引发的贸易转移效应，并形成以 TPP 为核心的贸易集团，以此在亚太地区甚至 WTO 内迫使其他经济体接受其贸易规则。

事实上，美国无论是推动 APEC，或者在东亚推行双边 FTA，甚至 TPP，美国无非希望在应对东亚合作的同时，获得谈判主导权（或者说是决定区域内规则的能力），进而获得区域合作的外部收益，即扩大其在多边贸易谈判中的筹码，最终获得国际经济规则制定过程中的主导权。这一将区域贸易协定内的规则推广为多边贸易规则的过程亦被称为有顺序的谈判①（sequential negotiation）。具体而言，美国首先在小范围区域合作中通过其不对称的经济优势，主动制定有利于美国经济发展的贸易规则，进而再以区域合作作为谈判策略工具，威胁其他贸易集团如果不接受 WTO 内的美国主张，美国将用区域合作取代多边贸易体系谈判。如此，迫于美国及其贸易集团所代表的巨大市场，美国的有顺序谈判往往都会成功，这不仅表现在美国已经将包括北美自贸区在内的美式自贸区模板所涉及的新议题，如知识产权、服务贸易、投资等成功地推广至 WTO 乌拉圭回合谈判，而且将环境标准、竞争政策、电子商务等新议题纳入多哈谈判议程中。

此次 TPP 谈判，主要是以北美自贸区、美国－韩国 FTA 为代表的，这一模板在货物贸易方面的市场准入相当有限，它更鼓励服务贸易的市场准入，同时更强化知识产权、劳工条款、环境条款、竞争政策、电子商务等一系列议题的规则制定，还纳入了国有企业（SOE）、规制一致性（regulatory coherence）、中小企业等横向议题，而这些新议题在其他 FTA 谈判中从未出现。当美洲自由贸易区倡议搁浅后，TPP 或许是美国再次推动制定国际经济新规则的尝试。正如美国贸易谈判副代表芭芭拉·威瑟所言，美国的目的是达成一套适用于所有亚太国家的规则，任何要加入的国家必须遵守此规则②。如果美国规则在区域内甚至全球范围内顺利推开，将为美国企业扫除障碍，改善其投资环境，并最终提高美国企业的长期竞争力。TPP "21 世纪条款" 如表 3－2 所示。

---

① 李向阳：《新区域主义与大国战略》，《国际经济评论》2003 年第 4 期，第 6~8 页。
② 转引自杜兰《美国力推跨太平洋伙伴关系战略论析》，《国际问题研究》2011 年第 1 期，第 50 页。

表 3-2　TPP "21 世纪条款"

议题	过去的自贸区是否涉及	是否边界后措施	可能涉及的内容	可能的争议
货物贸易	100	否	削减关税；调整海关估价办法；设置敏感产品目录等	敏感产品目录和关税减让时间安排谈判困难；发达国家反对放开劳动密集型产品
服务贸易	91	是	要求国民待遇和最惠国待遇；资金自由转移和支付；透明度要求；禁止业绩要求等	争议较大，发展中国家希望允许例外和放宽过渡期
技术壁垒	69	是	要求实行WTO相关规定；推动技术标准、规则的相互认可；建立合作机制	发展中国家希望避免严格的技术性贸易壁垒，并防止发达国家以此作为贸易保护主义手段
竞争政策	66	是	采取措施抵制反竞争行为；确保对国有企业仅采取竞争中性政策；要求实施国民待遇	竞争政策落后国家或国有企业发达国家，将面临显著的改革要求
知识产权	77	是	要求签署相关国际条约；确保对侵权行为严格执行惩罚；反盗版和仿造	高度争议；对药品和信息技术影响较大
投资	74	是	国民待遇和最惠国待遇；禁止业绩条款；确保自由及时的资金转移；争端解决	开放部门和所有权限制；国家-投资者争端解决机制
政府采购	66	是	国民待遇；符合WTO规则；明确原产地规则；透明度要求等	仅2个国家签署WTO协定；3国是观察员
检验检疫标准	69	是	确保对人、动物、植物合适的保护；建立合作委员会	发展中国家担心发达国家以此实行贸易保护主义
争端解决	91	否	设立争端解决专家组程序；确定惩罚机制；国际仲裁	基本没有争议
原产地规则	94	否	确保原产地的规则；微量条款；例外等	涉及大量商品的谈判
贸易救济	66	否	暂时、双边的保障措施及其适用限制	有争议
海关措施	86	否	透明度和提高监管水平	需要能力建设
人员短期流动	54	否	加速实施商务人员短期流动	基本无争议
机制建设	43	否	建立监管实施委员会	基本无争议
金融服务	26	是	国民待遇和最惠国待遇；约束对机构和交易的限制措施；允许跨境交易；争端解决	高度争议；属于敏感部门

续表

议题	过去的自贸区是否涉及	是否边界后措施	可能涉及的内容	可能的争议
电子商务	—	是	确保信息跨境自由流动;禁止电子商务关税;确保信息保密	
电信服务	—	是	取消投资限制;对电信网络的自由、非歧视接入;相互认可等	原则上无争议
农业	9	否	关税配额;限制出口补贴;规范出口税和出口限制;限制保障措施	在特定产品如蔗糖、牛奶存在争议
劳工条款	9	是	签署国际劳工组织公约;确保国内法与国际标准一致等	高度争议;可能会打击发展中国家的竞争力
环境	9	是	建立环境保护法规;补偿机制;确保公众参与;鼓励技术合作;设立联合委员会	发展中国家担心贸易保护主义
安全标准	3	是	确保产品及服务安全的法规	存在争议,发展中国家强调微量原则而非最佳实践
规制一致性	—	是	国民待遇;透明、开放的政策环境	基本无争议
中小企业	3	是	支持中小企业的联合战略;能力建设	基本无争议
商业便利化	0	是	贸易投资、海关清关、检验检疫等方面合作;建立联合工作组	基本无争议
文化	0	是	文化合作;规范对电影及其他文化产品进口的限制措施	有争议,涉及电影、音乐等进口限制措施
科技	0	是	在信息产业、采矿业等关键产业开展联合工作和技术转让	基本无争议

资料来源：Petri Peter A., Michael G. Plummer and Fan Zhai, The Trans-Pacific Partnership and Asia-Pacific Integration: A Quantitative Assessment, East-West Center Working Papers, *Economics Series*, No. 119, October 24, 2011, pp. 9 – 11。

第四节 前景展望

应该说，美国的亚太区域合作战略并不是一时的冲动，而是具有相当的战略性影响的系列政策行为。从全球范围内防止出现挑战美国的贸易集团，到获得区域、全球范围内的贸易规则制定权，美国在亚太地区实施的区域合作战略是美国的全球贸易战略的有机组成部分。从这个角度，美国推动 TPP 有其短期的政治、经济目的，即奥巴马政府需要提出属于自己的贸易议题，作为"重返亚洲"的经济工具；但是更为重要的是，它是美国全球贸易战略的重要部分之一，具有长期的战略意义，因此无论未来美国出现的是共和党政府还是民主党政府，美国都会积极推动 TPP 谈判进程，尽管其具体贸易议题可能有所区别，或者其最终 FTA 的名称有所不同。事实上，TPP 已经成为中国经济崛起背景下，美国应对东亚合作、防范东亚贸易集团、获得国际经济规则主导权的战略性举措，可以断言的是，只要中国继续保持经济持续发展，并积极推动东亚合作进程，那么美国一定会在 TPP 或以 TPP 为代表的亚太区域合作上不断进行投入。

虽然从战略角度，TPP 可以说是美国政府的中长期战略行为，但是在短期内仍可能受到不同方面因素的影响，这些因素虽然不能决定美国的亚太区域合作战略，但是却能在相当程度上影响它的实施效果和进程。

一 影响当前美国亚太区域合作战略的有利因素

从 TPP 谈判对象的角度，可以说是美国的"精心挑选"，它们都属于经济小国，相对于大国，经济小国囿于自身有限的市场规模、对外部世界的较高依存度、较弱的抵御外部冲击的能力和参与国际经济事务的谈判交易能力，他们参与区域经济合作的主要动力来自于以获得市场准入机会为代表的经济收益，因此只要美国愿意部分让渡市场准入，满足了这些国家的经济利益，这些小国将会满足美国在贸易规则方面的需求。例如，由于智利通过 TPP 可以获得越南、马来西亚等市场，秘鲁可以获得新西兰、文莱、澳大利亚、越南、马来西亚等市场，因此智利、秘鲁两国参与 TPP 的福利收益会比较明显（见表 3-1）。需要指出的是，鉴于智利、秘鲁明显被排除在东亚合作进程之外，为了规避贸易转移效应，他们会以双边 FTA 或者 TPP 的形式获取东亚市场准入，考虑到这两个国家已经与美国签署并实施双边 FTA，参加 TPP 的成本相当有限，因而他们将是 TPP 的积极参与者。

东盟内部的各经济体，参与 TPP 的目的各不相同。福利分析结果表明，对多数东盟国家而言，通过 TPP 与东亚合作获得的经济收益均较为显著，但是以东亚合作为代表的亚洲轨道 FTA 版本侧重于货物贸易自由化以及经济合作，以 TPP 为代表的跨太平洋轨道 FTA 版本则侧重于服务、投资、知识产权等规制建设，显然参与 TPP 的成本将高于参与东亚合作的成本，因此不仅柬埔寨、老挝、缅甸不加入 TPP，泰国、印度尼西亚亦表示目前未考虑加入 TPP[①]。美国与东盟相关 FTA 主要条款比较如图 3-3 所示。

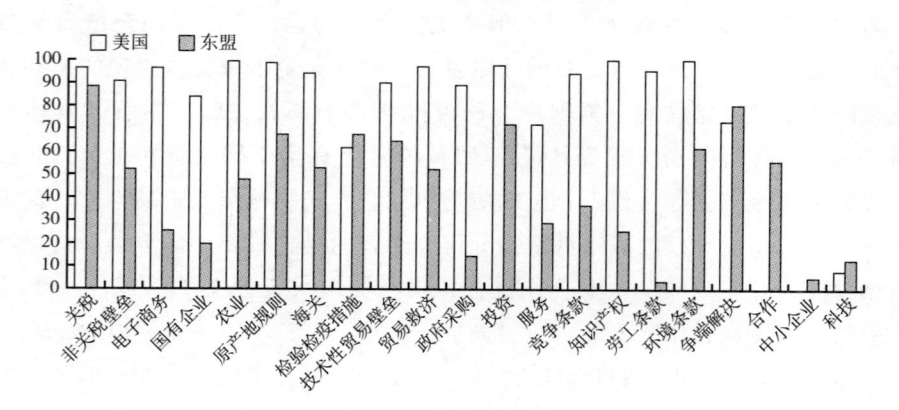

图 3-3　美国与东盟相关 FTA 主要条款比较

资料来源：Peter A. Petri and Michael G. Plummer, "The Trans-Pacific Partnership and Asia-Pacific Integration: Policy Implications," *PIIE Policy Brief*, No. 12-16, June 2012, p. 4。

当然，参与 TPP 不仅可以获得美国市场准入，有助于在一定程度上减轻对中国市场的依赖；而且小国还可以通过 TPP 获得信号效应所带来的收益，即向外部世界发出清晰的市场开放和政策可信的信号，以吸引外资的流入[②]，这对于越南、马来西亚可能非常重要。马来西亚目前处于经济转型的关口，如果其希望跃升成为发达国家，就必须保持其经济可持续发展，同时，升级产业以规避来自中国的竞争。该国 20% 左右的投资率表明其经济发展中投资不足，加入 TPP 的重要原因或许在于马来西亚希望通过 TPP 的信号效应，吸引外资以补充国内投资不足，进而维持经济可持续发展。越南 30% 左右的投资率表明该国亦同样面临投资不足的局面，而加入 TPP 使得对美出口面临优惠关税，可能会引发更多劳动密集型产业转移至该国，有利于越南经济长期可持续发展。福利分析表明，越南可能是从 TPP 中受益最多的国家之一。

---

① Bryan Cave Consulting Company, "Thailand in the TPP?" Paper Presented at CNCPEC Seminar "TPP and Its Implications for Regional Economic Cooperation", Beijing, China, December 8-9, 2011; Raymond Atje, "Trans-Pacific Partnership Initiative and Indonesia," Paper Presented at CNCPEC Seminar "TPP and Its Implications for Regional Economic Cooperation".
② 李向阳：《区域经济合作中的小国战略》，《当代亚太》2008 年第 3 期，第 42 页。

有意思的是，Petri 的福利分析表明，新加坡从 TPP 中获得的经济收益远高于东亚合作，特别是东亚合作会导致新加坡福利损失，这一结论与大多数相关研究的结论相悖。作者给出的解释是，TPP 要求的服务开放使得新加坡能在已有双边 FTA 市场上继续获益，但是东亚合作集中于货物贸易开放，新加坡很难从中继续获益。当然，即使不考虑此福利分析，新加坡亦完全有理由积极加入 TPP，这是因为从成本角度而言，新加坡同所有 TPP 中的谈判方均已签署实施双边 FTA，高度开放的小国新加坡参与 TPP 的成本非常小；从收益角度，参与 TPP 或多或少能帮助新加坡从服务业方面获得经济收益；更为重要的是，长期致力于巩固自身"轮轴"地位的新加坡，非常希望将美国纳入本地区内，并加强大国间的竞争，以便从"大国平衡"中继续获得特殊利益。

澳大利亚、新西兰参与 TPP 的立场却不一致。对于新西兰而言，通过 TPP 可以获得美国、秘鲁的市场准入，能从 TPP 获得比较明显的福利收益。但是由于新西兰从未与美国达成双边 FTA，因此在相关国际经济规则制定方面，可能存在一定冲突，特别是有关知识产权、投资条款等方面，新西兰将面临着相当的取舍困境。对于澳大利亚而言，目前 TPP 11 绝非澳大利亚参与 TPP 谈判的目的，这是因为通过 TPP 澳大利亚仅能获得秘鲁等小国的市场准入，其获得的福利收益非常小。在此背景之下，如果美国不能满足澳大利亚在蔗糖、奶制品等澳－美 FTA 下敏感商品项的利益，却强迫澳大利亚接受知识产权、投资者－国家争端解决等规则，那么澳大利亚的成本－收益将变得不平衡，除非 TPP 谈判成员范围得以扩大，否则澳大利亚参与 TPP 是没有经济意义的。

韩国目前是否参与 TPP 对该国的影响较小（见表 3－1），这是因为除了澳大利亚和新西兰外，韩国与 TPP 其他谈判方均已缔结双边 FTA。对于韩国而言，实施韩－美 FTA 或许比目前就参与 TPP 谈判更为有利，毕竟通过韩－美 FTA，韩国已经获得了美国的市场准入；而 TPP 内澳大利亚、新西兰的市场准入也可以通过正在进行的双边 FTA 获得，而且从谈判策略角度，一对一的双边 FTA 谈判显然比 TPP 内同时面对多个农业强国要好得多。因此，从成本－收益角度，韩国的重心仍然在于按计划逐步缔结双边 FTA，打造韩国的"轮轴"地位[1]，因此中短期内韩国加入 TPP 的动力应该相当有

---

[1] Kim Sangkyom, "Korea and TPP: Options and Strategies".

限，当然韩国绝不会构成 TPP 的阻碍因素。

与上述国家不同的是，日本参与 TPP 虽然面临着来自农业、邮政、汽车等方面的挑战，但是作为一个经济大国，日本也担心被新一轮国际贸易规则制定过程排除在外，因此在参加 TPP 和 RCEP 经济福利相似的情况下，日本选择同时加入两个进程，是成本－收益分析后的正常选择。

总体而言，大多数参与 TPP 谈判的经济小国，从 TPP 中获得的经济利益比较可观，因此这些国家对 TPP 谈判的态度十分认真，而这构成了 TPP 谈判成功的最大保障。

二 影响当前美国亚太区域合作战略的不利因素

首先，制约来自于理论上如果满足 TPP 的"高标准"要求，TPP 谈判将会漫长而充满争议，甚至可能会导致 TPP 的搁浅。这些可能的争议不仅触及农业、金融服务等传统敏感部门，而且还涉及竞争政策、知识产权、劳工条款、环境条款等边界后措施，这些领域不仅涉及国内法规的修订，更可能从规则上改变国际竞争力，如何在"白金"条款上达成妥协，成为制约 TPP 谈判的首要因素。

其次，从利益集团角度，当前美国社会对自由贸易的支持度有限。自从北美自贸区谈判，劳工标准、环境标准成为美国贸易政策的焦点，美国公众或利益集团对自由贸易的偏好，已经通过党派政治在国会内的历次贸易法案投票中有所表现。有研究表明，美国贸易政策取向始终具有鲜明的党派性，不同政党对国会或政府的控制直接影响了美国贸易政策的性质和具体措施，其偏好与政治基础密切相关[①]。目前来看，美国民主党所代表的贸易保护主义正处于较高水平，以 2011 年众议院对批准三个自贸区投票为例，仅有 31.2%、16.4%、34.9% 的民主党众议员投票支持批准韩国、哥伦比亚和巴拿马同美国的自贸区，其大部分的支持来自于共和党，事实上民主党国会议员中 2/3 都反对谈判自贸区。缺乏国内民意支持，将迫使美国政府对外谈判采取更为保守的贸易保护主义，这将制约美国 TPP 谈判妥协能力。

最后，TPP 目前的扩大机制很有可能约束亚太地区的经济大国的参与，进而限制了 TPP 的影响力。TPP 谈判以小范围的自贸区扩大至大范围的自贸区的好处是，后来者基本要全盘接受先入者指定的规则，事实上就减少了相

---

① 屠新泉：《党派政治与美国贸易政策的变迁》，《美国研究》2007 年第 4 期，第 67~80 页。

应的谈判成本。但是后来者也丧失了制定规则的权力，这在大国看来是难以接受的。因此，欧盟扩大的成功，其前提是吸收的基本是经济小国；而美加自贸区扩大为北美自贸区也是先吸收墨西哥这样的经济小国，一旦涉及类似于巴西、阿根廷等南美经济大国，其扩大为美洲自贸区的梦想只能搁浅。更为现实的是，就 TPP 谈判而言，目前除美国外，其他 10 个国家为经济小国，如果在此基础上形成贸易规则，再吸收别国加入，则面临着不少疑问。一方面，这样的疑问来自于其他经济大国是否会全盘接受没有自身参与而达成的新规则；另一方面，经济小国一旦与美国达成类似 TPP 的自贸区之后，事实上很难再接受新的经济体加入。这是因为，经济小国除了获得美国的市场准入外，更大的蛋糕来自于其他国家希望规避 TPP 的影响而对率先加入TPP 的小国进行的投资。事实上墨西哥加入北美自贸区之后，就吸收了大量的外来投资。如果率先进入 TPP 的经济小国轻易接受后来者的加入，那么他们对这些外资的吸引力将大打折扣。当然，上述这些判断必须符合如下假设：①继续保证采用全票通过的方式以接纳新成员；②申请后加入的国家如果是经济小国，将不能付出足够的市场准入以换取先入者的选票；③申请后加入的经济大国难以接受已经制定好的经济规则，即使愿意付出足够的市场准入机会，同时先入者也愿意放行，但是其自身不能放弃规则制定权。也就是说，如果不改变目前的 TPP 扩容机制，TPP 将注定不能纳入中国，这不仅会制约其经济影响力，而且不能达到美国获得国际贸易规则的战略目标。

三　美国亚太区域合作的前景

鉴于日本的经济实力，该国的加入对于 TPP 的经济影响力起到了至关重要的作用。图 3-4 表明，一旦日本加入 TPP，美国通过 TPP 获得的出口市场准入将会较 TPP 11 时发生质变，即美国将获得占其全部出口额 5% 的新市场准入，从经济角度看，日本对于 TPP 的意义和价值不言而喻。

与此同时，中短期内不参与 TPP 的中国，将可能面临来自 TPP 对其造成的福利损失。从区域政策层面，图 3-5 的数据表明，在 2020 年以前，东亚合作如果能够推进至 RCEP，那么东亚合作能为中国提供足够的福利收益，完全能够抵消中国不参加 TPP 引起的福利损失。因此，能否成功推动东亚合作是中期内中国应对 TPP 的关键。

从更深远意义上，TPP 所代表的贸易规则对中国乃至亚洲未来经济可持续发展方面可能会产生相当深远的影响。如果 TPP 成功成为亚洲地区唯一

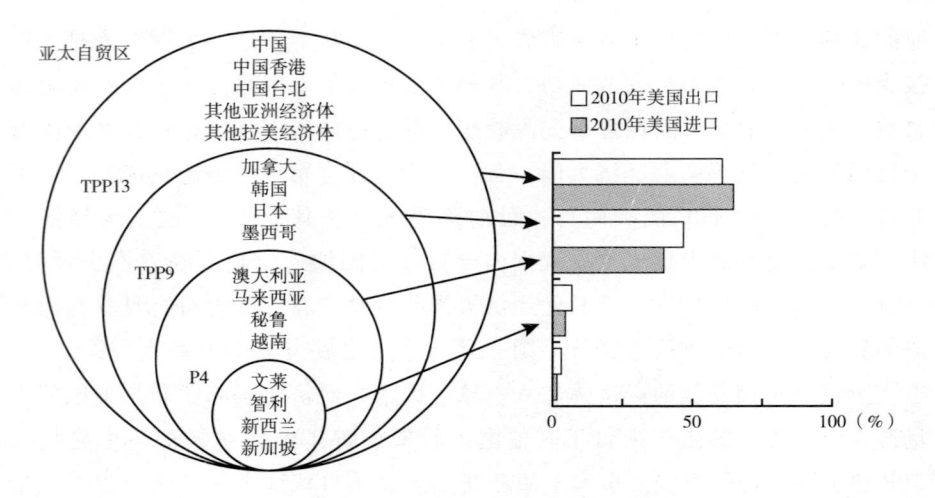

图 3-4 TPP 占美国进出口市场比重

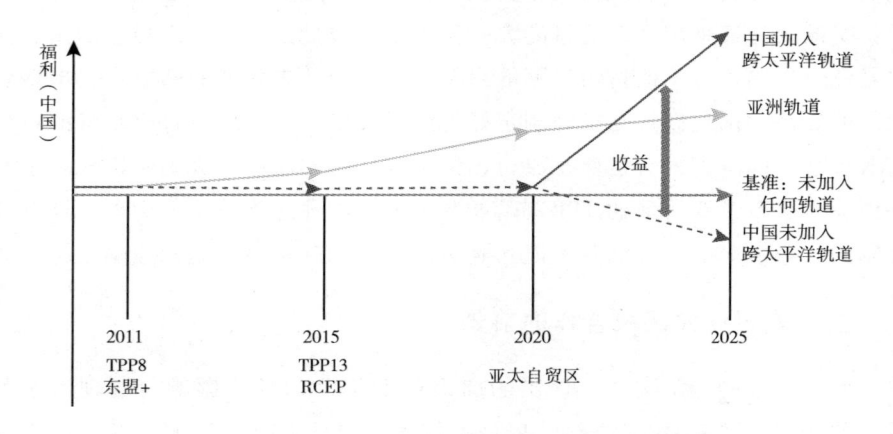

图 3-5 中国面临的 FTA 激励

资料来源：Peter A. Petri, et al., "The Trans-Pacific Partnership and Asia-Pacific Integration"。

的大区域 FTA，那么包括中国在内的东亚经济体将不得不接受 TPP 的贸易规则，而这些贸易规则将在短期内改变中国的国际竞争力，进而可能会在中期对中国的经济发展造成影响。而不接受这一规则，中国的国际竞争环境也将恶化，特别是面临周边发展中国家的不公平竞争环境，这都是中短期内中国不能接受的结果。正如 Petri 在其研究中所承认的，与新获得的市场准入相比，TPP 更大的竞争力来源于其高标准的贸易规则模板，即所谓的 "21

世纪条款"。

从中国应对 TPP 的角度出发,如果 TPP 谈判失败的同时东亚合作成功实现,那么中国实现了利益最大化,但这一最优结果高度不确定。而中期内无论 TPP 谈判是否成功,如果中国能与日本共同推动实现东亚合作,那么中国在整个 TPP 博弈中起码确保获得次优结果[1]。因此,日本成为中期内中国区域合作战略的最重要对象,因为中日韩是 RCEP 的主要经济成员,RCEP 谈判的核心问题仍在于中日韩 FTA 能否实现,而中日韩 FTA 的实现最终又取决于中日能否达成一致。

由此可见,日本无论对于 TPP 还是东亚合作,或者说无论对于美国的亚太区域合作战略还是中国在东亚合作中的利益而言,都是至关重要的一环。那么从中长期角度来看,日本是影响整个亚太区域合作与东亚合作博弈的关键,而日本对这一博弈的态度也成为影响美国亚太区域合作战略的关键。

以日本经济团体联合会为代表的企业界于 2011 年 4 月 19 日发布了"日本贸易战略提案",该方案建议日本政府采取积极的战略性的贸易战略,诸如积极推动 WTO 多哈进程,或者通过 TPP、CEPEA、日本-欧盟 FTA 等与美国、中国和欧盟完成区域经济一体化。"提案"进一步指出,拥有广大海外利益的日本企业需要更多的发展资源,而这些企业的未来也关系到日本的灾后重建和未来[2]。特别是伴随着日本经济社会进入后工业化时代,日本社会也变得更加"内向型",但是固守一个老龄化的国内市场是不足以保证日本企业赢得国际竞争的。根据多米诺效应,在韩国已经签署韩-美 FTA、韩-EU FTA 的背景下,日本如果不积极采取"跟进"的做法,将遭受比较严重的贸易转移效应。

长期来看,"贸易立国"的日本将不得不认真考虑来自韩国,甚至中国、美国在 FTA 上给它带来的竞争压力,从这个角度,尽管日本面临着来自农业方面的压力[3],但是为了经济长期可持续发展,贸易立国的日本不能

---

[1] 这样做还能避免出现 TPP 谈判成功而东亚合作失败这一最差结果——此结果将会对中国的外部发展环境造成负面影响。

[2] Nippon Keidanren, "Proposals for Japan's Trade Strategy," April 19, 2011, http://www.keidanren.or.jp/english/policy/2011/030/index.html.

[3] "The Council to Promote the Revitalization of Food, Agriculture, Forestry and Fisheries, Interim Report for the Revitalization of Japan's Food, Agriculture, Forestry and Fisheries," August 2, 2011, http://www.bioin.or.kr/upload/policy/1316508368652.pdf.

放弃中国等重要的亚洲新兴市场，也不敢轻易放弃面临着韩国竞争的美国市场，因此只能选择同时参与 TPP 和 RCEP。日本面临的 FTA 激励如图 3-6 所示。

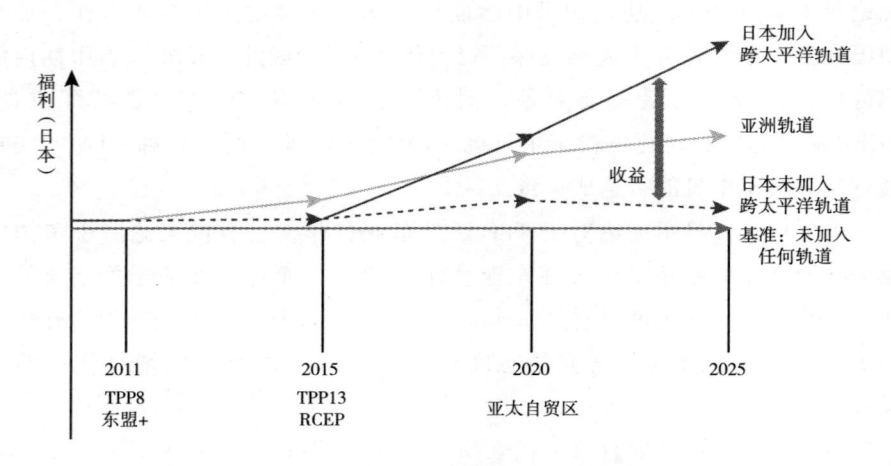

图 3-6　日本面临的 FTA 激励

资料来源：Peter A. Petri, et al., "The Trans-Pacific Partnership and Asia-Pacific Integration"。

总之，从内部看，TPP 是美国亚太区域合作战略的政策工具之一，虽然具有充当美国"重返亚洲"经济工具的短期特性，但是从全球范围内防止出现挑战美国的贸易集团，到获得区域、全球范围内的贸易规则制定权角度，可以确定 TPP 已经成为美国政府的战略性经济行为，在未来中国经济实力不断提高的前提下，美国持续推动 TPP 或者类似 FTA 的战略部署是确定的，不可逆的。从外部看，为了规避 TPP 造成的福利损失，中国势必加强在东亚合作上的投入，这将导致美国主导的亚太区域合作与中国积极推动的东亚合作对关键国家——日本的争夺，而日本在上述两种选择上的两面下注的做法，更加强化了美国的亚太区域合作战略的长期必要性。

第四章

当代日本的亚太战略

吴怀中[*]

日本的亚太战略服务于日本的国家战略，是其对外大战略（国际战略）的极其重要的有机组成部分和关键因素。日本的亚太战略在其国际战略中占有极大的比重，这一点比起其他大国，例如美、中、俄、印等的相关情况，都是很明显的[①]。日本的国家战略目标，在各个历史阶段有不同的内容和侧重点。日本的亚太战略目标也是随着国家战略目标的调整而变动的，有一个从二战后逐步演进而来并丰富成型的过程。从总体上看，日本的亚太战略，在指向上是从一个被动接受并利用地区秩序来有所作为，到主动塑造格局和秩序来维护及实现国家利益的过程；在内容上是一个偏重于经济到逐步涵盖政治、经济和安全的丰富化和均衡化的过程；在地理范围上是一个由小到大、逐渐扩大并覆盖全域的过程；在手段上是由一开始重视经济贸易手段发展到重视外交和安全手段的过程；在战略重心上，是以一个逐步由"向西

---

[*] 吴怀中，中国社会科学院日本研究所副研究员。

[①] 可以认为，日本的国际战略——如果剔除其中的中东能源因素，基本上与其亚太战略是重合的。因为日本没有独立的非洲、欧洲或第三世界战略。对美国、中国和俄罗斯这样的世界级大国来说，重要的战略空间还有欧洲、中东、非洲、南美地区以及独联体国家，亚太并非唯一重要的地缘概念。相对于这些国家来说，亚太对于日本的重要性要大得多，占据了其国际活动舞台的绝大部分空间。

倾斜式"即"美国太平洋式"向亚洲和东亚取得一定平衡的过程；在目标对象上，是一个一贯重视处理与美中的关系、逐步兼顾考虑其他国家和次区域的过程①。

一般来说，除了美国以外，亚太地区的各大国并没有明确对外公布统一成型的官方版亚太战略。但是，在世界金融危机之后，面对亚太地区发生新兴大国整体崛起导致权力格局变动、中日国力对比逐渐逆转、美国"重返"和"再平衡"等一系列重大事态，作为本地区大国的日本终于产生了如下认识：之前自己可以平白享用的美国治下的亚太秩序已经不是一种当然的存在；如果自己不能拥有影响本地区基本秩序和架构的能力、抱负和主导权，那么国家的安全、繁荣和地位都难以得到有效的保障或提升。在这一认识指导下——尽管这一认识还处于动态演进的过程中，日本的亚太战略因其首次拥有比较清晰的总体设计，即对地区秩序和格局的整体考虑和主动经营而得以初步成型，在这一顶层设计下，构成战略的诸有机要素，例如目标、手段和能力（条件）等也陆续得到构思和安排，从而形成了一个较为完整的名副其实的战略体系。

可以认为，当代日本亚太战略的全局性课题，是面对后金融危机时代新兴国家群体崛起引发的格局变动新形势②，维护美日澳等发达"民主"国家主导的受到巨大调整压力的现存亚太体系、秩序和规则。其核心目标是在重点应对中国崛起的同时，确保并增进自己呈相对下滑趋势的政治地位、经济繁荣和安全系数。战略实施的手段，则是政治、经济、安全等诸要素的配套组合和叠加使用，它以自助努力为基本，以日美同盟作为支轴，以双边及地区多边合作网络为依托。该战略的推进与美国"重返"亚太高度共振，将给大国关系和地区形势带来复杂的变数及影响。

第一节　日本亚太战略的形成及演变过程

在二战后的很长一段时期，日本的国家大战略事实上就是"吉田主

---

① 正如下文所述，一直到2008年金融危机爆发前后，日本可能并没有一个在政府层面上专门统筹制定的自觉的、整体的清晰亚太战略，更多的是实施了一种没有意识到"亚太整体"的分解的、独立的和区块性的政策行为。可以说，这个战略在一定意义上是学者从其政策表现以及事实基础等方面抽象、整合出来的。在学理上，这也是被认可的一种战略研究之法。

② 世界范围内的新兴国家群体崛起的局面，尤其集中地体现在亚太地区，例如"金砖五国"（BRICs）中，就有中俄印三大国位于亚太地区，而"未来十一"（NEXT 11）中也有一半以上的国家位于亚太。这一新形势的生成，给以"亚洲代表"或"亚洲唯一发达国家"自居的日本带来了政治、经济和安全上的巨大压力。

义"——即经济中心、轻武装、安全和外交主要依靠美国。日本的国家战略首先重视繁荣——即经济的恢复和发展，其次是安全——因为有美国提供保护而不需要考虑太多，再次是价值——国家的政治地位和影响力等。日本的亚太战略也呈现出经济为重和贸易先行、政治和军事安全为其次的特征。这一趋势到了冷战后期（20世纪80年代以后）开始有所改变。随着经济力量的壮大，日本在日美同盟框架内开始承担一定的军事安全义务，也开始逐步提出"政治大国"的口号。其后，经过90年代的中期，直到进入21世纪后的今天，日本的国家战略目标，基本上被均衡地锁定为三大内容：保障安全、维持繁荣（经济）和增进价值（政治大国地位等）。日本的亚太战略，总体上也需要服务于这三大战略目标，即在亚太这个对日本来说至关重要的地缘竞争场和战略大舞台展开实现国家利益目标的具体策略和措施。

一 冷战时代的亚太战略

冷战时期的日本亚太战略，从亚太环境的变动和其自身战略的调整来看，大约可以分为两个大的阶段。

（一）冷战前期（20世纪50~60年代）

这一时段的日本亚太战略的特征是：在冷战两极格局下，政治安全上紧跟美国、对抗并遏制东方阵营（苏中朝等）；经济上向西出海，朝西方发达国家靠拢并争取早日融入其体系。在这两大战略目标下，日本还顺应美国旨意，接近并拉拢"非共产圈"的东南亚国家，并尝试以地区合作的形式将这一"西东"两个区域连接起来，同时扩大自己的外交及经济的地平线。可以看到，其亚太战略的核心内容是"对美基轴"与"经济主义"，呈现出"美多亚少"、重心向美的特色。

二战战败后，日本在外交上一直保持着低姿态，把追随美国作为外交的基调。整个50~60年代，日本的第一要务是恢复和发展国民经济，这是日本整个国家战略和亚太战略的中心任务。为达此目的，日本外交的首要目标是加入美国主导的发达资本主义国家的阵营和经济体系（复归西方国际经济社会），以获得资金、技术和自由配置的资源。其主要象征，是日本1952年加入国际货币基金组织（IMF），1955年加入关税总同盟（GATT），1964年加入经合组织（OECD）[①]。这一时期，日本的主要贸易对象是北美、西

[①] 谷口誠『東アジア共同体』，岩波新書，2004，序言，6頁。

欧，其次与东南亚也有一定的贸易往来。战后日本的亚洲外交就是这样从东南亚开始的。50～60年代的日本"赔偿外交"和"经济外交"加强了双方的经济关系，打开了东南亚市场。

在日本的亚太经济战略上，这一时期还可以看到，日本的部分政治精英在地缘经济上开始构思"小亚太"的初步理念，当时的日本经济界和学术界还提出了"太平洋自由贸易区"构想，主张在美国、加拿大、澳大利亚、新西兰和日本五国之间形成"自由贸易区"，并共同开发和援助亚洲国家。其原因是，从20世纪60年代中期开始：①日本经济恢复，进入高速增长，标志着步入发达国家行列。②欧洲地区的合作和一体化具有影响作用。③亚洲地区依然是关乎日本生存发展的主要舞台。和东南亚的经济（及政治）来往逐步密切，以东南亚为代表的"亚洲"在日本的外交版图中切实浮现出来。④美国陷入越战，自顾不暇，需要日本在东南亚及亚洲地区层面分担责任、发挥作用。不难发现，这些姿态和构想的目的，首先是美国冷战的需要并符合日美同盟的战略需要，其次是要加强太平洋五个先进国家与亚洲发展中国家之间的相互依存关系，使日本在其中承担起一种"桥梁"的特殊作用，从而免受夹在发达国家和发展中国家间的"双重身份之苦"①。由于日本的战略和经济重心仍然倾斜于美欧西方，所以，即使日本提出"亚太"用语，以中介作用把东南亚与北美联系起来，但实际上其主要着眼点还是为了维护日美同盟，其立场则仍站在西方发达国家一边②。同时，1967年东南亚国家联盟成立后，日本在东南亚的地位和作用下降，"亚洲－太平洋圈"构想也只能停留在经济界和学术界的讨论之中，未能真正付诸实施。

虽然在推进"小亚太"的经济合作方面不甚顺利，日本的亚太经济战略总体上是成功的。相比之下，日本的亚太政治和安全战略就要逊色很多，其外交和安全大权全部托付给美国，自然就难有作为。1957年日本就在自己的外交大方针中提出了"外交三原则"，即"联合国中心主义、亚洲一员、与自由主义各国的协调"。然而，这种提法"只是一种愿望而非事实，同时也是为了缓和'美国中心主义'的负面印象"③，其实质只是与美国协调的"一原则"，在这一原则下，除了东南亚部分国家外，亚洲并没有被日

---

① 五百旗頭真「冷戦後の日本外交とリーダシップ」，『国際問題』1999年第3期，28頁。日本方面为此而努力的有小岛清和大来佐武郎等人士。
② 渡边昭夫编著『アジア太平洋連帯構想』，NTT出版，2005，143頁。
③ 伊藤宪一监修『21世纪日本の大戦略』，フォレスト出版，2001，158頁。

本作为外交重点对象和区域。

这一时期，日本的亚太政治安全战略，实际就是在日美安全同盟的框架下做了"一大一小"两项工作：首先是1950年和1960年缔结新旧两版的"日美安全条约"，追随美国，站在西方阵营，对中苏实行对抗和封锁的政策[①]；其次，是响应美国要求，配合冷战需要，开展对东南亚的援助（经济）外交，维护反共国家的内政和经济稳定[②]。日本政府在20世纪60年代中期后对地区合作也表现出积极姿态。当时的佐藤荣作首相两次访问东南亚，主动组织召开了"东南亚开发部长会议"，还积极筹备建立了亚洲开发银行。其原因是"东南亚各国的政治稳定和经济繁荣，与日本的政治安全和经济发展密切相关"[③]。1967年6月，佐藤内阁的外相三木武夫在亚洲和太平洋区域的大使会议上说："当前亚洲问题就是要在亚洲和太平洋的范围内予以考虑，这已成为今天的时代要求，成为历史的方向"，也是指的这个意思。尽管从后者可以看到，日本在亚太外交战略上已经有了一些自主发挥的空间和实际表现，但是这恐怕还很难与提高国家的政治地位和影响力联系起来。日本与东南亚国家的战后和解到20世纪60年代才刚刚实现，而经济上还没有那么大的余力。当然，总体来说，日本眼中此时连亚洲的"实体"形象都难以描绘，更遑论画出亚太的结合图景了。

（二）冷战后期（70~80年代）

日本从20世纪70~80年代开始在政府层面上使用并强调"亚洲太平洋"这个概念[④]，其亚太战略主要由三大部分内容组成：政治上更加强调"西方一员"并协美巩固西方阵营，同时推动中国改革开放并融入西方世

---

① 这实际上并不是日本主动选择的结果，而是美国亚太战略规定的结果。参见1955年4月美国国安会文件：NSC5516/1，"U. S. Policy towards Japan"，Records of NSC，RG273，National Archives Washingtong D. C.，4/9/55。在安全上，日本跟随美国对抗东方阵营，主要采取的是一种政治姿态，除提供基地外，并没有承担多少实际义务，发挥主动的作用。

② NSC6008/1，"Statement of U. S. Policy towards Japan"，6/11/60，Records of NSC，RG272，National Archives.

③ 『わが外交の近况』1966年版第四号，145页。

④ 根据日本学者添谷芳秀的考证，日本政府为了避免引起历史记忆，在此时使用"亚洲太平洋"而不用"东亚"或"亚洲主义"的称呼。"亚太"既能表明日本人的亚洲心情，又能满足日本人加入发达国家行列的自负心理，所以很快被广大的日本民众所接受。同时，1967年5月佐藤内阁外相三木武夫发表的讲演"亚太外交与日本的经济合作"，被认为是"亚太"一词在日本政府政策层面上的最初亮相。其后，日本政府开始正面使用亚太这个提法。参见添谷芳秀『冷戦後の国際政治』，慶応義塾大学出版会，1998，188页。

界，即在亚太协助美国构筑一个针对苏联的西方优势的地区格局；在实施这些举措的同时，谋求提高自身的政治地位和影响力。经济上以雄厚的实力为基础开始构想以日本为主的更大的地区经济合作及一体化——"环太平洋构想"与东亚"雁行模式"，谋取日本的经贸利益和主导地位[1]。安全上是强化日美同盟或维系中日美"准联盟"以应对苏联的威胁。

这一战略出台的背景形势是：中美和中日在20世纪70年代初达成战略和解与阵线联合，美国因越战失利从亚洲撤退，在亚太战略上力不从心，日本从60年代末开始成为资本主义世界第二经济强国。国内外环境的变动尤其是太平洋两岸的政治和解与经济联通，让"亚太地区从冷战体制走向自立并开始形成区域国际关系结构"[2]，使一个政经联动的亚太地区轮廓开始浮现出来，这就使得日本开始有条件去考虑一个"初步完整版"或"雏形版"的亚太战略。因而，其亚太战略呈现初步的兼顾东西、政经一体的倾向，也开始一些自主战略的色彩。

这一阶段日本的亚太政治战略是由"两大一小"组成。"两大"的部分是指：第一，从战略上巩固日美政治同盟，强化"西方一员"的立场并维持西方阵营的协调和团结，以一致对苏。这个时期，国际形势经历了"冷战缓和"与"新冷战"两个阶段，日美政治关系从20世纪70年代的"尼克松冲击"和"石油危机"开始也出现了摩擦，但是日本的领导人，从佐藤荣作开始，经过铃木善幸及大平正芳，再到中曾根康弘等，都通过不同形式确认和强化日美的政治同盟，"中曾根－里根时代"的出现就是这种强化政策的象征。第二，支持中国改革开放和实现现代化，推动经贸往来和合作，稳定政治关系，包括缔结"中日和平友好条约"在内，让中国靠拢和融入西方阵营，"促进中国与西方协调行动并融入西方主导的国际社会"[3]。"一小"的部分，是指调整和稳固与东南亚的政治及全方面关系。日本在70年代后期提出"福田主义"，标志着日本的东南亚政策从经济扩大到政治、社会和文化领域，它改变以往以经济为中心的外交政策，谋求与东南亚建立全面的合作和协调关系，也是日本在亚太的第一个正式的"对亚地区政策"[4]。

此期日本的亚太经济战略主要由四大部分组成。第一，与美国展开密切

---

[1] 大庭三枝『アジア太平洋地域形成への道程』，ミネルバ書房，2004，266～272頁。
[2] 五百旗头真：《战后日本外交史》，世界知识出版社，2007，第128页。
[3] 宮本雄二『これから、中国とどう付き合うか』，日本経済新聞出版社，2011，86頁。
[4] 五百旗头真：《战后日本外交史》，世界知识出版社，2007，第228页。

的政策协调，处理日本与美国之间从 70 年代起日益严重的贸易顺差及摩擦，以及石油危机等问题，以维持稳定的亚太经济体系和秩序。第二，主导东亚"雁行发展模式"，以日本强大的外汇盈余和经济实力，通过贸易、投资和政府开发援助（ODA），引导新兴工业地区、东盟、中国渐次实现经济腾飞，奠定日本在东亚经济秩序中的主导地位。1985 年的"广场协议"后，以日本的直接民间投资为源动力，东亚的经济一体化与区域化进展甚多[1]。第三，大平内阁从 20 世纪 70 年代末提出"环太平洋合作构想"，它一开始是以日澳主导和协作的形式，将东亚、北美和大洋洲结合为一种松散型亚太联合的构想。虽然这一构想仍然是首先重视与美澳等发达国家的关系，但已经重视包括中国在内的亚太地区的相互依赖关系，意在通过经济合作、相互依赖促进亚太的国际协调和开放地区主义。其后，日本与澳大利亚政府合作发起召开了多次由太平洋沿岸地区和国家参加的太平洋合作会议（PECC）[2]。"亚太经济合作组织"（APEC）的发轫，被认为与这一时期日本的相关构想和努力是分不开的。第四，推动对华经济合作，促使中国融入到环太平洋国际关系中来。总结以上可以看到，亚太地区合作在 70 年代还是纸上谈兵，80 年代才开始成型，这与日本的亚太战略是有关联的。日本 80 年代在亚洲地区秩序形成方面发挥过很大的作用，但由于种种限制和担心（主要是对美关系），日本并没有主动地去进一步尝试推进地区主义的发展。进入 90 年代后，美国对亚太合作表现出积极姿态，APEC 的成立标志着日本主导的"环太平洋合作构想"已被取代，日本的主导作用难以从正面开展。

  日本的亚太安全战略，在这一时期则非常明确且目标单一，即加强日美同盟并联合其他力量来防止苏联的威胁。从 20 世纪 70 年代制定"日美防卫合作指针"，到 80 年代日本承担"一千海里防卫"和"不沉的航空母舰"等亚太安全责任，总体上日本一直在适当增强军备的情况下，通过巩固日美同盟来应对苏联的威胁。1975 年，在三木武夫与福特总统举行的日美首脑会谈联合记者招待会上，双方已经表示日美安全关系形成了亚太地区和平与安全的框架[3]。当然，

---

[1] 之前的 20 世纪 70 年代，是对四小龙的投资。再之前，主要是依靠 ODA，来对亚太发展中国家的产业发展和社会资本构筑发挥作用。日本的 ODA，曾是日本政府对亚洲的经济发展做贡献的主要手段。
[2] 渡边昭夫『アジア・太平洋の国際関係と日本』，東京大学出版会，1992，43 頁。
[3] 岡部辰味・高木誠一郎・国分良成編『日米中安全保障協力を目指して』，劲草書房，1999，77 頁。

广义上，也包括日本运用中美日"小三角"式的准联盟来对抗苏联的安全压力。

此外，横贯以上三点的一个纵轴是日本在三个领域都开始具有一些自主外交战略的色彩。这可以说是成为经济巨人的日本，开始探索走向独立自主的政治大国的一种趋势。从田中的自主外交，到福田"全方位外交"和大平"环太平洋构想"兼顾美亚外交（重视日美同盟、谋求亚洲共同利益），再到中曾根的"国际国家"口号，都是在亚太扩大外交空间、增加自主战略成分，进而为增进政治地位、逐步走向政治大国的一种探索。但一直到冷战结束，日本基本上遵循了传统的吉田路线，在亚太地区探索新的国家目标、推动实现政治大国这一"价值"目标上进展不大。

二 冷战后20世纪90年代的亚太战略

冷战后20世纪90年代的日本亚太战略，从总体上看，可以明显地归结为三大条：第一，政治上承认和维护亚太的美国"一超格局"和"霸权秩序"，同时对发展势头良好的中国实施"大接触"战略。第二，对日美同盟进行"再定义"，使之适用范围扩大并成为日本亚太安全战略的基础。第三，积极参与并利用覆盖亚太全域的APEC，维护亚太地区开放的自由贸易体系，而这一体系被日本认为是其经济发展和繁荣的大环境和前提条件[①]。其中，后两项是关键的、具有更多实质内容的战略。

在这三个大的战略之下，当然还存在一些"分支战略"。例如，在安全战略上，为弥补日美同盟这一双边同盟在地区安全保障上的不足，日本还积极参与并利用覆盖全亚太的多边地区安全架构——东盟地区论坛（ARF），同时对发展势头迅速的中国采取一些事先的防范对策。在经济战略方面，从1997年亚洲金融危机起，日本开始朝东亚合作的方向靠拢和迈步。在政治上，则通过在亚太地区开展多边外交和安全合作来发挥政治安全领域的更多作用，以便提升日本的地区影响力，进而为实现政治大国的目标服务。

这一战略构思的大背景，首先是冷战结束、政经一体的互联互通和亚太统一市场基本实现，其次是美国成为全球和亚太的唯一超级大国，第三是亚太的大地区主义（APEC、ARF）开始起步并盛行，第四是虽然没有严重的地区安全威胁但中国的迅速发展在日本眼中开始成为"问题"。在这一背景下，日本的亚太战略多少都要带上"美国""地区合作"和"中国"这三

---

① 添谷芳秀、田所昌幸『日本の東アジア構想』，慶応義塾大学出版会，2004，263頁。

大元素。

　　这个时期日本的亚太政治战略分为两条。第一，冷战结束后的最初几年（1989～1993年前后），日美在经济上呈现"日盛美衰"局面，日本的GDP一度达到美国的60%。这一时期，日本很多的政治和知识精英都提出了要重新思考冷战后的国际秩序——包括发表名噪一时的"日美欧三极"构想等，主张日本要在构建国际和地区新秩序方面发挥更大的作用，获得更高的政治地位。同时，由于激烈的日美经济摩擦等原因，日美关系陷入"同盟漂流"状态。然而，日本的这种"好景"持续并不长，1993年前后日本泡沫经济破灭，美国经济强劲复苏，再加上当时的朝核问题和台海危机对日本的"安全感"造成冲击，日本很快全面接受美国"一超"格局下的亚太"霸权稳定"秩序，回到重新强化日美同盟的路线上来。直到今天，日本对亚太政治安全秩序的总体构想仍然基本停留在美国霸权稳定和日美同盟基轴论的基础上。第二，在上述一前提下，20世纪90年代日美针对尚未足够强大但发展势头迅速的中国，采取了源自克林顿政府全球"接触与扩大"战略的亚太版——即以强势的接触改变、塑造和融合中国，期待并推动迈向市场经济的中国融入西方国际体系。例如，日本在推动APEC（乃至把中国组合进WTO体系）接受中国一事上显得积极而热心。1996年的《美日安保共同宣言》强调"中国发挥正面和建设性的作用对地区安全和繁荣极为重要，为此两国有意进一步深化与中国的合作"①。与此同步，日本与中国在1998年签署"致力于建设友好合作伙伴关系"的第三份政治文件，呼吁面向亚太共同发挥作用。

　　与政治战略配套，日本的亚太安全战略，也是以强化日美安全同盟为基轴的。经历了著名的"奈倡议"——美国《东亚战略报告》②以及日美同盟"再定义"，到1996年日美首脑会谈发表"日美安保宣言"、1997年"日美防卫合作指针"和1999年日本"周边事态法"的成立，这种强化过程算是完全告一段落。其中，"宣言"和"指针"是日本亚太安全战略中两

---

① 「日米安全保障共同宣言－21世紀に向けての同盟」，1996年4月17日，参见http://www.mofa.go.jp/mofaj/area/usa/hosho/sengen.html。
② 1995年2月美国国防部公布的《东亚战略报告（EASR）》指出，"现在，没有比我们和日本所缔结的关系更重要的双边关系了。美日关系是美国太平洋地区安全政策与全球战略目标的基础"。（United States Security for the East Asia-Pacific Region, Department of Defense Office of International Security Affairs, February 1995, p.10）

项标志性的重大工程。1996年4月，克林顿与桥本举行日美首脑会谈，发表了《面向21世纪的日美安全保障共同宣言》，宣言开篇即主张两国将来的安全和繁荣与亚太地区的未来紧密相关。虽然日本政府在宣言发表后，随即表示日美安保条约的使用地区仍然是"远东"（菲律宾以北包括中国台湾和朝鲜）没有任何变化，但外界普遍认为：1960年的《日美安保条约》一次也未使用"亚洲太平洋"这个词，而是使用了"远东"这个称呼，但该宣言却十二次提到"亚太"却一次也未使用"远东"一词。据此可以判断，日美安保的地理范围正由远东扩展到亚太地区[1]。事实上，其后"指针"的出台即证明了这一点，它提高了日美在日本周边（亚太）"有事"时的防务合作有效性，以日本承担更广泛的责任来构筑冷战后亚太地区的安全体系。经过再定义的同盟被认为是亚太秩序的"脊梁"——"它不允许任何国家强行挑战和改变地区的现有秩序，在这种脊梁之上，成果丰富的亚太经济活动才得以展开"[2]。

除了以日美同盟为基轴来确保亚太地区以及自身的安全外，针对冷战后的亚太地区安全形势特点，日本还采取了两项辅助性的安全保障措施。日本认为，冷战后90年代亚太的重大威胁源基本消除，俄罗斯也逐步变得不再是威胁，但因宗教、民族和非传统等因素而造成的争端加剧，地区安全环境和秩序变得复杂而不明朗，同时东北亚地区的冷战残渣（朝核和台海问题）尚存。为此，第一，日本需要积极创建并利用地区多边安全架构来讨论和协商地区安全问题，其典型就是日本对ARF从创建到运行的积极参与[3]。ARF是包括中美日俄等在内的讨论亚太地区安全问题的结构性对话，这种"协调安全"被认为是对日美同盟的补充和保险[4]，"其最重要的作用之一是把不确定因素的中国组合到亚太安全对话的框架中"[5]。第二，以日美"宣言""指针"和日本"周边事态法"染指台海局势的形式，来对东北亚的"不

---

[1] 田中均『外交の力』，日本経済新聞出版社，2009，86頁。菅英輝など編著『アジア太平洋の地域秩序と安全保障』，ミネルバ書房，1999，32頁。

[2] 五百旗頭真「冷戦後の日本外交とリーダーシップ」，『国際問題』1999年第3期，31頁。

[3] ARF的设立被认为最初源自于1991年日本的中山太郎外相在东盟外长扩大会议（PMC）上关于设立亚太安保对话论坛的提议。1995~1996年，日本与他国联合举办ARF有关互信达成措施的正式会议间的工作小组（会议）。菅英輝等编著『アジア太平洋の地域秩序と安全保障』，第32頁。

[4] 《〈座談会〉中华人民共和国：その50年と21世紀》，《国際問題》2000年第2期，35頁。

[5] 菊池努『APECアジア太平洋新秩序の摸索』，日本国際問題研究所，1995，284頁。

稳"形势尤其是中国快速发展带来的"不确定因素"做重点的政策宣示，以起到警示和预防作用。从 90 年代起，日本开始认为亚太的主要成员是日美中三个国家。中国在经济上是最弱的一方，但在政治军事上仍被日本认为有重要的力量和影响。

这个阶段日本的亚太经济战略，最明显的特征是积极参与 APEC 而回避东亚合作。真正意义上的亚太地区主义是在冷战结束后开始出现的。以 1989 年 APEC 的设立为契机，"亚太"的框架开始成为潮流。同时，冷战结束，进入 90 年代后，日本开始显著地参与太平洋地区的多边主义。到 90 年代中期，日本人的意识里开始真正出现亚太时代的到来[1]。其时，欧洲和北美一体化进展迅速，如果这些地区合作架构变为带有保护主义色彩的排他性贸易集团，那对靠全球自由贸易赢得发展和繁荣的日本来说可谓是凶多吉少。为了牵制和防止这种潜在可能的全球贸易保护主义趋势，并确保亚太地区自由贸易的经济体系，日本积极构思和推动亚太经济发展和地区合作的架构。APEC 的成立，日本（通产省）被认为在背后起到了很大的作用[2]。APEC 提出的目标，即发达国家在 2010 年、发展中国家在 2020 年之前实现贸易与投资的自由化，也符合日本的对外经济战略。与此形成对照的是，对自 1990 年以来马来西亚总理马哈蒂尔提出的东亚经济合作构想，由于顾及美国的猜疑和反对，日本始终持消极或回避态度。当然，日本当时可能认为，这种"东亚合作"并没有多少必要性，只要保持亚太地区整个自由贸易体系的有效性，日本在资源获取、市场准入和双边投资获利就没有问题。到 1997 年亚洲金融危机爆发时，日本的认识有了一定的改变，至少在金融领域日本也提出了"亚洲货币基金"构想。虽然与此前一样，遭到美国反对就取消，但这也成为日本"首次将东亚作为独自区域来认识"并进而参与东亚经济合作的"新的一大转机"[3]。

---

[1] 事实上，在 20 世纪 90 年代中期以前，日本官方文件在表述"亚太"概念时，使用的表记法是"亚洲·太平洋"，即在亚洲与太平洋中间加了区隔号，到了 90 年代后期才逐渐取消了这个间隔号。同时，日本 1994 年加入 ARF 和 CSCAP，1996 年主持召开 APEC 会议和首脑会谈，1995 年 7 月河野洋平副首相兼外相在其演说《アジア太平洋における地域協力と日本》中正面呼吁日本为加强亚太共同体的一体感而做出贡献。这些都显示了日本具有的"亚太意识"。参见添谷芳秀、田所昌幸编《日本の東アジア構想》，庆应大学出版会，2004，80 页。

[2] 由于顾虑美国和东南亚国家的反应等原因，日本主要拜托澳大利亚出面发挥作用，而自己在幕后起积极推动作用。参见船桥洋一『アジア太平洋フュージョン』，中央公论社，1995，68 页。

[3] 渡边昭夫编著『アジア太平洋連帯構想』，NIT 出版，2005，143~147 页。

三　21世纪初的亚太战略（2008金融危机前）

日本的亚太战略在这一时期主要分为以下三个大项：①政治上，以全面亲美、支持美国单边主义霸权和全球反恐来换取日美同盟关系的确认和强化，同时"借船出海"——争取"入常"和争当政治大国。②经济上，通过推动及主导东亚合作及"东亚共同体"建设，同时争取"搭车"取利——主要是指对中国发展机遇的利用。③安全上，配合并利用驻日美军整编，开始重点应对可能出现的"中国威胁"，兼顾应对多种威胁和多样化事态。

这一战略设计的背景是：第一，美国忙于反恐，全球战略重心暂时偏离亚太，无心无力照顾亚太或东亚。第二，亚太经济合作（APEC）遭受挫折，东亚区域经济发展迅速，相互依赖加强，合作势头迅猛。第三，中国崛起加速，在经济和安全上对日本带来不同的震动和效应，导致政经分离的矛盾反应。

这个时期日本的亚太政治战略有三项内容。①全力支持美国反恐，巩固日美政治联盟。美国全球反恐10年，其主要的战略关注和资源投入都在亚太以外的地区。所以，它对亚太地区采取了两大战略措施：第一，强化和提升同盟，加大对日的倚重和战略利用，以日本为亚太战略的支柱，以维护亚太地区均势和应对地区大国挑战[1]。第二，欢迎中国主导六方会谈以及台海两岸保持稳定，总体上维持中美协商和合作的态势。但是，对日本来说，要应对中国的快速崛起、中美的战略接近和地区的种种难题，那就必须要在亚太地区营造出日美政治联盟牢固、保持高度战略协作的对外意向。因而，日本在支持美国反恐问题上，态度异常积极、措施跟进迅速，一改以前日本在这方面的消极和被动做法[2]，其用意正如当时的小泉首相等日本政治家所言：如果不全力支持美国反恐，那日本"有事"时，美国也不会提供帮助。小泉在任的5年多，创造了日美政治同盟的"小泉－布什蜜月期"，这被认为比起"中曾根－里根时代"有过之而无不及。从这一点上来说，日本政府确实做到了当初的战略设想。②展开与中国的地缘政治影响力竞争。主要方法有三条：第一，以上述第一项为基础，战略上实施"挟美入亚"和"挟美制亚"，用小

---

[1] 例如，美国的2002年版和2006年版《四年防务评估QDR》以及2000年和2007年的两份"阿米蒂奇报告"，均反映出这一政策倾向。

[2] 小泉内阁在"9·11"后一个月，即通过了《反恐特别措施法》，三个月后将海上自卫队开赴印度洋为美军等提供后勤补给服务。这些举措的迅速性，据说使美国当局都感到非常意外和吃惊。

泉的话说就是"只要保持牢固的日美同盟，那么和中韩等国的关系都不是问题"。第二，在东亚共同体内与中国争夺主导权，主张拉入澳印新等国以"10+6"的形势来稀释中国的影响①。第三，运用传统的"均势"战略，包括使用自由和民主主义等意识形态工具，联合中国周边国家来牵制和平衡"扩大的中国影响圈"②。③利用美国的单极霸权和牢固强势的日美政治同盟，用"正面突破法"——绕过中韩，直接争取亚太地区各国的支持，实现日本"入常"，达成政治大国的目标。进入21世纪起，日本政府就为这一目标不断努力，并在2005年前后，以联合国成立60周年实现入常为目标，掀起了一个规模宏大的运动高潮，其后又陆续地以同样方式进行了程度不一的尝试。

日本的亚太经济战略主要有两条。第一，推动"东亚共同体"战略。20世纪90年代APEC是亚太地区合作的中心，也是日本亚太经济战略的中轴。但东亚经历世纪末的金融危机后，区域合作开始抬头和勃兴，日本逐渐向东亚合作靠拢。同时，WTO的多边谈判迟迟未有效果，而APEC同样陷于有名无实的尴尬境地。小泉上台后，又受到中国大力推动东亚区域合作的影响，所以"开始真正把东亚与日本经济看做一个密切相关的整体"③，大约从2002年起，日本把以WTO为中心的全球主义和以APEC为主的亚太主义进行了方向转换④，切换到重视与中国竞争推动"东亚共同体"（实际是东南亚）并掌握主导权，并首先

---

① 20世纪末到本世纪初，日本曾经是东亚合作的积极倡议者，但是过去五六年时间里日本更多地开始担心东亚合作的主导权将会被日益崛起的中国所掌控，因而倾向于让印度、澳大利亚、新西兰加入框架以中和中国的存在感。
② 例如，小泉2002年11月《对外关系工作组》的报告，在涉及地区合作与多边外交方面，主张以"如何应对中国"、突出日本"在亚洲的存在"为主题，开展与其他国家的关系。还提出以日美同盟为依托，联合韩国、东盟、印度甚至俄罗斯来抗衡和平衡"正在扩大的中国影响圈"。其实质是刻意在东亚与中国争夺主导权，在中国周边构筑对华牵制的地区关系格局，呈现出一种现实主义的均势战略构思。
③ 渡边昭夫編著『アジア太平洋連帯構想』，148頁。该书的作者认为，1998年日本的《通商白皮书》还在强调APEC式的开放地区主义，但从2000年开始大幅强调东亚经济合作。
④ 小泉総理大臣のASEAN諸国訪問における演説「『東アジアの中の日本とASEAN』——率直なパートナーシップを求めて」，2002年1月14日，http://www.kantei.go.jp/jp/koizumispeech/2002/01/14speech.html。另外，2000年1月小渊"21世纪日本的构想"指出日本外交的定位是"亚太一员"，"以拥有共同基本价值观的、最重要伙伴美国的协调关系为基轴，努力发展同亚太各国的关系，强化地区合作，作为第一要务"。这里并没有突出日美同盟的军事色彩，也不再提"西方一员"的定位，重点强调加强亚太合作。这反映出，日本的部分政策智囊（主要是与保守主义"民族派"相对的自由主义"国际派"执笔）把握住了时代变化的脉搏。也就是说，20世纪90年代以来延续下来的重视亚太合作的文脉一直到2000年左右为止。

在2002年决定与新加坡缔结FTA①。这一趋势，一直持续到2009年日本民主党政权诞生、鸠山由纪夫就任首相后正面提出推动"东亚共同体"建设，并将此作为日本亚洲外交的基本政策为止②。所以，进入21世纪后的大约10年时间，日本一直陆续推动和落实与东盟的FTA，并以提倡"东盟10＋6"来防止中国在"10＋3"中形成主导优势，其意图，是欲利用技术、金融及制度优势，积极谋求"后雁行"时代的东亚地区经济主导权，打造日本的亚洲经济体系，使地区的经济发展活力为自己的经济增长服务。第二，利用"中国机遇"战略。进入21世纪后，中国发展加速，市场魅力放大，中日经济相互依存不断加深，日本政府的对华认知出现新世纪版的"政经分离"现象：在安全上保持警惕和戒备的同时，在经济领域则倾向于"中国机遇论"，即借助中国的发展来带动日本经济振兴的思路成为战略主流。即便在小泉执政时期中日关系限于"政冷"时，小泉本人也一再声称"中国的经济发展对日本并不是威胁，而是机遇"③。小泉之后，从安倍与中国互动提出"战略互惠"构想，到2008年胡锦涛主席访日签署中日第四份政治文件，提倡互利互惠、牟取巨大经济利益一直是日本对华政策的核心理念之一。"日本经济的复苏在很大程度上有赖于中国经济的发展，日本与中国已经形成了一种无法分割的互惠关系"④，这成了日本右翼保守派也普遍承认的常识和现实。

日本的亚太安全战略则体现出集中"防华"的特点。日本官方认为，进入21世纪后遭受大规模武装入侵的危险态势可以不必作为安全保障的首要因素加以考虑和应对，但东亚地区在传统和非传统安全领域还存在着较为复杂和严重的问题。日本对亚太地区的威胁认识有三点：①朝鲜半岛问题是最直接、最现实的威胁；②对中国的担心日益突出，中国是潜在的最大威胁；③由于恐怖主义活动，东南亚地区安全显现不稳迹象，并影响到海上交通线的安全⑤。当然，在所有这些因素当中，日本在安全方面最为担心的还

---

① 『東アジア共同体白書2010』，橘出版，2011，161頁。
② 鳩山総理によるアジア政策講演「アジアへの新しいコミットメント――東アジア共同体構想の実現にむけて」，2009年11月15日，http：//www.kantei.go.jp/jp/hatoyama/statement/200911/15singapore.html。
③ 《北京周报》日文版，2004，NO.48，参见http：//www.bjreview.cn/JP/04－48/48－jiaoliu1.htm。
④ 安倍晋三『美しい国へ』，株式会社文藝春秋，2006，151頁。
⑤ 日本防卫省编『防衛白書』，2007，内容参见防卫省官方网站，http：//www.clearing.mod.go.jp/hakusho_data/2007/2007/index.html。

是中国经济发展所形成的综合国力和军事力量上升的问题。2002 年小泉内阁的智囊机构"对外关系工作组"的报告就提出，日本外交战略的重点应转向应对中国的崛起，主张日本利用中国经济机遇和防范"中国威胁"的两手政策[①]。日本 2004 年版《防卫计划大纲》首次提到中国，对中国的军力发展和海军活动等表示关注。

为了应对这些威胁或不安因素，日本采取了以下措施：①强化日美同盟并以此为地区安全政策的基轴。这种强化，以配合美国全球反恐为开端，以日美同盟全球化和军事一体化为路径，在"驻日美军整编"进程中达到了一个历史高峰。日本政府之所以最终做出政治决断并积极推动驻日美军整编，其冠冕堂皇的理由是"反恐"以及"维持驻日美军威慑力"。整编的主要内容有强化日美司令部之间的协作功能、整编冲绳美国海军陆战队及其基地、共同构筑导弹防御系统。由此，日美开始联手干预国际及亚太军事安全事务，而日本希望借此发挥更大的国际和地区军事安全作用，通过"挟美"以求"制华"，构筑防范中国的体系并争夺东亚地区的主导地位。在驻日美军整编协议中，中国和台海问题被列为日美共同的战略目标，"干预台海、制衡中国"成为日美同盟的关注重点和战略指向。这在某种程度上也意味着日本已经不甘愿单纯被动地追随美国，而是要主动促使同盟的调整和强化朝着符合日本地区安全利益的方向发展[②]。②推动亚太多边安全合作。这可以分为三点：第一，首先积极参与东盟主导的、以 ARF 为代表的各种安全合作机制的建设，其次是实际参加区域内反恐及打击海盗等非传统安全问题的功能性合作；第二，利用日美同盟、日美韩安全合作以及六方会谈等机制，应对朝鲜半岛核问题；第三，进入新世纪后，尤其是在小泉和安倍执政期间，日本推进东亚周边地区"日美澳印"多边安全合作显得相当活跃。然而，该政策显然被赋予了更宽泛的政策内涵，被认为可以向日本提供多样化的安全保障手段、作为间接脱美和拓展外交空间的方法以及防范"中国威胁"的多重安全网络。

第二节　当今日本亚太战略的内容

一定程度上说，日本是在后金融危机时代才真正开始构想并拥有成型、

---

① 刘江永：《中国与日本》，人民出版社，2007，第 710 页。
② 森本敏『日米同盟の将来と日本の選択』，『外交フォーラム』2005 年 1 月号。

统一的亚太战略。日本著名的国际政治学者渡边昭夫早就指出"只有在主动考虑秩序构建的时候,国际战略才是成立的"①。如前所述,冷战后一直到美国金融危机爆发前②,日本在亚太整体秩序的构建上并没有花费多少心思和精力。冷战后,全球及亚太的秩序是"美国治下"的一超格局,日本认为美国霸权带来了亚太的稳定,日本只要维持日美同盟,享受和利用这一局面就可以高枕无忧,格局和秩序的事务只要交给美国"全权料理"就可以,用不着自己过多地操心。但是,以世界金融危机的爆发为契机,亚太的格局和秩序被认为受到以中国为首的新兴国家崛起的影响而面临着变动和调整的压力,而这一改变被认为可能会给日本带来很大的不确定性甚至危害性的后果。所以,面对后金融危机时代新兴国家群体崛起的新形势,面对大国博弈在亚太地区愈演愈烈的局面③,维护美日等发达"民主"国家主导的现存亚太地区体系和秩序,就被认为是日本亚太战略的真正的总体课题和核心事项。正是由于开始考虑并主动塑造全局架构和整体秩序,日本的亚太战略才真正露出系统的、作为一个整体的地区大战略的面貌。

只有跟后危机时代日本的国际大战略联系起来,才能把日本的亚太战略看得更清楚。日本的国际战略目标可以简约地归结为如下三个核心指向:第一,不要让"天"塌下来,也就是维持西方发达"民主"国家主导的现存的体系、秩序和制度。日本的国家战略利益目标——安全、繁荣与价值的维持被认为高度依赖这个体系。日本认为自己在体系中的主导力和创造力一直相对较弱,在体系变动和没有秩序的混乱时期,是最容易被抛弃和受害的国家。第二,获得有利的政治地位和影响力。这一战略目标是指日本对国际事务拥有影响力或决策权,是游戏规则制定方,能主动塑造对自己有利的国际环境,而不是仰他国鼻息,不能决定自己命运的弱势群体。第三,动员及采取一切可能的方法,应对中国的崛起,其核心是不认可目前这种状态下的中国主导东亚格局和秩序,也就是防止东亚成为"中国主导的天下"。日本认为,在事关日本国家利益(安全、繁荣和价值)的三大目标上,"中华秩

---

① 渡边昭夫『現代日本の国際政策』,有斐閣,1997,25 頁。

② 金融危机爆发前,美国由于反恐战争而威信受损,日本国内对美国在亚太影响力的下降也曾有过一定的担心,但尚未担心美国治下的和平能否维持以及日本可以享此多久的问题。但金融危机后,包括质疑美式资本主义及体系全局的问题在内,日本开始操心格局意义上的全球及地区事务。

③ 纵观全球,其他地区的大国博弈远没有亚太地区的大国博弈所呈现的集中性和典型性。日本的相对权势和地位无疑正在下降,这加剧了日本对地区格局和秩序的担忧心理。

序"的局面对日本来说是很为不利的。

在这一大框架下展开的日本亚太战略目标及手段，可以分为政治、经济和安全三大方面（见表4-1）。

表4-1 日本亚太战略的基本目标与手段

	政治	经济	安全
目标	维护美国霸权及其主导的发达"民主"国家体系，应对以中国为首的新兴大国崛起带来的全方位挑战，维持和增进日本在地区事务中的地位和影响力	充分利用由新兴国家和发展中国家牵引的亚太经济增长和经济活力，分享地区发展的红利，拉动日本经济恢复和增长	维护美国霸权下的和平秩序，重点应对中国军事"威胁"和朝核问题，兼顾应对海上通道安全和非传统安全问题
手段	巩固传统的日美同盟，发展准同盟或所谓的"民主同盟"关系，拓展友好伙伴合作关系，以积极外交姿态参与或主导本地区各种多边机制和框架（包括地区治理及公共产品的提供），同时重点实施对华竞争与协调战略	重点利用两个抓手：①协助美国建立"跨太平洋伙伴关系协定"（TPP），主导地区经济合作的秩序构建和规则制定；②推进中日韩自贸区建设，以深化东亚三大经济体的合作，谋取经济利益	深化日美军事同盟及双边的防务合作，拓展地区多边及双边的多重安全合作，加强自主防卫能力以及调整针对中国的军事部署

从表4-1可以看出，日本当今的亚太战略是一个从塑造地区整体体系和秩序出发，以日美同盟为基轴，以地区多边为依托，以应对中国崛起为重点，涵盖政治、经济和安全领域的全方位的战略。

一 政治领域——维护体系与保持地位

在政治上，日本的亚太战略主要着眼于以下两个宏观目标。

（一）维护美日主导的发达民主国家体系（或称美国霸权体系）

这种与以往不同的"体系眼光"，正是后危机时代日本亚太战略调整的新颖之处，某种意义上，这可以说是日本亚太战略的顶层设计，也是日本国际大战略在亚太地区层面的核心体现。即日本认为需要从自觉维护面临挑战的现存西方发达国家主导的国际体系（以前只要跟着美国就可以平白享受）的角度出发，看待和处理以中国为代表的新兴国家在亚太全面崛起的问题。日本政治精英普遍认为，现存的西方发达国家主导的国际体系是日本赖以生存和发展的根本前提和全局要素，中国等新兴国家的崛起有动摇国际体系尤其是亚太秩序之虞，对日本的生存之本提出了前所未有的挑战，日本未来一段时期内的全局性外交战略课题是维持这个体系,"需要战略性地考虑如何容纳新兴国家的世界秩序"①。

日本相信,美国治下的"霸权稳定"体系仍然是当前或今后相当长一段时间内最现实的国际体系。日本认为,只有在这个体系下,自己的安全和利益才能得到切实的保障②。可以说,日本的政治精英实在是缺乏除了这个体系或"霸权后"体系之外的想像力。日本在一定程度上是理解多边主义和地区主义的,但在后危机时代也对"多极化"的提法缺乏正面的认同和推动。维持美、日、澳等先进民主主义国家主导的地区格局和秩序,容纳和吸收中国、印度和俄罗斯等新兴大国——也就是保持现行的亚太国际体系和秩序在相当一段时期内免遭根本性的挑战、改变和颠覆,即从"现状维持派"和"守成大国"的思维角度出发(也允许最低和部分程度的修正),应对挑战派或修正派国家,尤其是新兴大国的崛起给地区格局和秩序带来的冲击,这正是日本对体系和结构的总体考虑③。比如,野田首相2012年1月在国会的施政方针演说中明确表明在构筑亚太地区的秩序和规则方面发挥主导作用是日本外交的根本④。玄叶外相在演讲中论述如何实现安全、繁荣和价值这三大国家利益目标时,第一条就论述了要利用EAS和APEC两大平台在亚太建立"民主主义的富裕而安定的秩序"以及"以国际法规则为基础的开放的多层机制网"⑤。与此同时,日本的智库机构和知识精英们也纷纷提出了类似的看法和建议⑥。

进入21世纪后,日本推动任何地区的合作,都会事先请示或知会美国。

---

① 外务省编『外交青书2012』,参见 http://www.mofa.go.jp/mofaj/gaiko/bluebook/2012/pdf/pdfs/yousi.pdf。
② 田中均『外交の力』,182页。
③ 当然,这里面在如何认识中印俄的未来发展和战略走向,以及处理和它们的关系上,日本政治精英层和政府内部的看法不尽一致,仍有一定的分歧。日本主流政治精英倾向于将新兴大国中的中国、印度和俄罗斯区别对待,对印度这一全球最大的"民主"国家总体上实施拉拢和利用的战略,对俄罗斯则视两国关系的具体情况实施拉拢和防范的对策,而对中国则采取不能不防的战略。对此,日本的小部分政治精英具有不同的看法。
④ 「第百八十回国会における野田内閣総理大臣施政方針演説」,参见 http://www.kantei.go.jp/jp/noda/statement2/20120124siseihousin.html。
⑤ 参见 http://www.mofa.go.jp/mofaj/press/enzetsu/24/egnb_0124.html。
⑥ 参见PHP「日本のグランドストラテジー」研究会编『日本の大戦略』,PHP,2012,344页。野田内阁国家战略会议「フロンティア分科会報告書について(概要)」,2012年7月6日公布。参见国家战略室网站,http://www.npu.g2007o.jp/policy/policy04/pdf/20120706/hokoku_gaiyo1.pdf。

实际上，有些地区合作，尤其是次地区或大地区框架下的合作，并非美国必须参加才能获得进展，或只有美国的参与才能成立的。但是，鉴于"历史教训"——特别是1997年亚洲金融危机时日本设立"亚洲货币基金组织"（AMF）遭美国阻拦而失败的深刻教训，日本在进入21世纪后的亚太和东亚地区合作进程中，事事处处都要拉上或主张美国的入围。这一点，正如日本学者所言："日本在80年代在亚洲地区秩序形成方面曾发挥过很大的作用。但进入21世纪后，其作用大幅后退，正在回到依靠传统的日美同盟关系来保持安定的思路上"①。

即便如此，日本政治精英也认为，美国实力和影响力下降是难以避免的。世界格局变动最集中且典型地体现在亚太地区，该地区正在出现"先进国家－新兴国家复合体"的历史性局面。在这种情况和趋势下，日本作为"先进的稳定势力"在亚太地区需要做出的首要战略选择是：①支持美国的领导地位，帮助美国维持这个体系。②日本需要扩大自己的作用，分担美国的责任，为此应该采取积极的外交和安全战略②。从这一战略思考出发，日本具体从以下三个层面进行了一种全方位的支持和帮扶工作：①政治层面。支持美国的主导地位，使美国治下的"霸权体系"在亚太得到基础性的稳固。日本在东亚合作模式中主张"10＋6"模式的基础上，还积极支持东亚峰会（EAS）和东盟防长扩大会议（ADMM＋）吸收美国的参加，从2010年开始，所谓传统盟国又态度积极地支持和配合美国"重返"东亚的各项工作。②经济层面。继续利用APEC平台讨论亚太经合事务，同时推动加入TPP的谈判进程。③安全和军事层面。将日美同盟打造为地区的"公共安全产品"（确保海空天网等国际公地的自由），使其介入范围扩展到整个亚太地区（包括印度洋）并成为地区治理的主要机制。为配合美国军事重返亚太，日本还以日美防务合作的进一步深化支持美国的军事霸权体系。

（二）保持并增进其地位和影响力

这主要是指日本保持其在地区事务中的权势和影响，扩大和提升其在地缘政治中的存在感。日本要在世界上成为"政治大国"，就必须在亚太政治事务中保持足够的权重，发挥主要大国的作用。在亚太地区由于中国等新兴

---

① 毛里和子、張蘊嶺編『日中関係をどう構築するのか』，岩波書店，2004年，23页。
② PHP「日本のグランドストラテジー」，6~7页。

国家崛起而面临深刻的格局变动和权力转移的新形势下，"对经济实力呈现相对下降趋势的日本来说，如何确保地区存在和影响力是特别重要的事情"①。

为此，日本采取的举措是：巩固传统的日美同盟，发展准同盟或所谓的"民主同盟"关系，拓展友好伙伴合作关系，以积极的外交姿态参与或主导本地区各种多边机制和框架、地区治理及公共产品的提供，重点实施对华竞争与合作、接触与制衡等的影响力争夺政策。

进入后危机时代后，日本在这方面取得的显著进展有如下几点：

首先，修复和深化日美政治同盟关系，推动同盟转型升级，使之切实成为亚太地区稳定的"基石"。经历了日本民主党上台初期谋求"对等的日美同盟"和构筑"东亚共同体"的"鸠山冲击"后，后任的菅直人首相借美国的全球战略重心东移亚太、中日关系因钓鱼岛事件恶化之际，大幅回调对美对亚政策，明确地转向了"同盟最优先战略"。2011年上半年的大震灾及美军救灾作为契机极大地助推了这一势头，同年6月的日美安保磋商委员会（"2+2"）会议第三次制定了新的日美共同战略目标，规划了新阶段深化防卫合作的具体路线和方略，意义重大。而9月野田内阁登台后，少壮派力量大幅上升，左右核心决策，短短数月就在深化同盟的具体项目上突破良多。作为"坚定的日美同盟主义者"②，野田曾在自己的著述中清晰地表明了"日美同盟无疑也是战后日本外交的基轴，不但贡献于日本的安全保障，而且对东亚的和平与稳定来说也是一种公共产品。同盟虽然中途也有变质的部分，需要进化，但日本现在完全没有解除同盟的积极理由"③。在上台前夕的2011年8月，野田在文章中进一步表示"对日本的安保来说最大的资产和基石是日美同盟。同盟不仅为了现实利益，而且还共同拥有民主主义、基本人权、法治、航行自由、维护宇宙和网络空间安全等基本价值"④。2012年4月，野田赴美，举行日本民主党执政后的首次日美首脑会谈，双方共同发表题为《面向未来的共同蓝图》的联合声明，旨在加强和扩大地区安全、经济合作及双边文化交流，对国际社会公布了日美共同的中长期政治目标。野田表示"日美同盟已经达到了一个崭新的高度"，奥巴马则强调"联合声

---

① PHP「日本のグランドストラテジー」，178页。
② 大下英治『強かなどじょう——野田佳彦研究』，青志社，2011，327页。
③ 野田佳彦『民主の敵』，新潮社，2007年，119~120页。
④ 野田佳彦『我が政権構想』，参见『文芸春秋』，2011年8月号，95~102页。

明确认了美日同盟不仅是两国和平的基础,更是地区和平与稳定的基石"①。

其次,在继续推进"民主国家联盟"的基础上,拓展友好国家和合作伙伴关系网络。进入21世纪,特别是经过小泉、安倍和麻生等历届内阁的政策作为后,日本在推动"日美+X"(日美澳、日美印、日美澳印)的多边政治对话与磋商,以及日澳、日印等双边政治磋商机制上取得了一定的进展,后来经过民主党的努力,日本在进一步推动日美韩、日印等政治关系上取得了长足的进展。例如,2011年12月野田访印,双方发表了加强"全球战略伙伴关系"联合声明。日本的《外交蓝皮书》将此类举措称之为"亚太民主国家的合作"②。而金融危机爆发和美国高调重返亚太后,日本突出发展与东南亚有关国家的新型伙伴关系,在2011年9月和10月分别与菲律宾和越南签署双边的《联合声明》,宣称建立"战略伙伴关系"。不仅如此,日本民主党的政客们还对中国周边的中小国家展开密集的穿梭访问,其足迹遍布包括老挝和柬埔寨在内的东盟各国,有孟加拉国、印度、蒙古、中亚等国,甚至其外相玄叶光一郎还首次访问了缅甸,并承诺对缅提供政府开发援助以及商签投资保护协定。通过不同类型国家关系以及关系网络的组建,日本与有关国家的关系明显升温,在该地区获取了更大的战略空间和外交回旋余地,"这不仅能为日本提供在亚太地区事务中扮演关键性角色的机会,而且能让地区内国家产生某种抵抗中国的信心"③。

再次,全面参与本地区各种多边机制和框架。在亚太各有关的战略和政治(广义上也包括经济和安全)机制和平台上,日本是积极的议程设置和议案提出国家,尤其是在美国重返东亚,开始高度重视本地区多边机制的环境下,日本在EAS、ARF、ADMM+、东盟外长扩大会议以及各种"二轨"对话机制中,配合美国就地区事务进行了积极的发言和引导。除此之外,积极参加亚太区域治理并提供区域性公共产品,应对非传统安全威胁等,例如调解地区热点问题(稳定印巴局势)、参与阿富汗重建、落实联合国千年发展目标等,还在地区反恐、反扩散、维和、打击海盗和护航、救灾减灾等方面积极展示自己的"身影"。从广义上来说这些也都是日本亚太战略的有效组成部分④。

---

① 『朝日新聞』2012年4月30日。
② 外务省编『外交青書2010』,山浦印刷,45页。
③ Joshy, M. Paul, "Asian powers scrambling for regional space," *The Japan Tiems*, October. 24, 2011.
④ 参见贺平《区域性公共产品与东亚的功能性合作——日本的实践及其启示》,《世界经济与政治》2012年第1期。

二 经济领域：促进增长与分享红利

进入后金融危机时代，鸠山内阁的"东亚共同体"构想由于美国重返后的压制以及中日关系的波折，中途遭到夭折和搁置。后继的菅直人内阁首先忙于修复日美关系，而其后的野田保守政权则更明确表示，在当前这一时期没有必要推动（共同体）这一宏大构想①。推动东亚共同体建设的口号似乎已基本上从日本外交的辞典中淡出。经济要素在日本的国力结构中占有特殊而又重要的地位。日本经济总量与新兴国家、亚洲邻国之比下降得比美国还要快。经济衰退及国际权力的重新分配，使日本一直为如何不输掉"全球大竞争"而苦思良策。搁置东亚共同体建设后的日本政府，为提振日本经济，取而代之的是推动如下两大战略措施：决定加入TPP谈判，以及加速推动中日韩自贸区的谈判②。

（一）决定加入TPP谈判，以规则谋利益

TPP是2005年由新加坡、文莱、新西兰和智利等四国签订的自由贸易协定，2006年正式生效。2009年12月，美国正式宣布参加TPP谈判，随后澳大利亚、马来西亚、秘鲁、越南等国相继加入。截至2012年3月，九国一致同意力争在2012年内完成最终谈判。2010年10月，日本首相菅直人在其国会施政演说中初步表明日本要参与TPP谈判的意向。2010年11月的APEC峰会上，日本政府表明TPP为最终实现亚太自由贸易区的重要一步。然而，由于日本大地震等突发事件的影响，2011年上半年日本国内对于是否参与TPP谈判的讨论曾一度遭到淡化和搁置。2011年9月，野田佳彦就任日本首相后，在11月出席APEC峰会前夕又高调宣布日本将参加TPP谈判。

TPP被宣称是为了推动亚太地区的贸易和投资自由化的进程，"高质量"和"开放"是美国挂在口头的两个相关用语，这反映出美国首先通过TPP为未来亚太经贸合作制定规则的用意。在TPP问题上，美国的战略打算是：它既是扩大出口、重振经济的一个突破口，也是推动贸易自由化的一项

---

① 野田佳彦「わが政治哲学」，『Voice』2011年10月号，52頁。
② 当然，除了这两项之外，日本仍在继续推动亚太的其他双边贸易自由化，例如2011年日本还与印度签署了《经济合作伙伴协定》（EPA），而中国和印度目前还未达成任何相关的FTA或EPA协定。从政策连续性的角度来说，日印的EPA也是日本区域一体化战略（"10+6"）的一个环节，只不过在后危机时代它不能算是区域合作战略的主体内容。

新的政策工具。TPP 就是要重构竞争条件，提升美国的竞争力，削减后起新兴经济体的竞争力，吸引产业回流，TPP 涉及了 20 多项领域，制定竞争和开放规则。同时，美国试图通过 TPP 这个平台稀释和冲淡东亚地区的一体化进程，阻止东亚国家向中国靠拢，改变亚太区域经贸合作的发展方向，谋取跨太平洋地区经济合作机制的领导权，确保美国在该地区的领导地位和核心作用。没有日本相助，美国推动 TPP 不但缺乏号召力，也缺乏足够的动力装置。美国的这些意图——推动地区贸易自由化、扩大出口并振兴产业、改革国内弱势产业等，很大一部分被认为也符合日本的国家利益，尤其是在中国等新兴国家崛起的大背景下。

日本学者木村福成曾将日本加入 TPP 的战略意图归纳为"构筑伙伴关系"、主导"建立规则"和进一步"推动地区贸易自由化"，三者缺一不可①。这确实道出了问题的部分关键。从鸠山提出构建"东亚共同体"主张到野田提出加入 TPP，反映了日本亚太经济战略的核心正在从"东亚导向"转向以美日同盟为主导，这可算是日本地区合作政策变化的一个重要标志。在日本国内，反对 TPP 的势力及其呼声都不可谓弱小，但日本决策层和主流政治精英似乎已经具有共识和意志来推动这一艰难的任务。日本推动 TPP 的这种强烈的动机和意义，对应于木村的三点解释，可以概括为以下三点：

第一，纯粹的"经济学"意义。据日本政府 2011 年推算，加入 TPP 可以使日本的 GDP 增长 0.6%，即 2.7 万亿日元（300 多亿美元）左右，将有利于打开日本主要出口商品，例如汽车、机电产品等的地区市场。民主党政策调查会长前原诚司（当时）对此算过一笔大账，他表示"不能因为占 GDP 1.5% 的农业而牺牲占 98.5% 的制造业"。野田首相也从宏观角度强调"为了振兴'失去的 20 年'的低迷的日本经济，就需要去推动必要的事情"②。在日本国内外都有质疑 TPP（至少在短期内）对拉动日本经济的效果，认为这充其量只是一个"画梅止渴"的愿景，但从以上初步的分析中也可以看出，虽然比较有限，总体上它对拉动日本经济还是具有某种效果。

第二，"政治经济学"意义。实际上，比起不算大的看得见的实际利益，不容置疑的、更大的利益所在是一个"规则"或"制度"霸权的问题。日本

---

① 木村福成『TPP 協定と日本の経済外交』,『世界経済経論』2011 年第 3 号, 12~13 頁。
② 以上引用均出自韩国《中央日报》（日文版），2011 年 11 月 12 日，参见 http://japanese.joins.com/article/512/145512.html?servcode=A00&sectcode=A00。

宣布参加 TPP 谈判之后，其政府高官即声称：加入 TPP 是要改变由中国主导亚洲区域经济合作规则的格局，变为由日美来决定未来的规则[1]。日本显然将这一战略举措视为"构建和主导经济秩序的重要机会"，使"亚太地区要在日本的主导下形成强有力的纽带"[2]。或至少，日本协助美国，凭借两者巨大的"体量"设立高规格的规则和准入门槛以引领亚太经济合作的潮流，架空东亚现有的地区合作机制[3]，那么就可以使中国难以进入地区合作的主流体系，即使进入也要付出极为昂贵的代价。这样，凭借"规则制定权"，日本就可以站在经济秩序的制高点，始终能够吸取亚太经济发展的巨大利益。

第三，"政治学"意义。除了经济目的，从中不难看出的是，日本寻求加入 TPP 还是一项富含政治意义的战略"投资"：除了着眼于长远的经济获益外，日本也意在以 TPP 为外交纽带在政治上修复和巩固日美同盟关系，配合美国"重返亚洲"战略来制衡中国[4]。《朝日新闻》社论就此表示，协定可以作为加强对美外交的起点，也有"对华外交牌"的作用[5]。而把日本参加 TPP 的政治含义说得最清楚的，是首相助理长岛昭久在 2011 年 11 月初的讲演，他明确表示，这是强化与美国协同、抗衡中国、主导地区安保和经济秩序的角力场[6]。

（二）推动中日韩自贸区建设，汲取中国发展红利

如果说上述 TPP 问题只是一种长远规划和"愿景"，是一种救不了当前日本经济之"急"的远水，那么深化中日韩经济合作则无疑是一剂可以从速见效的良方。其实，早在 2009 年 10 月，在中日韩领导人会议上，日本就提议在此前共同研究成果的基础上尽快签署三方投资协定，由此加快了该谈判的进程。经过数轮磋商后，中日韩三国于 2012 年 5 月签署了三边投资协定[7]。该

---

[1] 李向阳：《2011～2012 年亚太形势回顾与展望》，载李向阳主编《亚太地区发展报告 2012》，社会科学文献出版社，2012，第 9 页。
[2] 社説「日本主導でアジア太平洋に強い絆を」，『日本経済新聞』2011 年 11 月 15 日。
[3] 高慧峰：《"跨太平洋伙伴关系协议（TPP）"视角下的博弈》，《经济视角》2012 年第 3 期，第 65～66 页。
[4] 吴太行、周永生：《野田内阁关于日本参加 TPP 谈判的政略》，《日本学刊》2012 年第 4 期，第 55 页。
[5] 「TPP 外交——受身では道は開けない」，『朝日新聞』2011 年 11 月 14 日。
[6] 『読売新聞』2011 年 11 月 9 日。
[7] 2003 年，中日韩三国首脑宣布启动三边投资协定民间共同研究，2004 年三国首脑同意就投资协定展开政府间协商。经数轮磋商，2007 年，三边投资协定研究报告被提交给三国首脑，就启动谈判达成一致。

协定是三国在经济领域签署的第一个法律性文件和制度性安排,具有重要的政治和经济意义。它先行于中日韩 FTA,既独立于 FTA,也是 FTA 的重要组成,也为顺利推进中日韩 FTA 创造了条件①。

与此同时,2011 年 11 月,野田首相在印尼参加"10＋3"领导人会议前的记者招待会上表示,日本虽然确立了与有关国家协商、参加 TPP 谈判的方针,但同时推进日中韩 FTA 也很重要②。2012 年 5 月,野田首相在访华前会见记者时说,要争取日中韩 FTA 尽早开始谈判,如果达成一致,就能够建立一个与北美自由贸易区和欧盟相匹敌的经济圈③。自 2002 年三国领导人同意展开建立自贸区研究以来,历经 10 年的经济消长和风云变幻,中日韩终于走到了启动自贸区谈判的门槛前。参与东亚自贸区谈判,日本虽然姗姗来迟④,但目前却显出急迫性。当下的日本政府对中日韩 FTA 采取积极的态度,个中主要原因是多方面的。

冷战结束以来,日本经济长年维持低增长,经历了痛苦的"失去的 20 年"。2010 年,日本经济虽然好不容易摆脱萧条,走向复苏,但 2011 年 3 月东日本大地震引起的复合型灾害又给日本经济以重创。为了振兴日本经济,日本政府急于通过贸易和投资自由化来推动日益发展和深化的中日韩经济关系⑤。

与"债务欧洲"及其他地区相比,亚洲经济欣欣向荣、蓬勃发展,是最具活力的增长区域。而中日韩在亚洲经济中的权重为 70% 左右,三边内部贸易额占东亚外贸总额的 50% 左右,这些是该地区其他国家或次区域所无法比拟的。中日韩三国经济总量和人口规模均占世界的 20% 左右,是继北美、欧洲之后的世界三大经济圈之一。当前,在经济全球化的大潮中,日本在经济领域越来越融入亚洲,特别是中国已经在几年前超过美国成为日本第一大贸易伙伴国和出口对象国,韩国也仅次于美国和欧盟,是日本第四大出口对象国,中韩两国市场特别是中国市场对日本经济的重要性不言而喻。

---

① 徐梅:《中日韩 FTA 的进展、影响及前景探析》,《日本学刊》2012 年第 5 期,第 112 页。
② 『朝日新聞』2011 年 11 月 17 日。
③ 『日本経済新聞』2012 年 5 月 12 日。
④ 在缔结 FTA 方面,日本已相对落后。截至 2012 年 3 月,日本已生效的 FTA 覆盖其对外贸易的 18.6%,低于韩国的 33.9% 和中国的 23.9%。参见经济产业省《通商白书》,山浦印刷,2012,第 315 页。
⑤ 就连以右翼保守立场著称的《产经新闻》也发表社论表示推动日中韩 FTA 是时不我待。参见「日中韓 FTA・TPP こそ待ったなしだ」,『産経新聞』2012 年 5 月 14 日。

可以说，亚太地区当前任何形式的区域合作，都没有中日韩合作那样可以对日本的经济利益带来更实惠、更直接的促进效果。

同时，中日韩三国之间的经贸合作还有着可以进一步拓展的广阔发展空间。三国虽然均为世界贸易和投资大国，但以三方为主的东北亚经济一体化进程滞后，相互之间的贸易额仅占三国对外贸易总额的10%左右，互相投资额仅占三国对外投资总量的6%。而且，三国处于不同的发展阶段，具有各自的比较优势领域，经济的互补性较强。在地理和人文方面也具有很强的联系性和优势。日本需要进一步提升和拓展中日韩在日本经济贸易战略中的地位，以便扩大出口，增加国内就业，分享亚洲经济增长的红利。通过自贸区谈判和东亚合作，进一步打开区域市场，尤其是获得成长中的中国庞大市场，对日本来说已是一个不得不开启的进程。同时，也有研究认为，2012年5月中韩FTA正式开始谈判后，日本不愿眼看着韩国占领中国大市场，对中韩先行达成FTA持有担心。在这种情况下，日本意图通过推动中日韩FTA来改变其被动不利的局面。由于三国贸易合作密集度高，三边自贸区一旦达成，将进一步推进贸易合作的广度和深度。据日本权威机构测算，中日韩FTA将给日本的GDP带来0.74%的实际增长，超过TPP 0.54%的经济增长效果[1]。日本"重返亚洲"，加强中日韩合作应该是其国家根本利益之所在。

另一方面，美国高调宣布重返亚洲，全力推动TPP，积极拉拢盟国日本加入。日美经济总量占TPP谈判国的90%，是当仁不让的核心，日本已表态就参与TPP谈判而展开讨论，但国内阻力不小。尽管美国希望在亚太地区以TPP来牵制FTA，并排斥中国，但日本似乎并没有把FTA与TPP对立起来的想法[2]。目前看来，日本正忙于在FTA和TPP两头下注，以期获得游刃有余的地位。因为，今后能扩大对日贸易的不是美国，而是中国等亚洲国家。所以，从这一点来看，日本是试图在太平洋两岸的相互牵制和竞争中使自己处于相对有利的地位，从而获得国家利益的最大化。野田内阁副首相冈田克也对此作过很好的说明："TPP对日本来说当然是重要的机会，但参加TPP绝不意味着日本不搞日中韩或'10+6'合作。以上这些都属于构筑亚

---

[1] 「乱立する自由貿易構想、TPPの対抗軸はどれか」，『東洋経済新報』2012年1月14日，68頁。除此之外，也有认为拉动效果在1%左右的不同测算。

[2] 杨文凯：《中日FTA谈判：不得不开启的进程》，参见http://blog.ifeng.com/article/17809929.html。

太自由贸易圈的进程之一,最终目标是囊括为一个整体(即亚太自贸区)。而且,日本正处于以美国为中心的TPP和'10+3''10+6'以及日中韩之间的结合点上。善用这个位置并推动有益于日本的谈判,就可以实现日本的国家利益"[1]。

三 安全保障领域——"筑网"与"防华"

从日本在亚太地区维护其安全的路径选择来看,其核心主要是依靠如下三件套的组合手段:不断深化的日美同盟、调整和巩固自身的军事部署以及组建地区安全保障合作网络。

(一)加强和深化日美同盟

日本自冷战结束以来,总体上一直都在不断地巩固和强化日美同盟。但在全球金融危机爆发、中国等新兴国家加速崛起、美国战略重心东移、本国经济由于巨大灾害而雪上加霜等内外背景的混合激发下,日本在巩固和深化日美同盟方面还是出现了以下几点新的动向。

日美同盟的深化是日本防卫政策调整的基本前提。在2006年前后开始的配合驻日美军"整编"的进程中,日本自卫队与美军在军事一体化上取得了很大的进展,很大程度上被捆绑在美国的战车上。而2005年和2007年举行的日美"2+2"磋商,制定了日美在全球和亚太共同战略目标,确认双方的角色、任务和能力[2]。后金融危机时代,日本通过制定2010年新版《防卫计划大纲》[3],2011年3月的东日本大地震联合救灾行动,2011年6月和2012年4月的日美"2+2"战略磋商,2012年5月(日本)民主党上台后的首次正式首脑会谈(野田—奥巴马)以及日美防长之间的多次会谈等多种互动形式,在深化和拓展同盟确保自己在亚太的安全上取得了三个方面的进展。

首先,是将同盟打造成对亚太安全实施全方面"管控"的立体同盟。2011年的日美"2+2"磋商,确定了日美同盟在亚太地区所要致力于解决的重要课题——亚太地区共同战略目标,即应对"朝鲜问题",构筑与中俄的信赖关系,加强日美澳、日美印及日美韩等三边或多边安全合作。同时,还确定了如下的全球共同体战略目标:反恐、防扩散、核安全、海上安全、宇宙及网络空

---

[1] 「特集:中国とどう向き合うか」,慶応義塾機関紙『三田評論』2012年2月号,23頁。
[2] 参见吴怀中《日美"再编"协商与日本安全战略调整》,《日本学刊》2006年第4期。
[3] 2010年日本新版《防卫计划大纲》的出台表明,经过"鸠山挫折"后,日本政治精英已经完全认识到日本的安全战略必须回到维持和深化同盟的既有轨道上来。

间的安全等。这些举措表明，日美开始真正打造面向21世纪的全球同盟。例如，它高调主张日美共同维护海洋安全及航行自由、宇宙及网络安全、应对多样化事态等。这表明日美意欲合力共管和控制全球公地，占领21世纪的战略制高点和新边疆。这种全球战略当然也包括亚太地缘部分，亚太是日美联合实施全球战略的战略场，其全球战略目标的大部分仍然体现在亚太地区。

其次，是进一步深化和扩大日美在亚太（尤其是针对中国的）安全防卫合作。2010年以来，日美安全合作的看点决定了促进安全防卫领域合作的各种具体政策措施。例如，2011年6月的"2+2"磋商确定了自卫队与美军的共同训练，设施的共同使用，情报共享以及联合进行情报搜集、警戒监视、侦察活动，保持美军的延伸威胁等事项。另外，还进一步深化了导弹防御合作，如关于向第三国转让日美共同开发的反导导弹也得到了有条件的认可。会议还磋商了宇宙及网络空间的安全保障措施、有关灾害救援及人道主义活动、环保合作、应对武器装备的国际共同开发和生产等事项。2012年4月的"2+2"磋商还讨论了"通过强化日本的防卫态势和推动日美动态防卫合作来加强日美同盟的整体威慑力"①，8月的日美防长会谈则重点涉及修改"日美防卫合作指针"② 等事项。长期以来，自卫队一直是躲在美军的身后发挥作用，也就是主要承担"后方支援"的任务——即便驻日美军"整编"带来了一定程度的日美军事一体化，在2010年日本新防卫大纲出台之前也主要是停留在政策规划的层级上。但2010年以来的事态发展表明，日美军事防务合作将迈上一个新的台阶，朝着攻守一体、"盾矛"互换、日"军"前出的方向演进。而日美这些举措普遍被认为主要是用来针对中国的。

再次，争取日美同盟为"己"所用，主动经营同盟以确保日本的亚太安全系数。从世界格局演变、日本政治精英尤其是少壮派的思想以及日美的相互战略需求等因素来看，日本在后地震时代的一个时期的同盟方略将更具以下色彩：一边强化加固同盟，推动同盟转型升级③，一边利用美国增长的

---

① 『読売新聞』2012年4月27日。
② 「日米防衛相共同記者会見概要」，2012年8月4日，参见 http：//www. mod. go. jp/j/press/youjin/2012/08/04_ kaiken. html。而"指针"的修改被日本媒体普遍认为主要是针对中国的。
③ 菅直人和野田在施政演说中都强调："以安保、经济、文化和人才交流这三个领域为中心，加强各种层级的合作，进一步深化并发展符合21世纪的日美同盟关系。"而野田实际上很早就表明要让"同盟进化"，参见野田佳彦『民主の敵』，新潮社，2007年，120页。同时，大地震以后，日美也在推动同盟向兼顾非传统安全问题的"全球治理型"扩容。

对日战略需求[1]，谋取自主权和双向化，积极分担责任并发挥义务，使同盟为己所用——为自己的安全、繁荣和价值（政治大国）等国家利益目标服务[2]。从以上日美共同战略目标及其他项目做出的宏观设计中，可以看到"力不从心的美国正在加大要求日本分担其全球和地区重责"[3]，尤其是联合应对中国崛起局面的暗示。《日本经济新闻》对此发表社论认为"日本应认识到日美同盟和美军在保障亚洲安全上承担的最终责任，担负起支持美国领导亚洲的责任"[4]。为了管控中国的崛起，美国借助亚太盟友共同施压，推动亚太联盟的转型，致使美国的亚太联盟格局呈现北约化、岛链化、雁阵化等趋势。但无论何种趋势，日本都是其中必不可少或至关重要的一环[5]。少了日本这个铁杆"盟友"，美国对中国既接触又遏制的联盟体系，将陷入难以运转甚至瘫痪的境地。处于高调重返和战略收缩两难境地的美国，当下比任何时候都需要一个更强有力的日本。正是看到了这一点，在思想层面上本就有一定谋求对美自主意愿的民主党领导层——从菅直人、前原诚司到野田佳彦和冈田克也，当然也不会放弃同盟框架之内——在框架内尽量争取一份所谓的主动和自立，在谋求深化同盟的同时加紧主动利用同盟。与自民党相比，无论是"日美同盟下的日本战略"还是"日本战略中的日美同盟"这类重大问题上，当下的日本民主党政权给出的答案是明了的——日本利益是核心，日美同盟是维护利益、追求目标的阶段性工具。

（二）调整军事部署，盘活"存量"

日本新《防卫计划大纲》提出构筑"动态防卫力量"，以取代过去"基础防卫力量"构想，放弃过去的均衡方针部署，战略部署向有效监控、动

---

[1] 美国在大地震之际倾力挺日，被认为也是为了防止日本过度沉沦而不能为美国的全球霸权及战略重心东移分担相应的责任。参见日経・CSISシンポジウム報告書「東日本大震災と日米同盟の未来」，『日本経済新聞』2011 年 11 月 18 日。

[2] 实际上，前述"新时代安全保障与防卫力量恳谈会"的成员，如白石隆、添谷芳秀和中西宽等也都不同程度地具有这种战略意识，如添谷芳秀就表明："民主党今后的外交不应是一种对美依存的反动，而是应该站在积极利用日美关系的视点上重新设计。"（添谷芳秀「日本外交の展開と課題」，『国際問題』2010 年 1～2 月号，13 頁）。

[3] 「2プラス2、日米同盟「日本に役割分担」、武器開発、韓・インドと連携」，『日本経済新聞』2011 年 6 月 23 日。

[4] 社説「中国は「南沙」で言行一致を」，『日本経済新聞』2011 年 6 月 7 日。

[5] 部分参见钟飞腾、张洁《雁行安全模式与中国周边外交的战略选择》，《世界经济与政治》2011 年第 8 期。

态威慑及快速反应方向进行调整,强化西南岛屿的防卫态势与兵力部署①。按照大纲的解释,动态防卫力量即"具备适应性、机动性、灵活性、持续性以及多目的性,依照军事技术水平的动向,以高度技术能力和情报能力为支撑"的军事力量。

动态防卫力量强调的要点之一,是把重点防范对象彻底转向中国。在2004年版的防卫大纲中,日本使用了"关注中国军事动向"的说法,但是2010年的新版大纲则明确把中国的武器现代化和军事动向定义为"地区与国际社会的担忧事项",反映了日本对中国崛起的焦躁不安在逐步增强,因此进一步加强了对中国的所谓"警戒"和防范。要点之二,是日本的地区防卫理念由静态转向动态,这也是日本防卫政策调整的最大特点。"动态防卫力量"的目的,就是适应转向应对中国和朝鲜半岛局势的军力配备与防卫理念,它的具体所指就是中国的崛起和朝鲜半岛局势。日本官方认为,为了应对亚太地区的不稳定因素,以"动态防卫力"为核心的新防卫理念,其意义就在于防卫力并不是为了单纯保持和拥有,而是为了在情报收集、警戒监视活动与侦查活动等领域中加以适时与适当地运用。为了适应这种战略理念的变化,日本对陆海空自卫队进行了一定的结构调整。要点之三,是把军事部署的重心由北方转向南方,尤其是转向西南群岛。冷战后日本早就提出将防卫部署重点由西北转向西南,进入21世纪后又提出要应对新型威胁和多样化事态,但实际上自卫队(尤其是陆上自卫队)的部署和装备调整迟迟没有跟上和到位。这次日本政府在新大纲中正式确立"动态防卫力量"新方针——虽然不乏概念整合和用语创新的意义,但更重要的应该是以新大

---

① 推进自身防卫能力建设,虽然也是日本亚太安全政策的基础条件,但更是日本国家安全战略的组成部分。为避免面面俱到和重复,本章仅做如下概观而不另详述:它包括"硬件"和"软件"两个方面。前者包括军力建设和战力部署,后者则包括在政治、法制和政策上放宽自我限制及完善情报、决策机制及指挥系统。最近的典型案例是日本于2011年底放宽"武器出口三原则"的自我设限,部分解禁军工产业国际合作,意在通过参加"国际共同开发与武器生产",实现装备高性能化和降低成本的目标。在相当一段时期之内,日本政府在实施安全防卫战略上面临着预算不足、力不从心的局面。但是,由于日本的经济和财政规模巨大,所以日本政府努力通过内部挖潜、盘活存量、提高效能、突出重点,以逐次强军、渐进积累的方式,仍然可以在硬件建设上取得可观的进步。这就是进入21世纪以来日本防卫费用没有增加而军力却持续走强的原因。日本政府决意在挖潜增收上(例如压缩占防卫费40%的人事费用、削减陆上自卫队的重型装备、放宽"三原则"以推动武器装备研制和生产国际化等)做足文章,以便节余出更多经费和资源用于"动态防卫力量"建设,加快质优效高的强军方式。

纲为统一共识后的整改号令，形成了要适应新时代和新形势，推动以上调整尽速到位的政策意志①。与北海道坦克部队的减少和陆上自卫队人数略有裁减相比，日本自卫队正在装备上以抑陆向海来充实海空战斗力，在部署上防卫重心则进一步向西南方向推进和前出。日本通过新大纲开始强调加强冲绳周边的西南诸岛防卫的重要性，这显然是以中国在东海的海军活动这一所谓的"中国威胁论"为背景的。

（三）构筑地区多边安全合作网络

比起自民党政权，民主党的安保团队和少壮战略派集团明显地重视地区安保合作，不但提出要推动与韩国、澳大利亚、印度等友好国家的合作，还提出要与远在天边的北约和欧盟以及欧洲国家强化合作关系，构筑地区及国际多层安全网络。此前的自民党政权已提出日、美、澳、印合作的外交思路并与北约展开安全对话，民主党政权对此不但继承而且加以发展——将此写进了新的国家防卫大纲中。无疑，推动这种军事安全外交肯定有部分或相当一部分动因是针对中国的，其中不乏制衡或围堵之意。因为日本越来越感到，后金融危机时代仅凭日本或日美同盟已无法确保针对中国的安全系数。但同时，这种网络体系的构建也是日本着眼于后金融危机时代所进行的安全布局，并不全部是针对中国的。因为，美国实力下降、世界安全形势复杂化，安全手段多样化已是题中应有之义②，仅仅依靠日美同盟已经不可能像以前那样确保日本的综合安全——何况美国是否靠得住还是问题③。反之，构建安全网络既可以裨益于解决一国安保能力不足的问题，还可以拓展对美外交空间和战略回旋余地，在使日本成为地区安全新秩序股东建设的同时，提升日本在国际社会的地位和影响力。

在这个方面，民主党政权在后危机时代取得了如下几个比较大的进展。首先，是与韩国和澳大利亚的防务合作，即继续推动所谓的"民主国家联

---

① 北冈伸一「脅威への備え見直しを（経済教室）」,『日本経済新聞』2010年12月7日。
② 中国并不否定他国追求包括区域合作在内的多样化安全手段，如外交部长杨洁篪就表明："当今世界国际安全威胁更趋复杂多元，安全问题的综合性、整体性、关联性上升，解决各种地区安全问题单打独斗不行，孤军奋战不行，只有以合作求安全才是出路"。（杨洁篪《用信心与合作共筑亚太未来》，2010年12月1日，《世界知识》2010年第24期，第30页）。但中国反对某些国家以此为名去行遏制或制衡其他国家之实。
③ 就连保守鹰派的前原诚司外相对美国也并非完全信任，他在野党时期曾多次强调要"脱美自立"，摆脱对美国的"过度依赖"，并要求日本自主发展巡航导弹等攻击性武器，以防止美国在关键时刻"靠不住"。参见松下政経塾出身国会议员の会『21世紀・日本の繁栄譜』, PHP研究所，2000，251~267页。

盟"。日本的基本思路是很清晰的，即借助日美同盟框架，分头强化与韩国、澳大利亚的安全合作。2010年5月，日澳签订了《相互提供物资与劳务协定》（ACSA），2012年签署了《军事情报保护协定》（GSOMIA）。而日本与韩国安全合作的悄然深化则更值得关注。2008年韩国李明博所领导的保守政权上台，日本民主党政权有意趁机将日韩合作作为地区安全战略的重点。2010年，借朝鲜半岛局势紧张之机，日韩互派军事人员观摩或参加了对方与美国的军事演习。2010年开始，日本已经开始与韩国就签署ACSA和GSOMIA进行磋商。同时，2010年下半年自卫队分别与美韩、美澳军队秘密进行了不同军种的将官级战略磋商，这是美日澳、美日韩三国实战部队首次进行此类磋商。

其次，民主党政权也在积极推动与印度的防务合作。2007年安倍访问印度，提出"民主大亚洲论"。2008年两国就在安全领域建立全面合作机制达成协议。2011年12月野田访印，双方发表加强"全球战略伙伴关系"联合声明，同意扩大海上安全合作。2012年海上自卫队将与印度海军举行首次联合军演。野田内阁对外政策显露出对大国多边博弈的强烈意识，基本思路是安全上加强与传统大国合作，经济上加强与新兴大国合作，但印度是唯一例外。日印合作事关日本大国多边博弈，又是地缘战略布局的关键环节，印度由此成为日本加强安全及经济合作的双料政策标的。

再次，从2010年开始，菲律宾和越南等与中国的关系出现摩擦，日本看到了可以通过加强与这些国家关系来介入本地区安全事务、提高政治影响力的机会。2011年9月，野田同来访的菲律宾总统阿基诺三世会谈，就强化在海洋问题上的合作发表了共同声明。10月，野田还破格亲自在首相官邸会见了越南国防部长。11月中旬在印度尼西亚召开的日本与东盟首脑会议上，野田首相还提出"海洋东盟经济走廊构想"并建议建立讨论海洋安全保障的多边国际会议[①]。进入2012年后，日本还分别做出了利用ODA向菲越两国提供巡逻艇等防务装备的决定。

除此之外，日本还在亚太多边的安全磋商和对话机制中，通过主导议题、设置议程和抢夺话语权来扩大和提升在地区安全事务中的影响力。在ARF、EAS、ADMM+以及"二轨对话机制"的亚洲安全会议（ASD）等重

---

① 中国方面要警惕日本拉拢东盟印度牵制中国的一面，但是也要看到日本希望提高自身地区影响力和国际地位的一面。

要的国际场合，日本就海洋安全议题、中国国防建设等问题，频频配合美国并声援东盟有关国家。

从以上的动向可以看到，民主党政权的作为，再加上之前自民党政权的业绩，日本正在推动建立一张以美国或日美为中心、链接澳韩印以及东南亚各有关国家的最大限度的地区安全合作网络①。这张网络有时被冠名为"民主联盟"或"自由与繁荣之弧"，有时被赋予"海洋联盟"的意义，但其中都有很高的防华或抑华成分在内。

第三节 日本亚太战略的特征

日本亚太战略的特征，可以概括为四大方面：重视经略体系、全力保持地位（权势）、紧密跟随美国、重点应对中国。

一 经略体系与稳定秩序

正如前述的那样，进入后金融危机时代后，日本的亚太战略开始具有通盘与统筹的战略考量，以"整体设计"和"体系构思"，把亚太作为一个整体系统来考虑，并主动参与对己有利的现存主流体系的维持、建设和塑造。其强烈的、作为地区整体秩序参与者和塑造者的冲动和紧迫感，是历年来所罕见的。

日本政治精英层对国际格局和亚太形势的判断具有大致相同的看法和忧患意识：以西方发达国家为中心的国际体系正经历前所未有的变动和挑战，新兴国家群体崛起，世界开始多极化②，美国及西方集团的权势相对下降。世界格局正处于几百年来的大变局、大调整和再平衡的过渡期。在亚太地区，美国霸权相对衰落，日本的实力和地位也在下降，中俄印（甚至包括印度尼西亚等中等大国）群体崛起，世界格局和权势的变化可以说最集中地体现在亚太地区。从体系角度来说，日本一再表明要支撑和协助美国维

---

① 例如，野田内阁首相助理长岛昭久就认为，日本的对外战略应该建立以日美韩澳印为核心的"周边海洋国家联合"为目标。参见長島昭久「アジアに海洋国家連合の創設を」，http://blog.goo.ne.jp/nagashima21/e/8810def5899d84490cb7a83cb3f03，2007年2月1日。

② 外务省编『外交青書2011』，参见 http://www.mofa.go.jp/mofaj/gaiko/bluebook/2011/html/chapter2/chapter2_01_00.html。

持其在世界和亚太的霸权体系和主导地位。一般认为，世界分配体系可以看做是一块固定的蛋糕，大国崛起必然要改变原来的分配格局，其中受影响最大的，一是老牌大国，二是周边国家。日本既是老牌大国，又由于和新兴大国——中印俄同处亚太这个地缘场所，所受的影响自然非常大。尤其是在金融危机后，中国在全球治理以及 G20 中的地位和话语权上升，打破了以往 G7 或 G8 体制中的日本代表亚洲的格局，使日本产生了深重的危机感。

日本当下如此在乎自己对国际秩序的参加和塑造，显现出强烈的志向和忧患意识，其中主要有两个背景因素：①从历史上看，日本一直是主流秩序的边缘存在，是以中国为中心的东亚儒教秩序的半边缘性质的一种存在。只是到了近代，日本历经对中国的甲午战争、日俄战争、第一次世界大战后，才跻身欧美列强行列和帝国主义世界秩序之中。但是，随后，由于分赃不均等，日本认为美欧列强还是歧视自己，遂愤而退出国际联盟，想树立独霸东亚的所谓"新秩序"。遭到惨败后，投入美国怀抱，但也屡屡遭到美国的越顶外交、文明偏见或贸易歧视等不公正待遇。这种历史记忆应该是比较深刻的。②日本并不具有中、美、俄、印等大国的国土和人口规模，所以只有国力最为鼎盛的时候才能成为国际社会的主要行为体，对国际秩序的形成发挥影响力和作用。害怕国力衰退时被置于国际社会边缘位置的危机意识和受害情结，一直在日本对外关系的考量中纠结而挥之不去。这一点与中国不一样，中国即使在衰落的时候，也认为以自己的"地大物博"而应该或当然是东亚的中心（或起码占据重要位置），任何亚洲重大事务不可能缺少自己。更何况，日本不像欧洲国家——具有坚实的地区合作组织作为地缘依托，日本仍然没有根本摆脱"孤岛"的窘境，很容易"陷入中美之间而被埋没"的境地①。

日本所谓的亚太现存主流秩序有三大内容：自由贸易和市场经济体制，西方民主主义价值体系，以对美同盟为主和地区合作为辅的安全架构。其最终目标是把包括中国在内的新兴国家吸收融合进来并使之按"体系规则"行动。

二 与美国"重返"亚太共振

美国实施"重返"亚太战略后，在政治安全领域，大力强化与日本等

---

① 鸠山由纪夫「祖父・一郎に学んだ・友愛・という戦いの旗印」，http：//www. hatoyama. gr. jp/profile/fraternity5. html。

传统盟国的防务合作关系。与中国周边小国采取依靠域外大国来平衡中国的"骑墙"战略不同的是，日本考虑的不只是居中骑墙，而是与美国"并驾齐驱"和联袂行动，维护美日（澳、韩等）等发达民主国家主导的政治、经济和安全秩序，并在其中谋取国家利益的最大化。

在当前这个阶段，日本与美国的亚太战略目标，高度吻合和重叠，有时甚至可以将日本的亚太战略目标称之为美国的"缩小版"。这种现象在冷战后两国关系的历史上也是比较罕见的。美国的亚太战略被认为有三大原理或支柱：第一是安全保障及地缘政治战略。主要采取均势战略阻止亚欧大陆出现对美国而言的敌对性霸权国家，维护美国的主导和霸权地位。第二是确保经济利益，维持门户开放与通商贸易的自由市场体系。第三是维护和推广包括自由、民主和法制在内的西方"普世价值"。可以看到，日本在这三大目标上，与美国有着近似完全相同的看法——即便是有些具体办法不太相同。特别是关于第一点，用日本野田内阁的首相助理、"国防族"议员的代表性人物——长岛昭久的话来说就是"日本同盟存在的核心意义"[①]。日本保守派和鹰派势力认为，美国回归亚太，为日本借助其抑制中国崛起、维持东亚海权优势、主导亚洲秩序构建提供了有利条件。当然，除此之外，日美在亚太还有诸多共同的战略目标，例如：保持海上通道的安全和海洋控制能力，在朝鲜半岛和台海等传统安全热点问题上"维稳"，以及处理各种非传统安全问题和突发事件等。

美国重返亚太，需要日本这个最大的盟国提供积极的支持和帮扶。出于这种地区战略需要，美国采取了较之以前更为明显的"纵日政策"，这无疑鼓励了日本民主党政权内的亲美少壮派团队与其同步跟进[②]。日本要显示作为紧密盟国的作用，以及它仍在力量上配合和支撑美国的战略重返行动。为此，除了与美国协力维持以上政治、经济和安全上的宏观共同战略目标外[③]，日本在配合美国重返上的具体战术举措，主要是体现在安全军事领域。例如，①以日美同盟为骨架，联合美国亚太轮辐同盟体系的"辐"，推动与美国的其他区盟国及伙伴国家构筑地区多边安全合作网络，或至少是协作网络。

[①] 長島昭久『日米同盟の新しい設計図』，日本評論社，2004，141頁。
[②] 杨伯江：《日本民主党安全战略》，载李薇主编《日本发展报告2011》，社会科学文献出版社，2012，第67页。
[③] 经济上对美重返的配合，当然也是重要的一环。众所周知，美国"重返亚洲"或"战略东移"，一个重要目的是利用世界经济重心东移，吸取亚太地区经济增长的活力，防范以中国为"领头羊"的新兴国家群体性崛起导致美国霸权地位和西方中心主义的削弱。

②配合美国搅局南海，牵制中国，采取了直接或间接支持东南亚声索国的种种举措。③从 2010 年起，借助东北亚紧张局势，积极参与美韩军演和日美韩军事协作。

三 重点应对"中国崛起"

"中国问题"从 21 世纪初就被预测为日本外交最重要的课题①。在金融危机后的世界格局深度调整中，日本亚太战略的重中之重和核心课题，无疑就是如何面对和处理中国崛起。事实上，从以上的论述中可以看到，横贯政治、安全和经济领域的日本亚太战略一定程度上是围绕中国展开的，都少不了"中国因素"。

在后金融危机时代美国战略重心东移，中日钓鱼岛争端持续（乃至朝鲜半岛局势动荡）发酵的情况下，日本的政治和知识精英在很大程度上开始转变对中国崛起的根本认识。这种认识的核心内容有两点：第一是中国已经崛起成为世界大国，中日的综合国力对比正发生有利于中国的变化，日本一国无法应对中国崛起带来的问题。第二是中国在亚太地区显现出一定的不遵守、挑战现存国际规则的霸权倾向，在安全方面具有很大的不确定性和威胁可能性。日本民主党少壮派的代表人物前原诚司 2011 年在美国演讲时则声称"中国是要求改变现存国际游戏规则的'挑战者'，主张的特异性和价值观的差异也是大问题。日美的最优先任务是从正面应对新兴的游戏挑战者以及构筑新的地区秩序，平时就要努力要求（中国）遵守国际规则，这很是关键的"②。

美国重返、格局变动和中国崛起的三合一形势，使后危机时代日本的对华大战略带上自主谋划的色彩，呈现出基本清晰的轮廓，即利用中国崛起造成的全球冲击效应和反弹，借助和联合国际社会力量（不只日美）——对中国崛起关心和担心的西方发达国家、"民主"国家和周边邻国，劝诱、鼓励和促推中国成为遵守现存国际体系规则的负责任的大国；同时，联合这些力量，运用文武手段，针对中国出现的破坏规则的行为进行施压、围堵、威慑和制约。归结为一句话，就是以日美同盟为基轴，联合地区和多边，设计和推动以一个"主流体系"和"联合网络"的力量优势来全面应对中国的

---

① 刘江永：《中国与日本》，人民出版社，2007，第 710 页。
② 『朝日新聞』2011 年 9 月 8 日。

第四章　当代日本的亚太战略

崛起，通过这一大战略来防止东亚格局被"中华秩序"所主导，以确保中国在亚太的崛起进程符合日本的国家利益。在此可以看到，以上的"体系条件"与"同盟前提"，使得日本的对华战略——无论接触还是防范，除了带有一贯的同盟色彩外，还带上了与以往不同的"体系眼光"。外务省有名的战略家兼原信克对此有直白的解释："能否将中国转变为对现存国际社会和亚太负责任的领导国家，是这个世纪日本外交的最大课题，也是日美同盟和民主国家全体的无法回避的课题。"①

由此，后危机时代日本的对华战略——接触和防范两个方面都进行了相应调整。在接触战略上，首先是目标值变了，不再像过去那样主要强调让中国单方面地融入国际体系，取而代之的是要求中国成为遵守国际规则和秩序的负责任大国，这一点从近年日本《外交蓝皮书》的相关涉华表述中也可以看到②，《读卖新闻》的社论公然主张"日美两国必须与韩国、澳大利亚和东南亚各国加强合作，促使中国遵守国际规则"③。其次是接触的方式也变了，体系方式、堵压方式、疏导方式和深入方式等新型组合拳纷纷出场④。同时，从以上也可以看到，日本的对华大战略，已开始明显地向采取实际措施来防华的方向上倾斜和迈进，其防华战略正进入一个新的阶段。这些措施中，除了利用一切可能的地区多边组织、论坛等实施"机制约束"，以"日本＋X"和"日美＋X"的形式组成多边安全网来制衡以外，以下的一些新动向尤其值得关注。

第一，针对中国深化和扩展同盟。2010年以来，日美在防范中国的问题上达到高度的战略一致，日本利用美国战略重心转向亚太对华"再平衡"，上下其手，从战略到战术，对中国进行了一系列防范大动作。首先，从体系角度来说，日本一再表明要支撑和协助美国维持世界和亚太霸权体系和主导地位。这从近年的一系列日本政要演说、日美政府联合声明或文件中都可见一斑，包括2011年5月的日美"2＋2"会议声明、2012年5月日美首脑会谈的共同声明，都确认日美共同维护地区秩序，同盟是亚太安定与繁荣的"基石"

---

① 兼原信克『戦略外交原論』，日経新聞出版社，2011，361頁。
② 例如从2009年到2012年，蓝皮书基本都强调了"负责任的作用"和"建设性贡献"或"符合国际规范"等措辞。参见外务省编『外交青書』近年各版，http://www.mofa.go.jp/mofaj/gaiko/bluebook/2009/html/h2/h2_01.html，http://www.mofa.go.jp/mofaj/gaiko/bluebook/2010/html/chapter0/chapter0_01.html#02。
③ 『读卖新闻』2011年11月15日。
④ 参见吴怀中《日本对华大战略简析》，《日本学刊》2012年第5期，第77页。

和"公共产品"。其次，2011年5月日美举行的"2+2"会议，讨论具体深化日美同盟、推进防卫日本和周边事态计划的研究，强调导弹防御合作、联合维护海空天网等全球公地的安全，这被视为全方位防范中国的信号。

第二，联合中国（尤其是与中国有矛盾的）周边国家，平衡和牵制中国。近年来，民主党政要的足迹遍及缅甸、越南、老挝、蒙古、中亚国家、南亚国家，等于围绕中国实施了大回环式的外交活动。这其中，南海等海洋问题是日本最新开拓的远程防华前沿战线，日本重点拉拢与中国存有争议的菲律宾和越南，并帮助他们增强防务装备和相关能力。在2012年4月的日美"2+2"战略磋商文件中，还特意表明日本将以"ODA的战略利用"来向（南海）沿海国家提供巡逻艇①。

第三，调整防卫政策重点和部署，构筑"动态防卫"态势，加强西南防卫。美国战略收缩，兵锋后撤，要求盟国及日本对本国周边的安全保障负起责任。日本政府文件表明"在美国进一步重视亚太过程中，作为日本，将主动地和美国协作来确保地区的和平与安全"②。日本2010年版新防卫大纲提出要在其西南群岛加强军事部署，在西太平洋加强反潜、防空反导、警戒监视侦察（ISR）、指挥通信、运输等能力。而民主党政权尤其是野田内阁，包括野田、前原诚司、玄叶光一郎、长岛昭久和森本敏等国防鹰派的当权者，认为这是可乘之机，正积极推动日美军事合作及责任分担，落实大纲并加强自主防卫能力建设③。

四 战略手段的多样化、均衡化和综合化

在日本，冷战后尤其是进入新世纪后，安全、繁荣和价值被视为国家利益的核心目标基本成为主流趋势④。为实现上述各项目标，避免日本在亚太

---

① 「日米安全保障協議委員会共同発表」，2012年4月27日，参见 http://www.mofa.go.jp/mofaj/area/usa/hosho/pdfs/joint_120427_jp.pdf。
② 外务省编『外交青書2012』，参见 http://www.mofa.go.jp/mofaj/gaiko/bluebook/2012/pdf/pdfs/yousi.pd。
③ 参见森本敏「米国のアジア重視政策と日米同盟」，『国際問題』2012年3月号，32~43頁。
④ 例如，从2002年小泉内阁"对外关系工作组"报告到玄叶光一郎外相2012年1月在国会的外交方针演说，都指出安全、繁荣、价值是国家利益的三大目标。参见 http://www.mofa.go.jp/mofaj/press/enzetsu/24/egnb_0124.html。此处的"价值"有时也被称为国家的"地位、尊严、存在感、荣誉、品位"等，它主要包括两大内涵：维护自由和民主主义等基本价值体系与秩序，提升日本的国际地位包括实现政治大国目标等。

的地位和影响力下沉，新时期日本开始动用全套手段来加以实施。二战战败后，由于受到种种限制，日本一直在外交和安保政策领域持有相对谨慎和低调的姿态，无法像其他大国一样，以全方位手段实现这一战略目标。中曾根内阁以来的日本历届政府，也均以庞大的经济力量为依托，积极谋求政治大国地位。但是，现在的日本已经改变以前的这些做派，改为对外"拼外交""拼安保"的手法，即开始重视对国家战略资源的深度开发与重新配置。

日本的政治精英们提出要大力强化和改善外交工作，他们普遍认为在国力下降、时不我待的情况下，日本要"拼外交"——以外交软实力来弥补硬实力的衰退，围绕促安全、保经济、扩影响、升地位，以多边和地区外交为舞台，在全球治理、国际和平合作、地区一体化、危机管理等议题上发挥主导作用，积极履行大国职责。而外交的形式和渠道，则有经济外交（包括 ODA 外交、FTA 及 TPP 外交）、价值观及意识形态外交、军事外交、非传统的环境及气候外交、救灾及灾后重建外交等名目。很明显，亚太地区是这些外交的主战场和发力点。这其中，尤其值得一提的是广义上的经济外交。日本当前也确实在认真考虑用好用足亚洲发展带来的经济机遇。日本的政治精英们实际上都赞同日本的希望在亚洲，应以日本的技术、标准、规则、原创等优势，分享地区经济发展的红利，提振日本经济。他们原则上都主张要推动亚太自由贸易和地区经济合作，参加更大范围内的 TPP 谈判，对东亚共同体目标的建设，则认为应采取循序渐进、开放包容的功能主义合作路线。

日本的精英们还认为需要"拼安保"，即大幅改造安全防务政策以及参与地区安全事务。他们提出，为实现以上三大国家战略目标，就需要让日本介入国际安全事务并发挥更大的作用，即在对外战略中提高军事手段的作用和成分，以军事外交手段来扩大影响力和提升地位。为此，应该重新审视日本的安全防务政策，部分实现"国防正常化"，包括在修宪、"集体自卫权"行使、武器出口以及其他的对外安全合作等问题上尽早取得进展[①]。

[①] 以上总结的论据主要出自日本外交官新近所著的以下诸书：星山隆『21 世纪日本外交の课题』（2008 年）、田中均『外交の力』（2009 年）、谷内正太郎『外交の戦略と志』（2009 年）及其编著的『日本の外交と综合的安全保障』（2011 年），薮中三十二『国家の运命』（2010 年）、神余隆博『多极化世界の日本外交戦略』（2010 年）、兼原信克『戦略外交原论』（2012 年）。

第四节 日本亚太战略的实施评估

一 日本实施亚太战略的条件

（一）有利条件

日本实施亚太战略乃至国际战略的最有利条件，无疑仍是其较为强大的综合国力基础。日本 2011 年度的国民生产总值（GDP）为 59742 亿美元，高居世界第三，而第四位的德国仅为 36000 亿美元左右。中国社会科学院发布的 2010 年版《国际形势黄皮书》，在综合国力评估上，认为日本居世界第二，中国位居第七。作为资源缺乏、国土狭小的日本能够成为综合国力总排名第二的国家，殊为难得。黄皮书认为，除了领土与资源、人口这两项得分极低，军事力量较弱之外，日本其他项目，尤其是经济产业、科技、社会发展水平、国际贡献等都位居世界前列。日本排名第二完全取决于后天的努力，以及对于科技和教育的大力重视和持续投入[1]。1949 年以来，日本教育经费占 GDP 的 5% 以上，日本科技经费占 GDP 常年高于 3%，位居世界第一。日本的政治精英们认为，日本的国力只是一种相对衰落而已，在未来 20 年内，或至少 10 年内，日本在全球仍然拥有名列前茅的技术和资金优势，仍然是位列前三的世界大国。在可预见的未来，至多也就是 GDP 有被印度超越的可能。而且，他们还认为，如果将处于同盟关系的日美两国的实力相加并加以有效使用的话，即使面对中国最为顺利和强势的崛起，日本至少还可以有 20 年的战略缓冲期[2]。

除了"硬实力"之外，还必须看到，日本的文化"软实力"在国际和地区社会有着较高的评价，国家形象和好感度在历年的国际调查中都居于世界前列，甚至位居世界第一，长年高于中国[3]。日本在对外援助、国际人员交流（如海外协力队、国际职员等）、气候环境外交、动漫等大众文化影响

---

[1] 李慎明、王逸舟主编《全球政治与安全报告 2010》，社会科学文献出版社，2009，第 274 页。

[2] 神保謙、長島昭久、林芳正「新たなパワー・バランスと日本の外交戦略」，http://www.globis.jp/1938-6。

[3] 例如，美日每年都会向世界各地派遣志愿工作者，日本在过去的 40 年间派遣了 4 万多人到世界各地，而中国过去 10 年只派出了 500 名。而日本在各级各类国际机构的雇员也要高于中国。

力、国际维和及民生贡献等方面,都有着较好的评价和形象。历史问题认识、领土及海洋权益争端,影响了中韩俄对日本的正面评价,但其他国家并不都是这样。总的来说,日本在亚太地缘政治上并不需要耗费过多的资源,没有受到过多的警惕和牵制。

日本的政治精英在运用这一强大的软硬实力基础所要达成的目标上具有高度和连贯的战略共识和志向。他们对日本的国家定位和前景都有相同的认知,即具有高度一致的"大国志向",主张日本要有信心成为政治大国,要发挥大国的作用,不应自我定位为"中等国家",要积极参与国际和地区社会的事务,要成为规则的制定者和游戏的操盘手。应该说,日本的政治精英层,包括政治家、官僚和学者等,从来都是一股不可小觑的力量,从推动明治维新到战后重新崛起,再到冷战后的行政改革和结构改革,他们总是被一根似有似无的线串联,以连绵的意志和坚定的步伐来推动和牵引日本朝着既定的战略目标不断前行。除此之外,正如王缉思对"日本之稳"所赞赏的那样:"日本民族凝聚力甚强,政治体制坚固,社会长期稳定,生态环境优良,即使在过去 20 年经济持续低迷、政府频繁更迭的情况下也没有发生政治动荡"[1],日本的大政治和国内社会是稳定并具有效率的。

以上是日本的内部条件,就外部环境来说,还有对日本有利的两点:第一,日本与世界霸权国家美国的结盟。日美之间不是没有矛盾和摩擦,但在可预见的未来,面对世界格局深度变动、中国崛起等新的严峻形势,求同存异、相互借助和协作对外仍是两国同盟的主旋律,日美同盟关系有着超出一般想象的牢固性和持久性[2]。何况,现下的美国比任何时候都希望日本在亚太地区发挥更大的政治和安全作用,以分担美国"心有余而力不足"的部分。这是日本在推动其亚太战略中可资利用的最大外部战略资源。第二,日本作为西方发达国家在现存国际社会及体系中的地位非常有利。当前,即便新兴国家群体崛起,削弱了西方在国际体系中的主导地位,但西方发达国家作为一个集团或整体,在国际体系中仍然占据着非常明显的优势,他们制定的关于政治、经济、安全乃至价值观的规则和制度,仍主导和控制着这个全球现代资本主义体系并使他们自身居于受益地位。无疑,日本也是这群主要

---

[1] 王缉思:《世界政治变迁与中国对外战略思考》,《中国国际战略评论2011》,世界知识出版社,2011,第5页。
[2] 参见刘星《论日美同盟的生命力》,《世界经济与政治》2007年第6期。

受益者当中的主要的一员。

(二) 不利条件

日本实施亚太战略的不利条件与有利条件同样明显，而且两者往往还是对应的。从内部条件来看，首先，日本经济总量虽然巨大，但整体上处于国力衰退期，发展呈现低速甚至停滞状态，财政困难。这种经济上财政上的力不从心，使得日本难以为其亚太战略决定性地大幅增加预算投入。说穿了也就是在实施对外举措中"差钱"的问题，它集中反映在作为日本主要的外交手段、极具重要性的ODA也不得不逐年遭到削减的现象上。其次，日本对外政策和决策实施还总是受到政局动荡的影响。虽然日本的"大政治"和大战略是比较稳定的，但过于频繁的政权更替和领导人更换，以及受此影响的决策体制，也被认为使得日本在战略实施上的"路径共识"难以形成，外交上往往朝令夕改、人亡政息，短线操作常常陷于不利处境[1]。近年来，日本先后在对美、对华、对俄以及对韩外交上出现麻烦和摩擦，有时甚至是处于"多面受敌"的困境，也充分说明了这一问题的存在。再次，从现实主义的角度来说，日本的"和平宪法"虽然提高了日本的国家形象和"软实力"，但也限制了日本"硬实力"的发展和使用，使得日本难以以一个正常的全面大国的地位并动用全套手段在地区舞台上展开角逐，实现国家利益的最大化。"痛感"于此，日本的主流政治精英正在加快修宪和日本在安保领域"正常化"的步伐[2]。

从外部条件来说，不利的方面主要是两点：第一，在美主日从的同盟框架下，日本在大的战略上仍然严重受制于美国，日本在地区合作政策以及对华政策上，不可能越过日美同盟的框架和底线去实施独立的作为。作为"非正常"国家，它的亚太战略，也往往是被美国的亚太政策所限定和驱使。可以说，对美同盟既帮了日本，但也害了日本——而且还是一种结构性的侵害。第二，日本在东北亚，与中俄朝韩等周边邻国始终存在着历史或现实的矛盾和摩擦。民主党自2009年上台以来就一直没有理顺与中俄韩等国的关系。这使日本迈向亚太战略的脚步受到羁绊，公信力受到损伤，外交资源被"就近"消费掉不少。

---

[1] 田中明彦「激動期の政治試される指導力」，『日本経済新聞』2011年9月13日；添谷芳秀「外交安保政策立て直し（下）」，『日本経済新聞』2011年9月21日。

[2] 例如，野田内阁上台后，少壮派群体进入日本政治中枢，在包括放宽"武器出口三原则"等领域取得了突破性进展。

二 日本亚太战略对地区关系的影响

日本亚太战略对地区关系的影响可以总结为以下五个方面。

第一，日本维护"体系"之守成立场的影响。进入后金融危机时代后，日本朝野各界承认世界正开始进入多极多元化，但仍持有根深蒂固的"霸权稳定论"，认同美国治下的和平与繁荣。或者，退一步来说，日本至少认为，在亚太地区维护西方发达民主国家主导的秩序，并最终把具有挑战和修正这种"秩序"的新兴大国吸收容纳进来，才是日本对外战略的长期根本任务所在。因而，迄今为止，日本是除了美国之外，对维持这个"现存秩序"最上心和最卖力的国家。可以看到，日本的这种亚太"大战略"，是坚定维持美国霸权秩序或西方主导秩序的有力支柱，这并不符合后金融危机时代世界形势发展的潮流和方向，也不利于地区格局多极多元化和地区国际关系民主化的演进和形成。

第二，日本的地区合作主张及其影响。日本也曾积极推动严格意义上的东亚区域合作，但在看到中国经济发展迅猛、综合国力和影响力不断提升后，开始担心东亚合作被中国主导，东亚秩序由中国建构。于是，日本开始主张东亚的"扩容"——扩大的"东亚共同体"，推动"10＋3"扩编为"10＋6"，后又积极拉美国入局，直至"10＋8"形式的东亚峰会（EAS）和东盟防长扩大会议（ADMM＋）"被"召开。在经济领域，日本从东亚合作转向亚太合作，意欲加入 TPP 的谈判。日本对此的一种解释是，需要以"大制度"或"制度扩展"来应对和束缚中国的"巨大化"，即中国发展壮大、体量扩容了，那么束缚中国的地区框架和机制只有相应地扩大、延展，才能稀释、制衡并管制中国影响力和权势的扩张。日本的这些考量和举措，实际是在故意扩大东亚的地理范围，稀释东亚的地缘（政治经济）含义，降低美国的戒心和引进美国的参与。它架空或至少稀释了东亚合作的进程，形成了东亚合作进程中的消极因素。

第三，对大国关系互动带来的影响。从以上的论述中可以看到，2009年前后鸠山政权"疏美入亚"的尝试遭挫后，日本的亚太战略调整在大国关系处理上围绕中国崛起呈现出明显的"单线条"和"选边站"的特点，其总格调非常清晰，即亲美、防华、拉拢印俄等国家。在对美关系上，基调仍然是一边倒的美主日从、追随为上。当然，在同盟框架这一可能的范围之内，日本也会谋求自主性和双向性的"愿景"，争取同盟为己所用①。对俄罗斯，日本是有心利用却无力拉拢，特别是在面临中国崛起压力的情况下，其国内也有部分人士打出"联俄防华"的口号，但领土争端和缺乏互信等问题横亘两国之间，双方关系一直是不冷不热、不近不远。将来，如果日本进一步面临中国崛起的持续压力，那么其拉拢和利用俄罗斯的想法和力度也会加强，但目前的态势基本还是利用加上部分的防范。对其他大国，如印度，以及对作为中等大国的澳大利亚等国家，也基本是积极拉拢和联合的姿态。近年来，日本和印度、澳大利亚的政治安全关系越发紧密，2010年开始和印度之间开展了定期的副部长级外交和防务（"2+2"）磋商，和澳大利亚之间则在建立除日美之外唯一的部长级"2+2"机制的基础上，2010年签署ACSA、2012年签署了GSOMIA，使两国形成了一种准联盟的关系。日本还在不遗余力地推动日美澳、日美印乃至日美澳印等形式的多边安全合作。可以发现，日本的这种亚太大国战略是极为不平衡和偏颇的，其主要动机明显是冲着中国来的，这也使得亚太大国关系徒增了一层变数和复杂因素。

第四，日本式"特殊战略手段"的影响。日本的亚太政治和安全战略中，海洋因素和价值观因素是被其频繁使用的两个战略抓手。这一点，既是出自于日本国家属性和战略需要，很大程度上也是受美国的影响并配合其全球战略需要的，在中俄印等大国的亚太战略中就看不到这一奇异的现象。前者表现为日本的海洋立国论和海洋国家联盟论，后者体现于宣扬民主和自由理念的价值观外交（自由与繁荣之弧、民主国家联盟）等。这两大外交手段，基本是在进入21世纪后由自民党政权发起和提倡的，但金融危机后，民主党政权更加高频和高调地"出示"这一外交战略手段，并常常使这两大手段合二为一。在提倡海洋国家协作时强调"共同价值观"的作用，在推动价值观外交时常常以海洋国家为载体②。而且，较之于自民党政权，民主党掌权的少壮派政治势力更加注重以海制陆、以海结盟、海权争夺和插足海争，当前则注重在东海和南海两个地缘战略支点上施展其亚太战略中的特定抱负。这实际上是配合或协助美国，组建对华"包围网"的一种政策表现。这种举措，以所谓的地缘政治和意识形态划线，是在人为地割裂地区的

---

① 前原誠司「10年後を見据え、日米同盟を双務的に変えていく」，『外交』Vol. 09, September（2011），22~25頁。

② 据笔者统计，民主党政要的对外政策演说中，几乎无一例外地都要提及自由和民主主义等价值因素，提及海洋因素的比例也比以前大为增加。

融合和一体化,使地区陷于对立、分裂和不安的因素。

第五,给中国带来的影响。实际上,以上四个方面对中国都带来不小的影响。例如,给中国带来了应对"体系之争"的政治压力。日本竭力将中国描绘成亚太的修正主义国家,欲将中日之争转换为"维持现存秩序的民主统一战线"与"挑战及破坏国"之争。最极端的例子,就是右翼政客的石原慎太郎跑到美国主流媒体上去做有关钓鱼岛的广告,呼吁美国人民不要放任中国的扩张行为①。而且,日本竭力维护美国的亚太霸权,也使中国在现实中面临着日美同盟的安全压力和结构性压迫。与此同时,日本地区国家中的"联网"和"划线"战略,也给中国在地缘政治中增加了困难,在地区社会崛起中增加了阻力。在经济方面,日本的地区合作政策,例如主张扩大的东亚共同体是为了对冲中国的影响力,而推动 TPP 也使中国面临应对日美主导的经贸制度霸权的压力——广义上这也被称为是对东亚合作主导权的争夺战。

在这些战略调整当中,最值得关注的还是日本配合美国战略东移作出的军事态势调整及其对中国安全的影响。以前日本的防卫力量并没有以南下、前出的态势来围堵和对抗中国。但现在不一样,它现在的构想是要夯实日美防卫合作(包括修改主要是为了在西太平洋应对中国的"防卫合作指针"),使日本的"动态防卫力量构想"和美国重返亚太的对华军事战略——"海空一体战"联成一体,以便实施"动态防卫力量合作",包括指挥、作战和情报一体化等,从而达到如下两个主要目标:①依靠日本自己的力量完成包括钓鱼岛在内的"岛屿防卫",即中小规模的战斗由自卫队应对,在战事扩大升级的情况下则要确保获得美国的支持。②使自卫队发挥类似于冷战时期在日美军事同盟下对付苏联远东海空军的作用——侦查、反潜、海上防空(外加现在的反导)、日美两军不间断的情报信息链接,在日美同盟框架下成为在战略上应对中国军事发展和活动的有机组成部分,即日美两军打造成为一个随时联动的整体来对付中国,将中国的海空军有效封锁或监控在岛链之内。

这意味着,在未来一段较长的时期,日本的对华战略将具有更多的体系较量、多边围堵、军事防范、外交牵制、经济竞争的取向,将会给处于"复杂的调整过渡期"②的中日关系带来不安和紧张因素。

---

① 『産経新聞』2012 年 7 月 28 日。
② 唐家璇在上海国际问题研究院中日关系研讨会的基调演讲——《继往开来,共创中日战略互惠关系新局面》中对今后中日关系的看法,参见外交部网站,http://www.fmprc.gov.cn/chn/gxh/tyb/zyxw/t945274.htm。

第五章
后危机时代俄罗斯的亚太战略

吴大辉[*]

一般认为,从 2009 年第三季度开始,随着美国与西方主要发达国家的经济出现好转迹象,2008 年发端于美国并迅速蔓延全球的经济危机,已经进入后危机时代,即危机逐步缓和,经济相对平稳的时代。但由于固有的危机根源并没有也不可能完全消除,使得后危机时代的世界经济与国际政治仍存在诸多不确定性和不稳定性。简言之,后危机时代是缓和与未知动荡并存的时代,是经济危机对国际政治与大国关系格局的深刻影响进一步凸显并持续发酵的时代。随着美国"重返亚太"以及俄罗斯东部开发战略的重新启动,俄罗斯亚太战略的轮廓逐渐显现,中俄在亚太地区的战略协作也面临全新的选项。

需要指出的是,尽管尚未见及俄政府层面的关于俄罗斯亚太战略的专门纲领性文件,但是俄罗斯业已出台的安全、外交与经济发展的政府纲领性文件,国家领导人和部门负责人的讲话,权威专家学者的论述以及俄罗斯政府在亚太地区不断推出的政治、经济和外交举措,仍然为我们勾勒出后危机时代俄罗斯亚太战略的基本轮廓,其中俄罗斯亚太战略的主要目标是,在亚太地区政治经济安全格局的变换过程中,凭借俄罗斯的地缘政治和地缘经济优

---

[*] 吴大辉,清华大学欧亚战略研究中心主任、教授。

势，有选择地融入亚太地区的政治经济发展进程，构建有利于俄罗斯国家安全与经济发展的和平环境。这一战略的实现路径是，以亚太方向国防能力的构建为先导，打造有利于俄罗斯的地缘安全环境；以得天独厚的能源资源优势为纽带，吸引区域内国家全面参与东部大开发；以独一无二的东部地缘优势为跳板，融入亚太地区的一体化进程。

第一节 俄罗斯亚太安全战略：美国重返亚太背景下的战略东移

长期以来，俄罗斯的安全战略重心集中在两个方向：一是西部的欧洲方向，重点防范来自北约的传统安全威胁；二是南部的高加索方向，重点防范来自国际恐怖主义势力的非传统安全威胁。随着美国的战略重心东移，这种安全布局在后危机时代出现较大变化。

一 "重返亚太"：美国的"战略转向"

进入后危机时代，实力相对衰弱的美国加快了"战略转向"的步伐。奥巴马政府的"战略转向"包括两个层面，首先是地缘战略重心由"大中东"转向亚太，亦即"战略东移"；其次是安全战略的优先任务由反恐与防扩散转向应对崛起的大国。在亚太地区主要国家中，只有中国与俄罗斯是美国的"异己"国家，又是崛起中的大国。由此，美国"战略转向"的指向性不言自明。2011年2月8日，美国发表了《国家军事战略》，这是奥巴马政府上台以来首次全面修订军事战略。与2004年版国家军事战略相比，新版战略发生战略重心变化，美军在伊拉克和阿富汗两个战场的战略比重下降，而亚太地区成为美军关注的新战略重点。同年11月10日，美国国务卿希拉里·克林顿在APEC会议上高调宣示，"21世纪是美国的亚太世纪"，"在21世纪，世界的战略与经济中心正向亚太倾斜，美国要重返亚洲，分享经济繁荣"。11月16日，奥巴马在澳大利亚演讲，指亚太乃美国"首要之务"，强调"削减国防开支不会以牺牲亚太地区为代价，美国在该地区的军事存在不会减少，军事能力也不会下降"。

自宣布战略转向以来，美国的地区军事安全政策围绕三个选项并行展开。

其一，加快对整个西太平洋地区的军事实力调整。在2012年6月第十一届香格里拉对话上，美国国防部长帕内塔表示，美国将在2020年前向亚太地区转移一批海军战舰，在亚太地区的海军部署将由目前占其全球海军力量的50%上升到60%，这将是美国重点关注亚太新战略的一部分。他同时表示，数量不是唯一的变化，美军还将在太平洋地区部署更先进的高科技潜艇与战舰，以及新的电子战与通信系统等。美国着手以日本冲绳和关岛两个基地为亚太军事部署的核心关节点，全面编织紧密的军事基地网络。

其二，美国力促美日、美韩、美澳同盟关系合拢，深化与东盟国家的关系。奥巴马政府分别在黄海、东海和南海问题上明里暗里力挺韩国、日本和东盟相关国家。在俄日岛争问题上袒护日本，在朝鲜半岛问题上，不惜动用武力的倾向日渐明显。美国强化与日本、韩国、澳大利亚和菲律宾的同盟关系，深化与越南、印度尼西亚等东盟国家战略关系的举措，在提升美国对华、对俄战略优势的同时，也使亚太地区战略态势失衡的风险进一步上升。

其三，美国加快构建亚太战区反导系统。日本成为美国构建亚太战区反导系统的核心国家，美国以反制朝鲜威胁为由将在日本部署第二个路基 X 波段预警雷达用于防御弹道导弹。美军太平洋司令部和国防部导弹防御局还一直在东南亚地区为第三部 X 波段雷达选址，计划建立一个弧形雷达网，从而能更精确地跟踪弹道导弹。一些海军官员说，海军已拟订计划，打算2018年前把具备反弹道导弹能力的军舰从现阶段的26艘增加到36艘，60%可能部署在亚太地区。韩国也部署了爱国者反导系统，中国台湾也在利用美国的帮助更新原有的爱国者–2型导弹。加拿大则与美国建立北美联合防空区。美国的亚太战区反导系统已经具备初始的作战能力。

二 "随美而动"：俄罗斯的"战略东进"

俄罗斯高层认为，美国"重返"亚太是在后危机时代美国综合国力相对衰落背景下做出的战略选择，旨在遏制中国、盯住俄罗斯、平衡亚太力量对比、履行对盟友责任、在亚太保持主导地位。这实质上是作为霸权守成国的美国对新兴崛起国中国和俄罗斯的战略封堵，美国的"战略转向"使亚太局势更加复杂和不稳定。尽管美国将中国作为首要防范对象，但也深深地触及了俄罗斯的战略利益。世界的"重心"正由西方向亚太"东移"，俄罗斯的战略重心也应向亚太"东进"。

为应对国家安全环境的变化，2010年7月，时任俄罗斯总统的梅德韦杰夫颁布命令，组建四大军区以及相应的四个联合战略战役司令部。根据俄罗斯武装力量总参谋部制订的计划，俄军现有的6个军区将被缩减到4个，并将在此基础上组建"西部""南部""中央"和"东部"四个战略战役司令部。东部军区，即"东部战略战役司令部"是俄军打造的首要军事战略方向。它由远东军区、西伯利亚军区和俄罗斯海军中实力最强的太平洋舰队组成，总部在哈巴罗夫斯克。太平洋舰队司令西坚科上将担任东部军区司令，这是现代俄军改革历史上首次由海军将领担任战略方向最高指挥员，使得该军区具有了联合战略战役司令部的色彩。东部军区下辖区域内的陆、海、空军部队，在本区域内负责组织实施一体化联合作战。俄罗斯共有10个集团军，其中4个集团军归属东部军区。东部军区作为试点单位，率先完成了指挥体制由四级向三级的过渡，即辖区内陆军由"军区－集团军－师－团"过渡到"军区－战役指挥部（集团军）－旅"；辖区内空军由"集团军－师－团－大队"四级组织指挥层次过渡为"航空战役指挥部－航空基地－航空大队"三级组织指挥结构。

自东部军区组建后，该辖区已成为俄罗斯新型主战装备列装速度最快的地域。苏联解体后俄罗斯倾全国军工之精华悉心打造的"北风之神"弹道导弹核潜艇中的第一艘"多尔戈鲁基"号已于2011年正式列装太平洋舰队，同一型号的另外7艘也将以每两年一艘的速度陆续列装。俄罗斯从法国订购的"西北风"级直升机航母也将部署到太平洋舰队。2012年6月，东部军区在远东的纳霍德卡正式列装先进的S－400"凯旋"反导系统，先期部署一个团，用于应对外部的弹道导弹威胁①。这是俄罗斯首次在莫斯科周边以外地区部署该系统。未来10年，俄罗斯空军装备更新计划首先从东部军区开始，仅2011年该军区就接装了超过100架的新型军机和直升机，这是东部地区多年以来首次大规模地更新航空装备。

与以往俄罗斯在亚太地区博弈的低调不同，后危机时代的俄罗斯更加积极地彰显成为亚太地区主要玩家的政治信心。2010年7月，俄罗斯举行了苏联解体以来远东地区最大规模的诸兵种协同演习"东方－2010"，参演兵力约2万人、出动战机70架、各类舰艇30艘以及2500件各类武器和设备。观摩演习的梅德韦杰夫总统宣布，俄罗斯未来军事部署和投入要向远东倾

---

① 俄国防部：东部军区获得一个S－400地空导弹团，2012年6月，俄罗斯新闻网，http://rusnews.cn/eguoxinwen/eluosi_anquan/20120609/43465769－print.html。

斜,"一方面,我们发展这里(亚太地区)的经济,发展我们的远东地区,要充分考虑到这里存在的问题,我们应做好准备,以保障我国在亚太地区的安全,这样的演习应展现我们解决该地区安全问题的能力"①。虽然俄罗斯方面宣称这次演习是为了检验军队军区调整的改革成果,但分析家们认为,这是对美国及其盟国同一时间在太平洋举行军事演习的战略"回击"。2010年之后,几乎每当美国及其盟国在亚太地区进行重大军演之时,俄罗斯都派出侦察机监视、干扰并搜集情报,甚至派战机挑衅性地飞跃美国航母战斗群。2010年11月,梅德韦杰夫总统高调登上与日本有领土争议的"南千岛群岛"(日本称"北方四岛"),其后俄政府高官轮番登岛。这名义上为显示俄罗斯在与日本岛争问题上毫不妥协的主权立场,实为展示其作为亚太地区的大国,在该地区大国博弈中具有不可或缺和不容忽视的重要性。

除强化东部地区的军事存在,俄罗斯还加大了与亚太地区的军事安全联系。俄罗斯与中国、印度、越南等国的联合军事演习已经机制化。俄罗斯外长拉夫罗夫认为,俄罗斯有充分的理由被认为是亚太地区军事政治稳定和持续发展的重要因素。俄罗斯政府还通过广泛参与地区内各类政治、经济和安全机制建设,充分发挥俄的独特作用,最大限度地保障本地区的安全与稳定。现在俄罗斯不仅参加APEC会议,还参加"东盟+俄罗斯"、东盟安全论坛、东亚峰会、金砖国家会议、朝鲜半岛"六方会谈"、上海合作组织等该地区几乎所有机制活动。俄罗斯还借助军品销售进入亚太安全领域,2011年亚太地区占俄罗斯出口武器份额的43%。中国、印度和越南是俄罗斯在亚太地区主要的武器采购国,马来西亚也开始购入俄罗斯战机,而印度尼西亚则在购买步兵战车等武器基础上继续扩大进口俄罗斯武器的种类和数量,美国的盟友韩国也对俄罗斯的尖端武器表现出浓厚的兴趣。

第二节　俄罗斯亚太经济战略:以东部开发促安全

历史上,俄罗斯东部开发是俄罗斯发展进程中的"老大难"问题,被

---

① Медведев высоко оценил работу моряков в ходе учений "Восток – 2010", 4 июля 2010, http://www.tvzvezda.ru/news/forces/content/dmedvedev_vysoko_otsenil_rabotu_0407.html.

称之为难以穿越的"卡夫丁"峡谷①。由于无法实现对东部地区的全面开发,使得徒有地缘经济优势的俄罗斯东部地区长期以来只能成为亚太地区政治经济进程的一个观察者,而不是重要参与者。

一 俄罗斯东部地区的地缘经济优势

俄罗斯地跨欧亚两洲,其东部地区是其领土的亚洲部分,即乌拉尔山以东地区,从俄罗斯的行政地理划分来看,它包括西伯利亚和远东两个联邦区,土地面积合计1133.07万平方公里,相当于全俄罗斯土地面积的66.36%②。俄罗斯的矿产储量潜在价值约30万亿美元,其中西伯利亚与远东地区占25万亿美元,蕴藏着全俄罗斯80%以上已探明的各种矿物资源,其中首先是燃料动力资源。据1994年统计,西伯利亚占全俄罗斯天然气探明储量(495万亿立方米)的85%、石油储量的65%,仅秋明州就储有130.8亿吨;煤储量的79.8%,为1597.18亿吨(1998年数字)。它们分别占世界总储量的38%、4%和16%。东西伯利亚和远东地区的碳氢化合物资源预计有850亿~900亿吨,包括石油200亿~220亿吨,凝析油30亿~50亿吨③。远东森林面积为3.16亿公顷,木材蓄积量为223.1亿立方米。远东和西伯利亚农业用地达6531万公顷,人均可耕地面积达到1.2公顷,另外还有1200万公顷尚未开发但适于农业的土地。此外,俄罗斯还坐拥鄂毕河、额尔齐斯河、叶尼塞河和安加拉河的水电资源,如果能够充分开发,年发电量可达4000亿度。

西伯利亚和远东还是亚太区域交通运输网络中的关键地区。东起符拉迪沃斯托克,西至莫斯科,全长9288公里的西伯利亚大铁路横穿俄罗斯全境,与欧洲铁路网相连,将大西洋和太平洋连为一体,它是世界上最长的也是第一条连接东西方的陆上运输大动脉,比经苏伊士运河的海上运输距离短1万公里,运输时间少一半以上。目前日渐老化的西伯利亚大铁路的运力远未充分发挥,每年货运量不足1000万吨,且多为俄罗斯本国的货物运输,只有1.4%的运输货物来自亚太国家。目前欧亚两个大洲之间每年的贸易额为

---

① 卡夫丁峡谷(Kafdin Valley),"耻辱之谷"的代名词。公元前321年,萨姆尼特人在古罗马的卡夫丁峡谷击败罗马军队,并迫使罗马战俘从峡谷中用长矛架起的形似城门的"牛轭"下通过,借以羞辱战败军队。后人以"卡夫丁峡谷"来比喻灾难性的历史经历,并引申为人们在谋求发展时所遇到的极大的困难和挑战。
② 俄罗斯联邦国家统计局网站,http://www.gks.ru/scripts/db_inet/dbinet.cgi。
③ Б. Г. 萨涅耶夫:《俄罗斯亚洲地区和东北亚国家间的能源合作前提条件与可能的方向》,《哈尔滨:21世纪中俄区域合作展望》(中俄区域合作与发展国际会议论文集),2001。

6000亿美元，但其中只有1%的贸易额是通过俄罗斯的交通基础设施实现。俄罗斯计划对西伯利亚大铁路进行现代化升级改造，使其运力在短期内达到2500万~3000万吨。

作为北方航道上的关键国家，俄罗斯将在未来东亚地区国际海洋运输格局中扮演重要角色。北方航道西起西欧和北欧港口，经西伯利亚以及北冰洋邻海，绕过白令海峡到达中、日、韩等国港口。由于近年来全球气候变暖，北极冰川融解加剧，北方航道越发具备在夏季通行商船的能力，2009年7月，两艘德国货船在韩国装货出发，北上穿过北方航道，并最终抵达目的地荷兰鹿特丹。北方航道一旦全面开通将极大地促进亚洲与欧洲的贸易物流。如日本的集装箱从横滨到荷兰的鹿特丹港，经非洲的好望角需要航行29天，经新加坡的马六甲海峡和苏伊士运河需要22天，但如果同样的船舶采用北极航线，则仅需15天就可以到达。独特的地理位置使得远东地区不仅成为俄罗斯面向亚太地区国家的大门，也将使该地区成为欧亚间物流的主要过境服务区。

二　东部开发：难以穿越的"卡夫丁"峡谷

19世纪末期，出于与日本争夺东亚霸权的需要，沙皇俄国开始考虑东部地区的开发与利用，并修建了世纪工程西伯利亚大铁路。十月革命前后，列宁多次谈到西伯利亚的资源及其重要性，他指出"用最新技术来开发这些天然资源，就能造成生产力空前发展的基础"[①]。从20世纪30年代开始，斯大林多次提出要利用西伯利亚的丰富资源，但在斯大林执政期间，苏联对其东部的经济开发仅停留在理论上，从未付诸实施。在斯大林之后的年代，直至苏联解体，东部地区一直被视为与中国和美国军事对抗的堡垒区，虽多次进行过开发的大讨论，但直到苏联解体也未能进行全面的开发。叶利钦执政早期，俄罗斯谋求加入西方世界，经济需求的主要指向对准的是欧洲和美国的援助，根本无暇顾及东部地区的经济发展。在叶利钦执政末期，俄罗斯的国家治理仅仅局限在莫斯科等大城市，没有精力关注距离莫斯科9000公里之外的远东地区的开发。

普京入主克里姆林宫后的前两个任期，几次推出东部开发战略设想。由普京主持制定的外交纲领性文件《俄罗斯外交政策构想》指出，外交要为

---

① 《列宁选集》（第三卷），人民出版社，1972，第510页。

经济发展服务，亚洲是俄罗斯外交战略的优先方向，其重要性在迅速上升，首次提出为了开发远东地区，将把积极参与亚太地区包括APEC、东盟等一体化机构作为面向该方向的外交政策基础①。2003年10月普京提出，"优先积极发展与欧盟和亚太地区的合作"，首次将亚太视为和欧盟同等重要的经济外交优先方向，称"俄罗斯视亚太经合组织为亚太地区一体化的火车头"，"本着理性的实用主义原则，我们一方面力求越来越广泛地参与解决APEC所面临的问题，另一方面，我们努力利用地区多边合作手段拉动西伯利亚和俄远东地区的发展"②。2005年11月，普京首次提出"俄罗斯是亚太地区不可分割的一部分"，"俄罗斯只有最积极地参与地区一体化才能够顺利发展。建设性地加入这一进程是我国的战略选择，是今后一段时间的重要任务"③。在普京的前两个任期，俄罗斯融入亚太经济合作进程以及远东开发取得了不菲成绩，尤其是全长4130公里的"东西伯利亚－太平洋沿岸"石油管道的开工建设，成为带动东部地区开发的龙头工程。但是在普京完成两个总统任期时，俄罗斯依旧未能建立起推动东部地区社会经济可持续发展的长效战略性机制。

对东部地区社会经济发展的长期忽视，导致该地区巨大的资源优势并没有变成经济增长的动力，一方面它为国家提供大量的石油天然气等战略资源，为国家获得大量硬通货，另一方面它与欧洲地区的经济社会发展水平却逐步拉大，许多重要经济社会发展指标大大低于全俄罗斯平均水平。即使在近年来该地区出现连续增长的情况下，上述状况也未能发生根本变化。俄罗斯东部地区，尤其是远东地区虚弱的现实越来越威胁到俄罗斯的国家安全。

第一，俄罗斯东部与西部地区的发展差距越来越大，经济失衡日趋严重。由于东部地区经济长期停滞，大量人口流向俄罗斯的欧洲地区，数千个村庄人去村空，远东地区越来越空旷，经济发展越来越落后。俄罗斯经济与国际关系研究所的皮卡耶夫教授认为，"远东地区的人口比莫斯科还少，仅仅700万人，10年来已经减少了100万人，而且在继续减少，那么，俄罗斯现在在远东地区的地位，可能比其他任何地区都显得软弱，更经不起打击"。

---

① Концепция внешней политики Российской Федерации. Утверждена Президентом Российской Федерации В. В. Путиным，28 июня 2000 г.。
② 普京：《俄罗斯与亚太经合组织的合作前景》，《国际先驱导报》2003年10月9日。
③ 普京：《俄罗斯－APEC：合作空间广阔》，《国际先驱导报》2005年11月17日。

第二，东部地区与周边国家快速经济发展的反差越来越大，该地区安全面临威胁。在普京的第二个总统任期，远东开发被明确提到关乎国家稳定与安全的高度①。俄罗斯很多学者担心，俄东部地区紧邻亚太经济的火车头中国和快速发展的东亚邻国，如果不能搭乘亚太经济快车，俄罗斯东部地区将最终被定型为亚太新兴国家的"能源殖民地"和"经济附庸"，甚至在强大的外在经济磁力吸引下，使该地区丧失经济独立性，并最终失去这一地区。美国学者不久前抛出的"远东和西伯利亚理应成为全人类共同财富"的论调更让俄罗斯感觉到这一地区存在的危险。

第三，东部开发的长期搁置滞缓了俄罗斯强势回归世界政治经济核心舞台的脚步。西伯利亚和远东地区这片尚待开发的广阔地域是个聚宝盆，蕴藏着许多种储量丰富且为经济发展所必需的原料——俄罗斯境内任何一个地区都远不能与之相比。这一地区是"俄罗斯21世纪生存和发展的重要战略储备"，俄罗斯重回世界重要舞台的政治经济基石。"俄罗斯作为欧亚国家在亚太地区有长期的军事、政治和经济利益，这些利益的实质在于不仅要保障俄罗斯安全，还要显示其地缘经济立场，大幅提高国家的竞争力"②。西伯利亚与远东的开发问题不仅关乎该地区的社会经济发展，关乎该地区与国家其他地区的均衡发展，更关乎俄罗斯的民族复兴。

三 金融危机与《远东和贝加尔地区2025年前发展战略》

2008年5月，梅德韦杰夫就任总统后延续并更加务实地推动俄罗斯与亚太地区的一体化进程，强调"要把东西伯利亚和远东的发展与亚太地区快速增长的经济和日益增强的一体化进程相结合，以此带动俄这一地区乃至整个国家经济的发展"③。2008年9月雷曼兄弟公司破产后，发端于美国的金融危机迅速向全球蔓延，俄罗斯经济也陷入恐慌之中。从2008年第三季度起，俄罗斯经济连续四个季度大幅下滑，GDP缩水11%，从2009年下半年起，虽然经济开始走出危机谷底，缓慢复苏，但经济增长呈现出不稳定不均衡的态势。2009年俄罗斯经济下降7.9%，成为新兴市场国家中GDP降

---

① Обзор внешней политики Российской Федерации. Министерство иностранных дел РФ. http://www.mid.ru/brp_4.nsf/sps/3647DA97748A106BC32572AB002AC4DD.
② Кортунов С. В., Национальные интересы России в АТР. Золотой Лев, №142–143, 2008.
③ Концепция внешнй политики Российской федерации. Утверждена Президентом Российской Федерации Д. А. Медведевым 12 июля 2008 г..

幅最大的国家。在此背景下，俄罗斯将东部地区的战略性开发提上议事日程。

值得关注的是，在危机压力下，2009年俄罗斯政府不得不暂时搁置面向2020年的长期经济发展战略，转而制定并实施迫在眉睫的反危机计划。即便如此，俄罗斯政府依然启动了东部地区长期开发战略，将东部地区的反危机计划与长期发展规划结合起来——2009年12月28日，俄总理普京签署第2094号俄罗斯联邦政府令，批准了俄罗斯联邦《远东和贝加尔地区2025年前经济社会发展战略》（以下简称《2025年前发展战略》）。《2025年前发展战略》从地缘政治利益视角，对远东和贝加尔地区的社会经济现状、进一步发展面临的挑战与威胁进行了详尽阐述。指出远东和贝加尔地区的发展首要战略目标，是实现巩固人口数量的地缘政治发展任务，推动相关联邦主体建立起经济发达、生存条件舒适的发展环境；强调其发展模式为"加速战略"，2011~2025年该地区要以超过俄罗斯全国GDP平均增长速度0.5个百分点的速度累积发展，实现达到俄罗斯经济社会发展平均水平的目标。

《2025年前发展战略》是俄罗斯史上最全面、最详细、最务实的地区发展规划纲要，其整个俄文版本共50余万字。首先概述了远东和贝加尔地区经济社会具有的竞争优势，面临的挑战和威胁，发展的目标和任务，发展的阶段和任务以及实施的机制和措施，就这一地区未来经济社会发展作出总体规划，详细阐述了地区各联邦主体的经济社会发展纲要以及地区经济增长优先区和发展领域，与毗邻地区和周边国家及地区的国际合作等。《2025年前发展战略》强调，远东和贝加尔地区必须加速发展，提出了"三步走"的阶段性发展规划，以每五年为一个阶段，通过累积发展最终达到这一战略提出的最高目标。具体而言，2009~2015年为第一阶段，规划扩大投资和推广节能工艺，启动新的投资项目和提高就业水平；在2016~2020年的第二阶段，实施能源和运输方面的重大项目，提高深加工产品的出口；待发展到2021~2025年的第三阶段，俄罗斯远东地区经济应融入亚太地区经济，并推进能源创新和运输创新。届时，该地区社会服务水平将能够与发达国家相媲美。

《2025年前发展战略》深入分析了俄罗斯远东和贝加尔地区12个联邦主体在能源、运输、矿物开采和加工、林业、渔业、农业、冶金、化工、机械制造、建筑业、旅游业、水利系统、环保与生态安全等领域的现状与前景，列举了该地区一系列重要发展方向和重大项目。该战略论述了俄罗斯远东和贝加尔地区与东北亚国家开展国际合作的路径，其中中国东北地区被视为最为关键的优先方向，认为中国东北地区和俄罗斯东部地区的合作有着稳固而坚实的基础。俄中在地区发展战略上已经形成广泛共识，共同利益更为明显，地区发展模式更为趋近，即加强双边跨境及涉边交通、口岸等基础设施建设，构建互联互通的双边国际通道和国际运输网络；推进一批规模大、带动作用强、彼此共同关注的地区重点项目的投资与合作；深化两国经贸、旅游、科技、环保、人文等各领域合作[①]。

2008年金融危机全面冲击着世界经济，俄罗斯对外经济合作的主要优先方向欧盟的经济也严重缩水，而东亚国家却在全球金融危机最严重时保持了平均3.5%的增长率。梅德韦杰夫盛赞APEC是亚太一体化的"强大发动机"和推动地区发展新思想的"发电机"，认为APEC在亚太地区的经济一体化进程，以及在克服国际金融危机中发挥着重要作用。同时，他强调，俄罗斯参与亚太地区一体化是一种双向互动行为，一方面，俄罗斯可从亚太地区吸取必要的商品、投资和技术、管理经验以及人才；另一方面，俄罗斯也不是空着手参与，而是向亚太伙伴提供石油、天然气、木材等原料产品和直升机等其他技术产品。俄罗斯希望这种双向互动能给俄罗斯和亚太伙伴带来共同繁荣[②]。

在国际金融危机的背景下，俄罗斯通过加强与东亚国家的金融与能源合作带动东部地区的开发。2009年2月，中俄签署协议，中方向俄方提供250亿美元的长期优惠贷款，俄方将在未来20年每年向中方供应1500万吨石油。同年3月，"东西伯利亚－太平洋沿岸"石油管道包括2694公里长的"泰舍特－斯科沃罗基诺"段管道、7个输油泵站和专用油港"科基米诺"港的一期工程完工，通过火车和油轮联运，每年向日本和韩国等亚太国家输送原油1500万吨。2010年9月27日，作为"东西伯利亚－太平洋沿岸"石油管道支线、全长约1000公里的中俄原油管道工程竣工。2011年1月1日，中俄原油管道正式投入运行，俄罗斯的原油开始进入中方境内位于漠河县兴安镇的首站储油罐内，标志着中国东北方向的原油进口战略要道正式贯通。这条管道使得俄罗斯与沙特阿拉伯和安哥拉一道，成为中国的三大原油

---

① Стратегия социально－экономического развития Дальнего Востока и Байкальского региона на период до 2025 года.
② Медведев Д., АТЭС: на пути к стабильному, безопасному и процветающему сообществу, 13 ноября 2009 г., http：//www. kremlin. ru.

供应国。为了形成上下游产业链条，双方将在天津合资建立中俄东方石化炼油厂。目前俄罗斯的能源出口方向主要集中在欧洲，对亚太地区的出口量暂时还较小。但对于俄罗斯而言，通过一条管道盘活一片地区，这将是进入有前景的亚太市场的一个重要入口。俄罗斯能源出口在发展中的中国市场具有广阔前景。俄罗斯还大力推进远东天然气管道建设，并就修建通向中国、韩国和日本管线事宜与各方展开谈判。作为世界能源大国，俄罗斯努力推动亚太地区能源合作新机制的建立，以确保俄罗斯在这一区域能源市场的主导地位。

四 APEC 符拉迪沃斯托克峰会：俄罗斯东部开发的历史"切入口"

2007 年俄罗斯获得 2012 年 APEC 峰会的承办权。俄罗斯将承办峰会视为东部地区，尤其是远东地区战略开发和全面融入亚太经济合作进程的历史性机遇。根据俄审计署的数据，2008～2012 年，俄方为筹备 APEC 峰会投入的资金总额为 6793 亿卢布，约合 200 多亿美元，与最初的预算数额相比增加了 3.6 倍。拨款资金的主要来源为联邦预算与预算外收入，两者所占比例分别为 32.3% 与 62.6%。如此大手笔投入的主要原因在于，俄方希望以此次峰会为契机，将符拉迪沃斯托克打造成"亚太地区政治和经济中心"。俄罗斯外交与国防政策委员会甚至建议设立"太平洋首都"，并首选符拉迪沃斯托克，将俄所有社会经济机构迁往新都。只在莫斯科留下强力部门，所有首脑会见及同亚太国家的国际会议也放在新都举行[1]。以此方式使远东成为俄未来最重要的政策方向，使俄罗斯成为真正的"欧洲－太平洋国家"[2]。符拉迪沃斯托克 APEC 峰会前夕，普京在《华尔街日报》发文称，亚太正成为世界力量重新分配中心，俄远东不再只是大后方，"俄无论从历史还是地缘角度看都是亚太地区不可分割的一部分，完全融入亚太是俄罗斯未来的成功，以及开发西伯利亚和远东地区的最重要保证"[3]。

2012 年 5 月 21 日，俄罗斯成立"俄罗斯远东发展部"，并将办公地点设在东部地区的哈巴罗夫斯克市。这标志着俄罗斯针对远东地区的发展战略正式提升至制度化管理范畴。未来的远东开发仍将以政府为主导，以大项目推进为主要实施方式。作为制度层面的创新，组建远东发展部是从政府管理

---

[1] К великому океану, или новая глобализация России, http://valdaiclub.com/event/46160.html.
[2] Никонов, В., Тихоокеанская стратегия России. Стратегия России, №8, 2010.
[3] V. Putin, An Asia-Pacific Growth Agenda, *The Wall Street Journal*, September 6, 2012.

角度恢复苏联时期的集中控制，以克服各部门分而治之的弊端。俄罗斯政府已经制定了由总统负责的国家计划，面向东部地区投入 5700 亿美元，足见俄罗斯对东西伯利亚和远东地区的重视程度大为提升①。长期以来，多数俄罗斯民众欧洲观念顽固，认为俄罗斯不过是拥有广袤亚洲土地的欧洲国家。连哈巴罗夫斯克人也张口闭口"我们欧洲人"。围绕 APEC 符拉迪沃斯托克峰会进行的宣传以及峰会的成功举办使得俄罗斯民众开始关注亚太地区的政治经济一体化进程。

第三节　俄罗斯亚太战略实施面临的问题

1. 普京继续执政是俄罗斯亚太战略实施的关键

近年来，俄罗斯亚太战略的推进，特别是东部开发计划的实施与普京的个人因素有密切关系。在 2012 年 3 月 4 日进行的总统选举投票中，普京以 63.6% 的得票率、4560.2075 万张选票的支持，当选为新一届俄罗斯联邦总统②。虽然普京的得票率大大超过统一俄罗斯党（政权党）在国家杜马选举中取得的成绩——普京担任主席的统一俄罗斯党在 2011 年 12 月议会下院选举中获得 49.3% 的支持率③，但这仍是近三届俄罗斯总统大选中民意支持率最低的选举。

比照近几次大选以及此次选举后的民众政治心态，不难发现，普京正在遭遇执掌俄罗斯以来从未遇到的民众信任危机。西方的观察家认为，中产阶级的抗议显示，"在沉寂了 12 年之后，政治生活已经觉醒。就在几个月前，人们还觉得普京重新当选总统后可能会再干两个任期。然而，民调显示，这很有可能将是普京的最后一个 6 年总统任期。普京时代开始走向终结"④。最为关键的是，一旦俄罗斯威权主义政治体制的核心——民众认可的权威领

---

① 曲文轶：《俄罗斯力推"东方新战略"及中国的应对》，《中国社会科学报》2012 年 9 月 12 日。

② Постановление Центральной избирательной комиссии Российской Федерации от 7 марта 2012 г. No. 112/893 – 6 г. Москва О результатах выборов Президента Российской Федерации. Российская газета – Федеральный выпуск. № 5724 от 8 марта 2012 г..

③ 对于作为政权党的统一俄罗斯党而言，2011 年的杜马选举是一次失败的选举，它比上一届选举整整低了 10 个百分点（2007 年的得票率为 64.3%），在 3 个地区所获得的选票甚至不足 40%。

④ The reawakening of Russian politics, *Financial Times*, March 6th 2012.

袖，失去社会大多数人的信任，并难以再产生领袖群伦的新人，那么这个体制的运行可能将陷入捉襟见肘，甚至是轰然崩塌的境地。肇始于2011年12月杜马选举后的大规模街头政治是普京威权主义政治的危机征候。无论是在总统任上，还是在总理任上，普京都是俄罗斯发展的绝对主导者，没有普京的强势助推，很难想象俄罗斯亚太战略能够有效地推进下去。

2. 俄罗斯亚太战略的实施面临财政严重不足的问题

俄罗斯亚太安全战略的实施，特别是东部军区换装计划的实施，严重依赖于国防预算拨款。2011年俄罗斯制定了2020年之前的国防装备计划，每年会用将近700亿美元加强国防建设，完成武器列装。普京在《俄罗斯报》发表有关军队和国防工业系统的纲领性文章，指出俄罗斯在未来几年最重要的任务："打造能够保障俄罗斯主权，保障俄罗斯获得伙伴尊重，以及持久和平的军队与国防工业综合体"[①]。在2012年3月总统竞选过程中，普京又提出进一步强化社会保障能力，社会保障能力的建设跟强化国防建设的花销几乎相等，但俄罗斯尚不具备两手同时抓的财力保障。前不久，空军总司令亚历山大·泽林上将被解职表明，俄罗斯高层内部在国防建设发展方向，尤其在是否投入大量财力升级主战装备问题上，仍存在着意见分歧[②]。

历史上俄罗斯东部地区开发逡巡不前的重要原因就是缺乏充足持续的财政支持。国际金融危机使俄罗斯东部地区的开发资金更显不足。后危机时代普京政府的东部开发计划面临的首要挑战依旧是建设资金的保障问题。据估计，2020年前，东西伯利亚及远东地区的石油开发项目资金缺口为430亿～490亿美元；天然气管道建设项目需要330亿～340亿美元；开发远东地区的铁矿床和发展钢铁工业资金缺口为30亿～130亿美元；升级老化的西伯利亚大铁路和贝阿铁路需要350亿美元。没有资金支持的东部发展战略很可能重复历史上开发失败的老路。

3. 以能源经济为核心的东部开发对国际市场依赖过大

能源经济是东部开发的牵引龙头，在某种意义上东部开发就是能源和原材料的开发。作为俄罗斯经济支柱产业的油气工业，在过去几年国际石油价格持续飙升的形势下，为俄罗斯重振经济创造了难得的历史机遇，同时也对结构调

[①] Владимир Путин, Быть сильными: гарантии национальной безопасности для России. Российская газета - Столичный выпуск. №5708 (35) от 21 февраля 2012 г..

[②] Александр Садчиков, Армия на кадровых маневрах. Московские новости, 28 апреля 2012 г..

整起到阻碍作用。国际金融危机爆发后，国际油价大幅下降，导致俄罗斯国内生产总值大幅跌落，财政收入明显减少，出现巨额预算赤字。另外，过去几年"石油美元"的大量流入导致卢布持续升值，工业制成品进口增加，出口受到抑制。更为重要的是，油气行业的超常发展和高额利润，对资金、技术和劳动力产生了"虹吸效应"，自然资源开采行业投资占固定资产总投资的1/3左右[①]。

在俄罗斯东部地区，由于大量的优良资本和劳动力涌向油气工业部门，制造业部门只能以被迫提高工资的方式防止劳动力流失。这为制造业的发展增加了额外成本，对制造业的资本形成和技术革新产生压抑作用，导致结构调整难以取得积极进展，并决定了俄罗斯东部经济的脆弱性和高风险。2012年初，国际油价保持高位，但受欧洲债务危机影响，油价并不稳定。依照俄罗斯前财长库德林的判断，如果西班牙的债务危机全面爆发，油价半年内可能会跌至60美元[②]。

普京认为，未来的国际市场上，原材料和传统服务的份额将会缩减，而高新技术产品将成为市场主流。因此俄罗斯应成为技术强国，并明确优先发展方向，即制药业、化工、复合材料、航空航天、信息通信技术、纳米技术和核工业。在制定私有化政策方面，政府考虑于2016年前降低国家在部分原料行业企业的持股比例，并退出大型非能源企业（非自然垄断行业和国防工业企业）。同时减少银行和国有大型企业（如天然气工业公司）对其他行业企业的参股，如参与媒体控股等，并限制国有公司在俄罗斯收购新资产[③]。

4. 劳动力资源匮乏严重影响东部发展

俄罗斯目前正经历着第二次世界大战结束以来最严重的人口危机——人口总量急剧缩减。早在20世纪70年代，俄罗斯的人口发展就进入低速增长期，到90年代初人口增长彻底停止，随后步入历史性的下降期。1994年俄罗斯出现第二次世界大战结束后的首次人口下降，此后全国人口始终处于负增长状态，这种状况至今已经持续十多个年头。1993年全俄常住人口总数为1.486亿，之后人口逐年下降，到2009年1月1日已经减少到1.419亿，累计减少了670万，下降幅度达到4.5%。根据俄罗斯联邦国家统计局历年

---

① 李凤林：《梅普组合与俄罗斯的未来发展》，载王缉思《中国国际战略评论》，世界知识出版社，2010。
② 库德林：《油价半年内或因西班牙债务危机跌至60美元》，俄罗斯新闻网，http：//rusnews. cn/guojiyaowen/guoji_ caijing/20120623/43479240 - print. html。
③ В. В. Путин, О наших экономических задачах. Ведомост, 30 января 2012 г. .

公布的数据计算，1994～2008年，全俄共接收了来自不同国家和地区的外来移民将近600万，如果不将这些外来移民计算在内的话，那么俄罗斯人口实际减少的数字就不是670万，而是1200万，下降幅度超过8%，平均每年减少人口80万[1]。东部的西伯利亚和远东两大联邦区是俄罗斯国土中最为辽阔的部分，同时历来也是俄罗斯人口分布最为稀少的部分，两个联邦区土地面积合计1133.07万平方公里，相当于全俄土地面积的66.36%，但人口只有2553.35万，大约只占全国总人口的17%[2]。自20世纪90年代中叶爆发人口危机以来，这一地区人口直线下降，下降幅度远远大于全国平均下降水平，是全俄人口下降最猛烈的地区，因而也成为人口危机最严重的地区（见表5-1、表5-2）。

表5-1 西伯利亚联邦区人口数量变动情况（1992.1.1～2011.1.1）

单位：人

行政区域	1992年	2011年	增长(±、%)
西伯利亚联邦区	21148857	19249798	-8.98
阿尔泰共和国	196962	206557	+4.87
布里亚特共和国	1052030	972175	-7.59
图瓦共和国	303300	308160	+1.60
哈卡斯共和国	573998	532202	-7.28
阿尔泰边疆区	2664886	2416982	-9.30
后贝加尔斯克边疆区	1307810	1105659	-15.46
克拉斯诺亚尔斯克边疆区	3164219	2829125	-10.59
伊尔库茨克州	2793856	2427900	-13.10
克麦罗沃州	3098685	2761601	-10.88
新西伯利亚州	2749253	2666407	-3.01
鄂木斯克州	2165262	1976345	-8.72
托木斯克州	1078596	1046685	-2.96

资料来源：Об оценке численности постоянного населения на 1 января 2010г., на 1 января 2011г. и в среднем за 2010 год, http://www.gks.ru/scripts/db_inet/dbinet.cgi。

---

[1] 1992～1996年数据依据〔俄〕《2001年俄罗斯统计年鉴》，第128页；1997～2003年数据依据〔俄〕《2004年俄罗斯统计年鉴》，第124页；2004年数据依据〔俄〕《2005年俄罗斯统计年鉴》，第129页；2005～2009年数据依据俄罗斯联邦国家统计局网站，http://www.gks.ru/free_doc/2009/b06_11/05-09.htm。

[2] 俄罗斯联邦国家统计局网站，http://www.gks.ru/scripts/db_inet/dbinet.cgi。

表 5-2　远东联邦区人口数量变动情况（1991.1.1～2011.1.1）

单位：人，%

行政区域	1991 年	2011 年	增长
远东联邦区	8063568	6283711	-22.07
萨哈（雅库特）共和国	1118983	958021	-14.38
堪察加边疆区	478541	321344	-32.85
滨海边疆区	2309701	1953474	-15.42
哈巴罗夫斯克边疆区	1624704	1343289	-17.32
阿穆尔州	1054267	827761	-21.48
马加丹州	384525	156494	-59.30
萨哈林州	715333	496665	-30.57
犹太自治州	219458	176313	-19.66
楚克奇自治区	158056	50350	-68.14

资料来源：1991 年数据来自俄罗斯联邦国家统计局网站，http://www.gks.ru/scripts/db_inet/dbinet.cgi；2011 年数据来自 Об оценке численности постоянного населения на 1 января 2010г., на 1 января 2011г. и в среднем за 2010 год, http://www.gks.ru。

人口总量的下降导致俄罗斯劳动力短缺。根据俄罗斯联邦劳动和社会发展部的资料，近年来俄罗斯劳动力缺口始终高达 1000 万，特别是远东和西伯利亚地区钻井工、伐木工、矿工的现有数量仅仅是需要数量的一半，一些从事石油天然气开采、木材加工、煤矿和金矿挖掘的企业常常因劳动力不足而无法扩大生产规模。东部地区当地民众向西部地区的迁徙进一步加剧了劳力短缺。由于西伯利亚和远东地区工作生活环境较差，劳动力人口成批地向自然条件、经济条件和社会人文条件较好的西部迁移，结果使西部的就业压力进一步加大，而东部的劳动力更加短缺。一方面西部地区失业率居高不下，另一方面东部地区大量的工作岗位无人问津。为了弥补一些地区和行业严重缺乏的劳动力，政府不得不大量引进外来劳工。

第四节　后危机时代中俄在亚太地区的战略协作

1. 中俄应携手应对美国战略东移带来的安全威胁

美国战略东移步伐的加快直接威胁了中俄两国在这一地区的核心的战略利益。中俄两国必须及早做出战略性谋划，并应该坚持以下两个原则：第一，中国与俄罗斯主张互信、互利、平等、协作的新安全观，两国都奉行防御性的国防政策，我们在亚太地区的战略协作不以挑战美国和将美国赶出亚太地区为目标，而是以预防性外交为主，防止本地区出现突发性的军事冲突。第二，中国与俄罗斯的军事能力和战略意图相当透明，除非中国和俄罗斯的核心利益遭到重大侵害，中俄两军在可预见的将来都不可能与美国及其主导的地区同盟发生直接的军事冲突。中俄加强战略协作，不但不会引发本地区军备竞赛，陷入安全困境的窘地，反而能制衡美国及其军事盟友的军事冒险行为，最终为维护本地区的和平、稳定与繁荣发挥积极作用。

2. 中俄协调在应对TPP问题上的立场

俄罗斯已经注意到，美国除通过政治、军事、外交等手段重返亚太地区外，还希望借助于区域经济联盟，来降低中国与俄罗斯在亚洲地区经济一体化进程中的影响力。美国正试图以跨太平洋伙伴关系协议（Trans-Pacific Partnership Agreement，TPP）重塑亚太地区经济秩序，极力挤占亚太地区大市场。如果加上刚刚宣布加入谈判的日本，TPP成员国GDP总量将达到22.3万亿美元，占世界35.5%，成为世界最大自贸区和亚太地区的WTO。细读TPP的入门条款，不难看出这个协议有排斥中国与俄罗斯之意：协议要求环保产品的关税降低、GDP能耗要降低、国有企业在买卖商品和服务时必须以商业方式进行运作等。这些要求都是中国与俄罗斯在相当长的时期内无法做到的。对于这个指向性明显的区域一体化机制，中国与俄罗斯只有联起手来才能抵御其在未来亚太地区一体化进程中的消极影响。

3. 中俄防止美韩采取刺激朝鲜的政策

近年来，以"天安舰"事件为标志，朝鲜半岛局势的变数凸显。尽管中俄两国不相信朝鲜国内会发生什么突变，也不会干预朝鲜的国内问题，但对于韩国、美国、日本以各种异常事件为借口向朝鲜全面施压、破坏半岛和平局面应有足够的准备。为此，中俄两国应对可能出现的变局进行必要的磋商，并就此问题发出共同的声音，不允许朝鲜半岛的和平局面遭到破坏。目前的当务之急是重启六方会谈。中俄双方应在六方会谈重新启动之前，充分加强与各方的沟通，尤其在同朝方沟通时，中俄两国要尽可能保持相同的态度与立场，并由中俄协商提出容易被各方接受的方案，掌握未来六方会谈的主导权。避免美韩实施刺激朝鲜的政策是下一阶段中俄两国在朝核问题上战略协作的核心内容。

4. 中俄应联手应对美国正在打造的亚太反导体系

美国在亚太地区打造的反导体系并非专门用于对付所谓的朝鲜导弹威

胁，实质上也削弱了中俄两国核武库的战略威慑力。如果中俄两国不及早做出战略应对，随着美国亚太战区导弹系统部署的全面完成，将严重弱化中俄两国的战略影响力，甚至动摇已有的国际战略平衡。美国在亚太地区的反导体系已经成型。美国在亚太地区部署战略预警系统的探测距离已达中国和俄罗斯的腹地，对中俄两国的国家安全构成潜在威胁。中俄两国多次就美国部署反导系统表达双方共同的关切。例如，在2008年两国的联合声明中就曾提出，"建立全球导弹防御系统，包括在世界一些地区部署该系统或开展相关合作，不利于维护战略平衡与稳定"。但是以往的这种关切更多地集中在声援俄罗斯反对美国部署东欧反导系统上。长期以来，俄罗斯只关注美国在欧洲地区的反导计划，甚至声称不惜与美国进行军备竞赛[①]。现在两国应加强对美国亚太反导系统建设的关注。

5. 加强中俄两国在东盟地区论坛框架内的合作

东盟地区论坛作为冷战后亚太地区多边安全合作机制，有利于维护地区和平、稳定以及新型国际关系的缔造。但是，由于亚太地区的特殊性和论坛本身的缺陷，论坛的进程对各国目前现有的安全政策和安排不会有太大的影响和改变，而主要是作为一种补充。中俄两国应加强双方在论坛框架内的合作，旗帜鲜明地提出自己的立场和观点：①支持东盟地区论坛所倡导的亚太地区多边安全对话，但论坛发展必须采取循序渐进的原则，不可急于求成；②亚太地区安全合作目前的最大任务仍然是增进了解，建立信任；③积极探索预防性外交的领域和可行途径，但不可以安全合作为借口干涉别国的内政；④利用论坛，推进多极化和新型国家关系的建立与论坛框架内的反恐合作。

6. 择机建立中俄美三国关于亚太安全的对话机制

目前中美之间、俄美之间以及中俄之间都有战略对话机制，但是三方之间的战略对话机制至今尚未建立。中国应在努力加强与俄罗斯和美国双边战略对话与信任措施的同时，适时推动建立中美俄三边战略对话机制。为三国讨论共同关心的地区安全、全球热点等重大问题提供最直接的对话平台。这将有助于减少大国间的误解，有助于增强三国对共同安全利益的认识。如果时机成熟，今后可以考虑在三边框架下建立三国外交部长和国防部长会晤机制。可借鉴欧安组织的做法，成立中美俄三国预防冲突中心。每一方都有义

---

① Пьер Сидибе, Медведеву показали, как уничтожить мир Известия, 21 февраля 2012 г..

务通报和澄清其所卷入的各类军事安全突发性事件,减少彼此间的安全误会。受影响的国家有权要求当事国和平解决冲突并做好善后处理。

7. 谨防美国在中俄之间打楔子

伴随美国战略东移,美国的一些政治精英试图在中俄战略协作伙伴关系中打入楔子。中国应加强与俄罗斯在亚太地区问题上的协调与沟通,消除俄罗斯对中国崛起的战略疑虑。布热津斯基最近直言,"俄罗斯应当成为欧洲大西洋体系的一员,这种体系意味着民主伙伴间的合作","从文化和历史意义上说,俄罗斯的确是西方社会。尽管这并不意味着它就是民主社会",倘若俄罗斯决心专注于对华关系,把它作为自己全球影响力的主要来源,即借助与北京的特殊关系发挥作用,那么我想,多数俄罗斯人应当清楚:在这种关系下,俄罗斯势必沦为发展更迅猛、现代化步伐更快的中国的小伙伴"[①]。许多俄罗斯精英也认为,美国在向亚太地区实施战略转移,并非针对俄罗斯,而是针对中国。因此俄罗斯不应与中国联手抵制美国的亚太政策,甚至有人提出"助美制华"。值得关注的是,在中俄天然气管道铺设问题久拖不决的时候,俄美能源合作悄然获得突破。2012年4月,俄罗斯石油公司继2011年8月与埃克森-美孚签署战略合作协议之后,双方签署了战略合作的具体协议,包括建立合资公司开发喀拉海和黑海油气田,双方还商定将加强在美国和第三国境内的油气开采合作;6月,双方签署共同开发俄西伯利亚地区石油和建立北极大陆架油气开发科研中心的协议。俄美两国石油巨擘正在联手打造万亿美元级的合作项目。依笔者判断,随着未来俄罗斯与美国在反导问题上的讨价还价可能获得突破,以及美国可能取消阻碍两国经贸发展的"杰克逊-瓦尼克"修正案,俄美关系的发展可能会取得重大突破。

从长远来看,俄美关系或将好于中美。但是中俄战略协作伙伴关系的发展始终遵循着"双动力"驱动的逻辑:一方面是内在动力,即作为两个相邻的大国,必须交好,不能交恶,邻居不能选择,两国经济又互补互需,因此两国战略合作是必然选择;另一方面是外在动力,中俄两国崛起都面临外部势力的挤压,无论是从意识形态的角度,还是从国家利益的角度,某些西方国家都将中俄崛起视为是对西方世界的挑战,打压中俄两国的战略企图不

[①] Александр Гасюк. Понять последствия: Збигнев Бжезинский рассказал "РГ" о своем стратегическом предвидении отношений России и Запада. Российская газета – Столичный выпуск. №5741(68)от 29 марта 2012 г..

会根本消失。中俄两国只有相互借重（这并不意味着两国结成战略同盟），才能降低各自崛起的成本。未来的中俄关系将向内在动力推动型倾斜。重新回归的普京已将东部地区的开发作为振兴经济的先导。俄罗斯远东开发战略的全面实施，将为中俄两国区域经济合作提供新的发展机遇。普京提出创新经济和"再工业化"的目标，有利于两国各自发挥比较优势——俄罗斯的科技潜力和中国的制造业优势，在新普京时代，中俄两国的战略协作伙伴关系将越来越具有现代化合作伙伴的特征。

第六章

印度的亚太战略

杨晓萍　吴兆礼[*]

长期以来，印度外交深受尼赫鲁思想影响，"独立、不结盟"等民族主义元素与"维持第三世界团结"等国际主义思想矛盾性地混杂在一起，从而使印度外交政策"既具有浓厚的理想主义和和平主义色彩，但本质上又是现实主义的"。苏联解体后，面对重大的国际体系力量结构的变化，印度历代领导人面临的最大挑战便是如何重新诠释尼赫鲁主义。因为"这些领导人们不能全盘否定，也不能全盘肯定尼赫鲁。全盘否定将带来巨大的政治动荡，而全盘肯定则明显与事实不符"。

在这种不断地定位中，印度对亚太国家的外交政策也经历着变革和调整。尽管与印度的大国战略相比，印度的亚太战略相对模糊，至今尚未出台一项明确的亚太战略报告，但不可否认，印度的亚太战略有其自身演变的规律和特点。本章从印度对亚太国家的政策入手，结合印度国内和国际两大背景，分析这些政策试图实现的目标，为实现目标而投入的资源和采用的手段，从而从宽泛的意义上对印度的亚太战略进行分析和构建。这种分析有助于我们更好地了解印度亚太政策的动力、方向和内涵以及对地区和中国外部环境的影响。

第一节　印度亚太战略的形成和演变

冷战时期，印度的亚太战略主要取决于对影响印度国家安全因素的判断

---

[*] 杨晓萍、吴兆礼，中国社会科学院亚太与全球战略研究院助理研究员。

与认知。在南亚地区,印度的首要威胁来源于巴基斯坦;在亚洲地区,印度的不安全因素主要是中国、中国与巴基斯坦的接近,以及美国-中国-巴基斯坦"轴心"的形成。因此,冷战时期印度的亚太战略以奉行不结盟政策为起点,最终演化为印度结盟苏联对抗"美中巴轴心"。

冷战后,印度不仅失去了传统盟友的支持,而且与唯一超级大国美国的关系也处于尴尬的境地。"传统盟友的丧失"和"新型伙伴的缺失",使印度倍感失落。冷战结束消除了印美关系中的结构性矛盾,也为印度突破大国地位诉求实践的制约提供了历史性机遇。面对深刻转型中的国际格局,印度对外政策进行了全方位的调整。印度为了突破大国诉求实践的种种限制,一方面对内实行经济改革,奠定大国地位的基础,另一方面积极调整对外政策,展开了面向东南亚、主导南亚、面向全球的全方位外交。1991 年,印度提出了融入东南亚经济发展轨迹的"东向政策";1993 年,印度恢复了与俄罗斯"特殊"的安全关系;1994 年,拉奥总理访美,在外交上打破了印度总理先出访莫斯科、再访问华盛顿的惯例,显示印度有意加强与美国的联系;1996 年,印度开始变得自信,在南亚地区层面上贯彻"古杰拉尔主义",实行亲善外交;2000 年,印度与美国关系出现印核试射后的回暖,双边谋求建立一种"新型伙伴关系";进入 21 世纪后,印度与美国不断构建具有天然盟友色彩的"全球伙伴关系"模式;同时在亚洲,印度与美国的盟国及其友好国家关系也大幅提升,这既包括日本、澳大利亚这些地区强国,也包括韩国、越南、新加坡、印度尼西亚等中等国家。在这种外交的大调整下,印度的亚太战略初见雏形。

一 实施"东向"战略:重新定义亚洲

冷战时期,受美苏争霸的影响,多数"老"东盟国家(印度尼西亚、泰国、菲律宾、马来西亚、新加坡)与印度关系冷淡。至 20 世纪 90 年代,伴随亚洲"四小龙""四小虎"而快速发展起来的东南亚国家,仍将印度视为一个"贫穷落后、与苏联交好"的国家,印度与东南亚关系并不密切。

冷战后,为了突破国内经济与外交的双重困境,印度开始探寻新的与亚太国家发展关系的外交思维,出台了东向政策,积极发展与东南亚的政治、经济和战略关系。1991 年,拉奥政府在《外交政策决议》中指出,"一直以来,印度主要面向西方,加强与西方国家在政治、经济、商业和文化上的联系,现在是转向注重东方,发展同东南亚国家间的投资贸易关系、政治对话和文化联系的时候了"。1994年，拉奥总理在访问新加坡时提出了"东向政策"，强调历史上印度与东南亚国家浓厚的文化联系，指出在当今，"重新与东面邻居恢复这种经济和安全关系并非新鲜的事情"。《1995~1996印度外交部的年度报告》中，印度首次提到了"东向战略"，这成为印度"东向"战略的起点，也是印度东向政策"以东盟（ASEAN）为核心"的第一阶段。

1997年亚洲金融危机后，印度的"东向政策"暂时受挫。1998年，为获得"国际威望"和实现世界大国地位，印度进行了核试射，并随后宣布印度成为核武器国家。虽然中国、巴基斯坦还有核扩散的加剧以及对核大国全面核裁军失去信心都成为印度进行核试射的借口，但同时印度认为，"如果印度因为缺乏经济影响而不能获得西方尊重的话，他可能会通过展示核武器获得这样的尊重"。

印度的核试射遭到了美国、日本和澳大利亚等西方国家的谴责和制裁，加之印度与东盟国家贸易关系受亚洲金融危机影响而有所停滞，瓦杰帕伊执政下的印度开始探寻以新的方式来链接东方，并不断更新对东方的认识。其中最重要的就是开启了次区域合作的路径，如《孟加拉湾技术和经济合作倡议》（BIMSTEC）、环印度洋地区合作联盟（IOR-ARC）以及《湄公河-恒河合作组织》（MGC）。这种次区域的合作为重新链接与东盟的机制化合作创造了条件。

进入21世纪，印度东向战略获得极大进展，合作范围已涵盖从东南亚到日本、韩国、澳大利亚等国的广大地区，合作重点也从经济转向海运安全、反恐和军事合作。这往往被称为印度"东向"的第二阶段，也被认为印度的战略意图已进入东进的实施阶段。在该阶段，印度与东盟的贸易额有了显著的提升。印度对东盟的出口从2000年的29亿美元上升到2009年的191亿美元，印度对东盟的进口从2000年的41亿美元上升到2009年的262亿美元。同样，在投资上，除新加坡继续保持大量的对印直接投资外，日本、韩国对印度的FDI也呈明显上升趋势。

二 激活印俄传统：从特殊关系到新型战略伙伴

印俄友谊源远流长，无论是冷战时期的印苏特殊关系，还是目前的新兴战略伙伴，俄罗斯在印度的外交格局中始终占有重要位置。苏联解体后，俄罗斯奉行"向西看"政策，印度也提出"向东看"和加强与美欧合作的政策调整，两国关系有所冷却。但 1993 年叶利钦访印，两国签署《印俄友好合作条约》，基本上以 1971 年的《印苏和平友好合作条约》为基础，并签署《防务合作协定》等 9 项协定，标志着两国外交政策在经过短暂摇摆后重新步入正轨，印俄关系进入顺利发展阶段。1997 年，印度总理高达访俄，提出考虑建立战略伙伴关系，俄罗斯在巴基斯坦、克什米尔等问题上重申对印度的支持。

2000 年 10 月，俄罗斯总统普京访印，双方发表《印俄战略伙伴关系宣言》，俄罗斯明确表示支持印度的"入常"愿望，双方还签署了国防、反恐、科技等多项协定，并确立了首脑年度峰会机制，将双边关系提升至新的高度。迄今，两国已举行了十二届年度首脑峰会，对巩固和促进双边合作大有裨益。印俄领导人都非常重视彼此关系，辛格总理 2009 年赴俄参加年度峰会时称之为"最重要的双边关系"。2010 年，俄罗斯领导人普京和梅德韦杰夫先后访印，赋予两国"特殊而尊荣（special and privileged）的战略伙伴关系"以新的活力。2011 年 12 月，印度总理辛格赴俄参加第十二届年度峰会，双方发表联合声明，强调在阿富汗、伊核、中东北非、印度洋等国际和地区事务的协调。正如印度外交部阐述的，"印俄关系久经考验，对俄外交是印度外交政策的优先任务"。

两国深化战略伙伴关系具有坚实的基础。一是双方没有重大战略利益冲突，在国际和地区的重大问题上立场一致。两国没有领土争端，在地缘政治和安全领域有共同利益，在 G20、金砖国家峰会、上合峰会等平台互动良好。辛格指出，"当今世界充满不确定性，印俄战略伙伴关系对塑造平衡与包容的世界秩序大有裨益"。二是强劲的国防合作。目前，两国国防合作已由简单的买卖关系发展到包括联合研发，如两国联合研发第五代战机和多功能运输机。以 2011 年为例，印度空军司令、国防秘书、海军司令和国防部长等先后访问俄罗斯，2011 年 10 月，印度国防部长安东尼访问俄罗斯，参加双边政府间军事技术合作委员会（IRICC-MTC）第十一次会议，这也是两国国防合作最主要的机制。三是俄罗斯在印度关切的议题上给予"全力支持"。俄罗斯多次强调支持印度在国际舞台上扮演更重要角色，支持印度早日成为联合国常任理事国和上合组织正式成员国。2011 年 11 月 30 日，上合组织事务特别代表巴尔斯基称，"俄罗斯支持印度和巴基斯坦作为全权成员国加入上海合作组织的意愿，认为印巴两国的成员国资格将巩固上海合作组织的立场，并将促进地区局势稳定"。俄罗斯还一直支持印度发展核能，对印度 1998 年的核试验也私下表示理解。2010年3月，两国签署《加强和平利用核能合作的政府间协定》，出台了加强核领域长期合作的"路线图"。当然，印俄关系也并非一帆风顺，两国曾就军火采购费用发生分歧（如俄方多次上调戈尔什科夫元帅号航母的改装价格），且两国的经贸关系也处于较低水平。

综上所述，印俄战略伙伴关系是双方基于历史和现实长远利益的战略选择，虽然双边关系已不可能回到冷战时期的印苏关系，但整体上将保持平稳发展态势。

三 "转向"美国：重塑与美的战略信任

冷战期间，美印两国尽管有相互接触的努力，但由于双方战略目标定位的不同以及对外政策取向的差异，导致彼此误解，双边关系一直处于相互疏远的状态。价值观上的共性及接近的努力并没有带来疏远状态的明显改变，但由此产生的疏远也没有造成直接冲突与对抗。

冷战后，全球与地区环境的变化为印美双边关系的发展提供了历史机遇。印度看到了发展与美国关系的契机，认识到了印美关系对于印度提升地区和国际影响力的重要性，印美关系也迅速改善。1994年拉奥总理打破印度外交惯例，将出访华盛顿摆在出访莫斯科之前，显示出印度强烈地加强与美国关系的愿望。这也得到了美国方面的正面肯定，1996年克林顿连任总统后，"认为印度是个正在崛起的大国，很可能在21世纪与中国并肩取得经济大国的地位"[①]。不过，1998年印度瞒过美国成功进行核试验，美国大为不满，采取严厉的制裁措施，印美关系跌入低谷，直至克林顿总统2000年的南亚之旅。

2000年后至今，印美关系经历了从"一种新的伙伴关系"到"战略伙伴关系"，再到"全球伙伴关系"的三个发展阶段，实现了"三级跳"式的跨越发展。2000年3月，美国总统克林顿访印，印美两国发表了《印美关系：21世纪展望》的联合声明，同意建立一种"持久的、政治上有建设性、经济上有效益的"新型伙伴关系，这往往被视为美印关系在印度核试射后的解冻时期。

第二阶段从2001年到2005年，中印两国致力于建立"战略伙伴关系"。2004年1月，布什总统与瓦杰帕伊总理将印美关系确定为"战略伙伴关系"，两国开始实施"战略伙伴关系后续步骤"（NSSP），美国宣布将在民

[①] 赵蔚文：《印美关系爱恨录——半个多世纪的回顾与展望》，时事出版社，2003，第147页。

用核活动、民用空间项目和高技术贸易等领域扩大与印度的合作,同时决定采取一致行动防止大规模杀伤性武器扩散;2004年9月,印美发表了《美印伙伴:合作与信任》的声明,确定了两国战略伙伴关系新的发展方向;2005年6月,美印签署了一份为期10年的《印美防务关系新框架》,给予印度准盟友待遇。

第三阶段从2005年至今,是美印"全球伙伴关系"提出、建立与深化时期。2006年7月和12月,美国众议院和参议院分别投票批准了《亨利·海德2006年美国-印度和平原子能合作法案》,这是双边关系史上具有标志性的事件。尽管核协议遭到印度国内左翼政党的反对导致协议的执行出现曲折,但美国突破NPT及国内法律的束缚给予印度"超级待遇",表明美国对印度认知的改变以及对印度政策调整的不断深入。

2009年7月,印美启动"新战略对话",确立"3.0版美印关系",迄今已召开三届战略对话。2009年11月23~26日,辛格总理访美,成为奥巴马上台后首位对美进行国事访问的外国领导人,双方发表的联合声明着重加强"战略对话机制"五大支柱,并将美印关系的定位由"战略伙伴关系"上升为"全球战略伙伴关系",称"两国共同的理念和互补优势将为应对21世纪全球挑战提供基础",美印伙伴关系对全球和平与安全"不可或缺"[①]。

从目前发展态势看,鉴于印度的民主、市场、坚定的反恐立场、平衡中国的价值及美国国内印裔集团的影响力[②],使得美国必须重视发展对印关系。而美国的技术和市场、对印度崛起地位的肯定、在核合作及联合国"入常"等问题上的"特殊照顾",也使得美国在印度外交议程中居于最重要的对外关系之一,印美合作互取所需,发展潜力很足,虽然双边在核合作框架、反恐以及气候变化等问题上仍存在明显的分歧。在2012年最新的《不结盟2.0战略报告》中,印度仍然将美国视为"全球唯一超级大国,仍认为美国具有主导地位"。不难看出,在印度的亚太战略中,虽然美国不是第一个启动的抓手,但其权重却相对较大。

---

① "Joint Statement between Prime Minister Dr. Singh and President Obama", November 24, 2009.
② 根据美国2010年的人口普查,美国的印度裔有284万人,是第二大亚裔群体。美籍印度人是美国最富有和受教育最好的少数群体,在高科技、房地产、媒体和艺术等方面取得很大成就,人均年收入是美国普通家庭的2倍,超过20万的印度移民成为百万富翁,25岁以上的人群中64.4%以上拥有大学及大学以上学历,近30%新成立的软件公司是由印度移民创立的。

四 重塑南亚：营造和平近邻

印度学者拉贾·莫汉（C. Raja Mohan）认为，"近邻是印度对外战略的第一个同心圆"，印度独立后，在南亚曾执行寻求主导权的政策，其效果不仅引起了南亚中小国家的担心害怕，而且还一直使自身陷于克什米尔争端的泥潭中不能自拔。在实际安全效果上，"印度政府的决策者像堂吉诃德一样奋力同风车作斗争而无谓地消耗了大量的可贵财力和精力"。

冷战后，印度已经意识到，如果要在国际舞台上发挥更大的作用，或者说为了实现大国地位，印度必须摆脱南亚地区的束缚，而改善与邻国的关系则成为印度南亚政策的最优选择。正是在这样的背景下，印度调整了南亚政策。"古杰拉尔主义"就是最明显的体现。

1996年，时任印度外长的古杰拉尔在英国伦敦的一次讲话中阐述了这一政策，并于1997年在斯里兰卡的科伦坡讲话中作出进一步的说明。"古杰拉尔主义"的主要原则包括：第一，印度对孟加拉国、不丹、马尔代夫、尼泊尔和斯里兰卡这些邻国不要求互惠，而是真诚地给予其所能给予的；第二，任何一个南亚国家都不应让其领土被用来反对本地区的其他国家；第三，任何国家都不应干涉他国内政；第四，所有南亚国家都必须互相尊重领土完整和主权；第五，南亚国家应通过双边的和平谈判解决所有争端。"古杰拉尔主义"的核心内容就是印度单方提供帮助，不要求对等回报，从而让南亚地区处于良性互信。尽管"古杰拉尔主义"与"英迪拉主义"在防止外部势力介入南亚方面具有一致性，但它更容易博取邻国的信任。正如印度学者所说，"古杰拉尔主义"的重要性不仅给南亚的发展、秩序与和平带来希望，而且也使印度战略性地从这一地区"脱身"。

"古杰拉尔主义"标志着印度开始反思自身习以为常的在南亚"老大哥"的心态，一定程度上缓和了南亚国家对印度的担忧，也使印度可以腾出手来向外拓展影响力。然而，由于在实际操作上，印度政府有时迫于舆论压力而过于考虑成本-收益问题，因而该政策的延续性并不强。至今，印度并没有完全摆脱巴基斯坦在南亚对其力量的牵制。

五 "东进"日本：东向的二次转型

随着印度与美国关系的逐渐恢复，印度与日本的关系也相应回暖。一定程度上，印度"东向"的第二阶段也被认为印度的战略意图已进入"东进"

的实施阶段①。

2001年,瓦杰帕伊总理访日,双方建立"全球伙伴关系"。2006年,两国确立"战略性全球伙伴关系",五大支柱是政治、国防和安全,全面经济伙伴关系,科技合作,人员交流,地区和多边合作,极大地促进了双边关系的发展。2010年底辛格总理访日,发表题为《未来十年战略性全球伙伴关系的展望》的联合声明,双方在稀土资源开发、印度洋安全、联合国"入常"、东亚地区合作等议题达成共识,完成《印日全面经济伙伴协定》(CEPA)的谈判,"将印日战略性全球伙伴关系提升至新的高度"②。2011年2月,两国签署该协定,同年8月1日正式实施。该协定是印度签署的最为全面的经贸协定之一,涵盖90%以上的贸易。两国在2010年7月设立了国防和外交"2+2"对话,加强对地区和全球问题的战略协调。2011年4月8日,印度时任外秘拉奥琪女士(前驻华大使、现驻美大使)访日,与日本高官就双边、地区和全球性议题举行建设性谈判,同意启动外长牵头的部长级经济对话。特别需要强调的是,两国"同意设立印度-日本-美国三边对话机制,就共同感兴趣的地区和全球性议题进行讨论"③。2011年,首次"美印日三边对话"在华盛顿进行。印方媒体将其解读成"反制中国"④,中国的反映是,"期待三方为亚太地区的和平稳定发挥建设性的作用"⑤。在2011年度的印日首脑峰会上,两国领导人均重申了"要加强在海洋安全领域的合作,包括航道安全和航行自由"。

除了经济原因,印日两国均存在平衡中国的共同战略利益,并多少成为美国在亚洲"再平衡"的一环。就未来印度和日本的关系发展前景而言,

---

① 马燕冰:《印度"东向"战略的意图》,《和平与发展》2011年第5期,第42页。
② "Joint declaration between the leaders of India and Japan on the conclusion of the Comprehensive Economic Partnership Agreement", October 25, 2010.
③ "Foreign Secretary holds wide-ranging consultations in Tokyo," April 8, 2011, http://www.mea.gov.in/mystart.php?id=290017528,最后访问日期:2011年12月30日。
④ IANS, "with China on mind, India U.S and Japan to hold the first meet in Washington," *Times of India*, December 6, 2011, available at http://articles.timesofindia.indiatimes.com/2011-12-06/india/30481091_1_trilateral-dialogue-trilateral-meeting-asia-pacific,最后访问日期:2012年5月15日。
⑤ Foreign Ministry Spokesperson Liu Weimin's regular Press Conference on December 20, 2011, Ministry of foreign Affairs of people's republic of China, http://www.fmprc.gov.cn/eng/xwfw/s2510/2511/t889336.htm.

印度政府的腐败、低效以及国内基础设施的落后和"获取土地的高成本"①，可能成为影响印日关系发展的深层次障碍。

从以上政策实施的时间次序上不难看出，印度亚太战略开始于与东南亚加强政治、经济、安全关系的"东向"政策，在获得重建与俄罗斯的安全关系，同时与美国取得政治互谅后，印度的自信心有所增加，开始在南亚实行"古杰拉尔主义"，以便打破长期的巴基斯坦围困之惑。在关注东南亚和"通过美俄大国"整体改善外交环境的第一阶段，印度在经济上获得的实际收益并不大，同时受其国家实力限制，印度国际地位和政治影响力的提升也并不明显。在这种前提下，印度采取了冒险地通过核试射来增加自身外交资源的做法。在短暂的外交黑洞期间（1998～2000 年），印度通过尝试次区域合作的方式，探寻以新的方式来链接东方。随着 2000 年美印关系的改善，印度与东南亚核心国家（新加坡、泰国）、日本、韩国的关系相继改善。2010 年后，印度与日本经济关系大幅提升，同时，配合美国在亚洲的"再平衡"，2011 年 12 月，"美日印三边对话"在华盛顿举行，标志着"在亚太地区和全球拥有共同价值观及利益的美日印之间一系列磋商的开始"。

第二节 印度亚太战略的主要目标和基本手段

在印度实施"东向"政策伊始，搭上东盟经济发展的顺风车，缓解国内经济窘境是其重要的政策考量之一。因为 1991 年国大党拉奥总理上台时，印度的外汇储备告急，经济几乎处于崩溃的边缘。随着东向政策的推进，以及印俄、印美关系的相继改善，印度亚太战略的目标具有了层次性，主要包括：

（1）在东南亚，短期内的直接目标是获取经济利益，包括贸易额的扩大和投资的增加；间接目标为，通过与东南亚国家安全、防务和战略关系的深化，保持印度对中国施加压力的空间和灵活度；从长期上看，通过加强与东南亚国家各个层面的交往和融入，试图恢复甚至加强印度在东南亚的软性认同，提升印在该地区存在的合法性，避免这个地区被中国主导。

① Archana Pandya and David M. Malone, "India's Asia Policy: A Late Look East," *ISAS Special Report*, No. 02 - 25, August 2010, p. 15.

Ashley J. Tellis 曾将印度在东南亚的战略意图归纳为三点："第一，与该地区重要的国家建立战略合作关系；第二，防止中国影响印度的海上利益；第三，防止中国军队在该地区的前沿部署和军事存在"①。不难发现，其中中国因素占据很大的份额。

（2）在南亚，继续保持印度的结构性主导地位，摒弃巴基斯坦对印度在安全和战略上的禁锢。在这个过程中，印度并不完全排斥曲线前进的路线。1991 年实施东向的重大背景是印度自身实力不足，自觉无力加强对巴基斯坦的比较优势，于是先跳出南亚，发展与东南亚的关系，并同时推进印俄、印美关系，待整体外交环境改善后，再返回南亚，推行亲善外交。虽然依据印度外交的"同心圆"② 理论，南亚是印度战略敏感性最高的区域，但鉴于南亚自身的特性，如"高军事对抗，低人类发展指标，以及民族、资源冲突频发"等特点，并不意味着印度会将外交资源集中于南亚，相反，可能通过向外扩展来获取实力的增加，从而达到加强在南亚主导型地位提升的效果。这反映了印度对自身战略环境的认识，也反映了印度外交中的务实性特点。

（3）通过与美国发展"全球伙伴关系"，来获取全球和地区的双层收益。在最新的《不结盟 2.0 战略报告》中，印度对战略环境的评估是，"在全球层面，甚至在亚洲，美国仍是唯一超级大国，对美国 GDP 的臆想并没有稀释美国的相对主导地位"。具体表现为：在全球层面，获取美国对印度大国地位诉求，包括核问题和联合国问题等；在地区层面，与美国发展关系可以减轻中国、巴基斯坦以及中巴友好对印度的影响。

（4）与俄罗斯、越南的军事关系主要是激活传统友谊的内在能量；与日本、韩国军事防务关系的提升是与美国在亚洲的再平衡密切相关的。

所有这些目标归纳起来，印度亚太战略的统领性目标只有一个，"发展自己，实现在亚洲与中国平起平坐"。印度的发展中具有强烈的中国参照系，《不结盟 2.0：21 世纪印度的外交和战略政策》报告认为：

---

① Ashley J. Tellis, "China and India in Asia," in Francine R. Frankel and Harry Harding eds., *India-China Relationship: What the United States Needs to Know* (New York: Columbia University Press, 2004).

② 即第一个是印度的近邻（immediate neighborhood）；第二个是包括亚洲、印度洋沿岸国家在内的所谓的大周边（extended neighborhood）；第三个则是全球范围（entire global stage），见 C. Raja Mohan, "India and the Balance of Power," *Foreign Affairs*, July/August 2006。

第六章 印度的亚太战略

"印度处理与外部关系的最基本准则是要确保为国内经济发展创造最好的环境……印度必须融入亚洲,而中国是其中最重要的一环……印度须依据变化的地区和国际环境谨慎处理与中国的关系:地区层面主要是西藏问题,全球层面则是中国对于印度可能加入其他联盟的担忧……鉴于贸易上与中国的逆差,印度不应高估自身与中国谈判的能力,对中国的政策应努力在竞争与合作间谋求一种平衡。"[①]

对亚太地区未来的权力结构,印度的研判是,"美国是第一层,仍是主导性领导力量;印度将与中国同时上升,成为第二层;日本将大幅衰落;俄罗斯将缓慢衰落;韩国、印度尼西亚等中等国家重要性会相对提升"[②]。

在这种对战略环境和战略目标的认知下,印度推进其亚太战略的手段主要包括:

第一,政治上,通过建立伙伴国(对话国)、高层互访及其他级别的代表团互访机制来恢复和加深政治关系,为双边经贸关系、投资和安全合作的展开奠定政治基础。值得注意的是,在印度重启与东南亚国家的关系中,印度是通过加强与东盟国家的机制性联系,来一揽子回暖与东南亚国家的政治关系的。当然,其中东盟的核心国家新加坡、印度尼西亚也及时地给了印度正向反馈,表示支持印度积极融入东南亚。

1992年1月,印度成为东盟在"贸易、投资、旅游和科技"领域的部分对话伙伴国。1993年5月,东盟秘书长率代表团访问印度,双方决定:建立东盟-新德里委员会,以便利双方的对话;建立由双方私营部门代表组成的东盟-印度商业联合理事会,以促进双方的经贸往来。1995年,印度成为东盟完全对话伙伴国。与此同时,印度也加强了与东盟核心成员国的政治关系,特别是新加坡、印度尼西亚、泰国和马来西亚。这可以从印度总统、总理、外长及其高级商务代表团对这些国家进行访问的频率中得以体现。对东盟的模式可以概括为多边加双边。

除了老同盟国家,印度也非常注意新东盟成员国的影响,如缅甸和越南。缅甸是唯一与印度接壤的东盟国家,是印度"东进政策"的桥头堡。

---

① Nonalignment 2.0: A Foreign and Strategic Policy for India in the twenty-first century, 2012, p. 10.

② Nonalignment 2.0: A Foreign and Strategic Policy for India in the twenty-first century, 2012, pp. 12, 15.

1988~1992年，印度以"民主国家"自居而与缅甸军政府交恶。1993年，印度对缅甸采取务实外交政策，其重要考虑就是避免中国在缅甸影响力的独大。目前，印度对缅甸的影响力已经大幅提升，双边关系呈良性发展态势，缅甸总统吴登盛于2011年10月率团访印。鉴于传统俄印越关系的影响，印度和越南的关系在印俄关系出现重构后，也随着被激活。2008年，印度与越南确立了战略伙伴关系，印外交部认为"富有活力的印越关系是印度'东进政策'至关重要的支柱"[1]。2010年，印度天然气公司介入了中国越南关于南海问题的纠纷。

同样，中国与印度经贸关系的提升也很大程度源于政治关系的改善。1996年江泽民主席访印，双方共同确立了在和平共处五项原则基础上建立面向21世纪的建设性合作伙伴关系的目标。从2000年5月印度总统纳拉亚南访华开始，双方高层互访频繁。2003年，印度总理瓦杰帕伊访华，双方签署了《中华人民共和国和印度共和国关系原则和全面合作宣言》，提出要建立"新型关系"；2005年温家宝总理访印，宣布将中印关系提升到"面向和平与繁荣的战略合作伙伴关系"；2006年胡锦涛主席访问印度，双边达成将中印关系提升到新水平的"十项战略"，即确保双边关系全面发展、加强制度化联系和对话机制、巩固贸易经济交往、拓展全面互利合作、通过防务增加互信、寻求早日解决悬而未决问题、促进跨边境联系与合作、促进科技领域合作、增进文化关系并培育民间交流、扩大在地区和国际舞台上的合作等。

第二，经济上，从开始的关注双边贸易转向注重FTA建设，其中1997年金融危机后启动的次区域合作是链接两者的阶段性手段。

在20世纪90年代，受经济发展自身规律影响，印度东向中的贸易对象主要是"老"东盟国家，如新加坡、印度尼西亚和马来西亚。据印度方面数据，印度与东盟国家的双边贸易额从1991~1992年度的23亿美元提升到了1999~2000年度的78亿美元，接近翻了三番[2]。在印度对东盟的出口上（1991~1997年金融危机前），虽然新加坡长期在出口上占据最大份额，但在整个90年代，新加坡的份额整体是呈明显下降趋势的。相反，印度对印

---

[1] "Media Briefing by Official Spokesperson on EAM's visit to Hanoi," September 15, 2011, http://www.meaindia.nic.in/mystart.php?id=290018274. 最后访问日期：2011年12月18日。

[2] Centre for Mointoring Indian Economy, Foreign Trade, various issues.

度尼西来和越南的出口一直呈上升趋势。在进口上，1991~2000年，印度从东盟国家的进口总额增加了近3倍，从13亿美元上升为49亿美元。就1999~2000年度而言，东盟占印度进口总额的10.5%。"东向"政策实施后，东盟成为印度重要的进口来源地，进口产品包括电器、食用油、农产品和石油。在进口贸易对象国上，新加坡的重要性明显下降。1991~1992年度，印度从新加坡进口份额占印度从东盟国家进口份额的54.6%，而到1999~2000年度，新加坡的份额下滑至30.5%。与此相对应，马来西亚的份额从30.8%上升至41.6%，印度尼西亚份额从5.3%上升至20%[1]。

1997年金融危机使印度的"东向政策"暂时受挫，加上印度的核试射遭到了美国、日本和澳大利亚等西方国家的谴责和制裁，瓦杰帕伊执政下的印度开始探寻以新的方式来链接东方，并不断更新了对东方的认识。在此阶段，印度开始重视各种次区域合作。印度重新定义了其东北部地区，将其看成印度拼接东向的跳板。1997年，包括泰国、缅甸、孟加拉国、尼泊尔、斯里兰卡和印度在内的《孟加拉湾多部门技术经济合作计划》（BIMSTEC）签署，以推动次区域的贸易、投资和技术交流。"对印度而言，加快东北部地区的发展是印度加入BIMSTEC的深层次原因"[2]。在BIMSTEC之外，印度还在1997年加入了环印度洋地区合作联盟（IOR-ARC），并成为第一个为IOR-ARC基金会出资的国家。2000年，印度又与泰国、缅甸、老挝、柬埔寨和越南成立了"湄公河-恒河合作组织"（MGC）。该组织旨在加强在交通、基础设施领域的互联互通工作。随后，印度援建了其东北部地区至缅甸的公路，目标是修建一条连接印度、缅甸和泰国的陆上通道。2002年，印度、缅甸和泰国举行了三国交通联网会议，拟议修建一条跨越三国的公路。

次区域合作使印度积累了区域合作的经验，2000年后，受中国、日本、韩国与东盟确立的"10+1"和"10+3"合作模式的影响，印度加大了推进与东盟国家贸易自由化的力度，积极与亚洲国家签订多边和双边FTA。

---

[1] 参见 Mukul Asher, Rahul Sen and Sadhana Srivastava, "*ASEAN-India: Emerging Economic Opportunities*," Paper prepared for ASEAN-INDIA workshop on Economic Issues organized by the French center de Sciences Humaines, Institute of Southeast Asian Studies, Singapore, and School of International Studies, Jawaharlal Nehru University, New Delhi, March 17-18, 2001, p. 12。

[2] Chak Mun, *India's Strategic Interests in Southeast Asia and Singapore* (New Delhi: MacMillan Publishers, 2009), p. 86。

2003年，印度东盟正式签署了《印度与东盟全面经济合作框架协议》，该协议自2004年7月1日起生效实施。随后，历经6年的谈判，2009年8月印度与东盟签订了商品自由贸易协定内容，于2010年1月1日生效。该协议被印度视为推进"东向战略"以来最重要的具体成就之一，预计在未来8年内双方将逐步调低90%以上货物的关税，建立印度-东盟自由贸易区。台湾经济研究所的研究成果认为，"该协议的签订打通了南盟与东盟两个区域机制进行链接的桥梁"①。

在东亚国家中，泰国在2003年率先与印度签署了《印度-泰国建立自由贸易框架协定》，2012年，泰国和印度的自贸区协议（FTA）取得巨大进展，尤其是确定只要商品有40%的原料是来自国内即适用，以及1001个项目商品可加入该协议，如化学产品、纺织品以及家具等。预计FTA协议将在2012年9月起生效。2005年，印度与新加坡签订了《印度-新加坡全面经济合作协定》，内容包括双边自由贸易协定，以及投资、避免双重征税、开放空运服务、教育、传媒、旅游等多个领域；2009年，印度与韩国签订了相当于自由贸易协定（FTA）的《更紧密经贸关系的安排》（CEPA），该计划生效后，韩国向印度出口的产品中，85%品种的关税将得到削减或免除；2010年，印度与日本就双边贸易协定（FTA）达成广泛共识，将在10年内削减94%关税，其中，日本向印度出口的90%、印度向日本出口的97%将实现零关税。印度与中国也进行了签订双边FTA的探讨，双边FTA可行性研究已于2008年10月完成。

第三，安全上，印度首先通过与俄罗斯安全防务关系的恢复获得了自信，并带动了随后美印政治关系的改善。在与美国双边关系不断提升的背景下，印度在亚洲与美国盟国军事的安全关系也获得提升。

冷战后，"印苏联盟"失去存在基础，印度在俄罗斯对外战略中的地位也大大下降，这迫使印度"必须在新的框架中寻求其对俄政策的定位"②。而对俄罗斯而言，与西方（尤其是美国）蜜月期的结束，以及俄罗斯试

---

① 中华经济研究院：《印度与东协、韩、日、中洽谈FTA及对我之影响与我应对策略研究》，2010年12月（"民国"99年12月），第43页。http：//www.wtocenter.org.tw/SmartKMS/fileviewer? id = 114907，最后访问日期：2012年8月20日。

② 中华经济研究院：《印度与东协、韩、日、中洽谈FTA及对我之影响与我应对策略研究》，2010年12月（"民国"99年12月），第178页。http：//www.wtocenter.org.tw/SmartKMS/fileviewer? id = 114907，最后访问日期：2012年8月20日。

图平衡东、西两方向政策，也使俄罗斯要重新定位印度。以 1993 年俄罗斯总统叶利钦访问印度并签订《印俄友好条约》为转折点，印俄关系迅速恢复。当前，印俄战略伙伴关系已涵盖防务、民用核能、空间、科技、贸易与投资等领域。在防务领域，两国建立了政府间军事技术合作委员会（IRIGC-MTC），2011 年 10 月在莫斯科举行了第十一次会议；在两国安全顾问委员会成立之前，两国建立了国家安全顾问级的"联合协调工作组"。在外交上，两国设立了外秘定期磋商机制，而且两国外长定期（每两年）绘制草案，确定具体磋商事项。在核领域，2010 年 3 月两国签署了《关于在和平使用核能领域合作的政府间协议》，规划了在核能领域合作的长期路线图，而且，俄支持印度成为核供应国集团（NSG）以及其他多边出口管制机制正式成员的诉求。2011 年 6 月，两国签署备忘录，支持印度提出的建立"全球核能伙伴关系中心"（GCNEP）的倡议；此外，两国在空间、科技与文化等领域的合作机制也比较完善。作为印俄防务关系提升的副产品，印度与越南在安全领域的合作也有所增强。

  印俄安全关系的恢复带动了美印政治关系的改善。以 2000 年《印美关系：21 世纪展望》为标志，美国在核问题上对印度的松动带来了美国亚洲盟国的连锁反应。以日本为例，2001 年 10 月，日本解除了因核试验对印度的制裁；12 月，日印两国决定建立"全球伙伴关系"，定期开展国防和外交对话。同年印日还在东京举行了首次全面安全对话，并举行了首次军事磋商。双方同意建立反恐联合工作组，加强反恐合作，分享信息。2005 年，印度和日本召开了首次反恐联合工作组会议，同年，印日进行了第二次军事磋商，强调要加强军事合作。2008 年，印日两国领导人签署了《印日安全合作联合宣言》。2009 年，日本自卫队参加了美国、印度参加的"马拉巴尔 09"联合演习，这被视为美、印、日三边协作的雏形。2010 年，印度和日本建立了防长、外长"2 + 2"对话机制。2011 年，首次"美印日三边对话"在华盛顿进行。在 2011 年度的印日首脑峰会上，两国领导人均重申了"要加强在海洋安全领域的合作，包括航道安全和航行自由"，这与美国对南海问题的主张类似。

  除了日本，韩国与印度的安全防务关系也有所提升。2011 年 7 月 24 ~ 27 日，印总统帕蒂尔访问韩国，强调提升经贸与国防合作的水平，"讨论了加强两国海军和海上警卫队相互交流与合作的可能性，为两国国防合作赋予新活力"①。访问期间,两国还签署《关于和平利用核能的协定》等若干合作协议,"鉴于印度不断增长的能源需求和庞大的核电发展计划,印韩民用核合作协定有望为双边关系提供新的动力"②。

同样,印度与澳大利亚、东盟等国关系也得到发展。2000年,澳大利亚霍华德首相访问印度,两国关系解冻;2003年,印度和东盟签署《打击国际恐怖主义联合宣言》,同意在信息分享、司法和执法等领域加强合作。除反恐外,印度与东盟的安全合作还包括保卫海上通道安全,开展联合搜救,打击海盗、毒品走私等跨国犯罪活动;2004年10月印度和新加坡首次进行联合空战演习;2005年,印度航母首次到达南中国海,访问新加坡、印度尼西亚和马来西亚;2006年12月,印度派出10架先进战机奔赴新巴耶利巴基地,与新加坡空军举行联合演习,这是印度自独立以来首次派战斗机进入东南亚执行重大军事行动,表明双方军事安全合作进入新阶段。

近年来,南海问题在外部势力的干预下逐渐升温,印度也伺机介入其中。2011年10月,越南国家主席张晋创访问印度,签署了《越南石油天然气集团和印度石油天然气公司在油气领域加强合作的协定》等协定。2012年4月6日,外长克里希纳甚至表示,"印度认为南海是全世界的财产……必须免受任何国家的干涉"③。正因如此,有的学者对印度崛起对中国的影响持比较悲观态度,认为"印度崛起在一定程度上制约了中国在东南亚的影响力,也增加了解决南海问题的变数,对中国的印度洋航线和南亚战略利益产生不利影响,印度崛起是中国面临的新挑战"④。

第四,机制上,印度积极加入亚太地区的经济和安全机制,以避免这些机制被中国主导,避免印度被排除于地区机制的构建之外。

部分受中国与东盟建立"10+1"机制的刺激,2002年,印度在柬埔寨首次参加了印度与东盟举行的峰会和"印度东盟商业峰会",最终确立了双方年度峰会机制。2003年,印度加入了《东南亚友好合作条约》,这成为印度"东向"战略中的里程碑,标志着双方的合作进入全面深入发展时期。

---

① "Briefing by Secretary (East) on Hon'ble President's Engagements in Republic of Korea," July 25, 2011, http://www.meaindia.nic.in/mystart.php'? id = 290017871, 最后访问日期:2011年12月31日。
② Rajaram Panda, "India-ROK Ties in the Wake of President Patil's Visit," *IDSA Comment*, August 4, 2011.
③ "South China Sea property of world: SM Krishna," *Economic Times*, April 7, 2012.
④ 刘少华、高祖吉:《印度崛起对中国地缘政治的影响》,《南亚研究》2011年第2期,第26页。

2004年，印度与东盟签署了旨在促进双方政治、经济、文化、科技和安全合作的纲领性文件《和平、进步与繁荣的伙伴关系协定》，双方关系进一步巩固。2005年印度成为东亚峰会（EAS）正式成员。2011年11月，美国和俄罗斯正式成为东亚峰会成员，使印度有了在地区机制中与美、俄开展密切合作的平台。在这次东亚峰会（EAS）上，印度表示将继续积极参与东盟主导的各种地区机制，努力提升双边战略伙伴关系水平[1]，印度－东盟首届名人小组还起草了《印度－东盟展望2020》的报告草案。

第三节　影响印度亚太战略的主要因素

印度亚太战略的形成和演变具有广泛的国际、国内背景，是一个在对自身战略环境进行判断的基础上而不断做出政策调整的过程。在进行战略研判的过程中，涉及对地区权力结构，结构下的力量对比变化，自身面临的主要国内、国际问题，可用于实现目标的资源，可供选择的选项等多个问题进行综合评估。虽然目前很难看出印度亚太战略有清晰的战略设计，但我们可以从印度执行的政策中逆向推出印度对这些因素的考虑。大致看来，这些因素主要包括：

首先，国际格局变化及印度对自身战略环境的认知，这是印度制定亚太战略的重要基础和起点之一。

苏联解体后，印度在外交上面临的最大问题是解开"外交孤立"的死扣，破解被锁困在南亚的困局。当然，印度国内驱动除了经济发展需求外，通过利用印度东北部地区在地缘上与东南亚国家的临近，来达到发展缓解印度东北部的武装叛乱问题也是其政策考量之一。印度之所以选取了东南亚作为"东向"的第一步，至少源于东南亚存在如下优势：①历史上，印度的文化传播曾得到了东南亚国家软性的认同，且在英殖民时期，印度就被英国视为其亚洲战略的核心和向东南亚扩展的跳板；②东南亚国家良好的经济发展势头和经济增长模式，对印度具有最直接的吸引力；③战略地缘上，马六甲海峡从地理上连接了印度洋和太平洋，从而使印度向往的"印度洋－太平洋"政治概念具有了现实上的指向性[2]。

---

[1] "Statement by PM at the 9th ASEAN-India Summit", November 19, 2011.
[2] 参见毛悦：《大国梦与印度的东向战略》，载李向阳主编《亚太地区发展报告2012》，社会科学文献出版社，2012，第40页。

1991~1997年，即印度东向的第一阶段，印度意识到与东盟的经贸和投资关系有一定限度，对印度经济实力提升的直接效力并不大。为了更快地获得"地区大国"的国际认同，同时在安全上抵消巴基斯坦从西方施加的压力，印度冒险地采取以"既成事实"强迫通过接受，缓解来自南亚次地区安全压力的做法。在该阶段，印度认为其最主要的问题是在最短时间内拥有"如地区大国一样行事的实力和资源"。

从2000年后的印度东向政策的第二阶段，随着2005年美印"全球伙伴关系"的建立，印度认为其在外交上面临的最大问题是，"如一个地区大国一样真正的行事"。这包括要在特定区域有自己的军事存在，在地区机制中有自己的声音，在经济上展现自身的潜力，在文化上有自己辐射的区域。这种外交理念也导致了印度"大周边"观的形成。2004年，印度提出"大周边外交"（extended neighborhood）理念，"大周边"涵盖"从苏伊士运河到南中国海，包括西亚、海湾地区、中亚、东南亚、东亚、亚太和印度洋地区"[1]，这与过去仅仅将南亚视为"直接周边"（immediate neighborhood）有着重要的分野。

整体来看，亚太地区在印度对外战略的天平上的分量，经历了一个"从重到轻，再从轻到重"的"U"形发展过程。而冷战结束的20多年，亚太地区在印度对外战略棋盘中占据的位置基本属于后半段的持续上升趋势，这与亚太地区权力结构的嬗变是紧密相关的。在该区域，传统超级大国美国的政治、经济、科技影响力处于绝对的优势地位，尤其是其军事力量，可谓"鹤立鸡群"；印度的传统盟友俄罗斯，尽管实力已今非昔比，但其战略威慑力不可小觑；中国的经济实力被国际社会普遍接受，军事力量也处于渐进的提升之中，国际影响力日益增加；日本是传统经济强国，尽管其经济规模被中国超越，但科技实力与创新能力仍首屈一指。而东盟是亚洲经济活力充盈的地区之一，与印度有着深厚的文化渊源；韩国、越南、印尼等中等国家的实力正逐步上升。在联合国安理会的五个常任理事国中，有三个是在亚太地区，经济规模前三名在亚太地区，科技与创新的源头在亚太地区，传统的或新兴的军事力量也集中在亚太地区，这些都能从宏观上解释亚太地区在印度外交战略中的地位为何整体呈上升趋势。

---

[1] Yaswant Sinha, "12th SAARC Summit and Beyond," Seventh Dinesh Singh Memorial Lecture, New Delhi, Sapru House, February 3, 2004.

其次，印度对美国实力的判断及对美印关系的定位，这既圈定了印度对亚太地区权力结构及国家间实力消长的判断，也决定印度对借重、联合对象的选择。

在印度实施亚太战略的初期，印度之所以选择先推动与俄罗斯的安全关系，再改善与美国的政治关系，很大程度上源于外交的惯性，也是一种先易后难的"务实"的做法。但从1994年始，印度开始正式承认在印度外交议程上，美国的权重超过了俄罗斯，并在2012年继续沿用了"美国是亚太唯一的领导性国家"的判断。

2000年美印核问题协议的达成，既显示了美国对印度潜力的重视，也带来了印度与亚洲美国盟友关系的整体改善。从这个层面讲，大国的亚太战略存在"美国先行，印度跟进"是具有其合理性的。一方面，美国从未离开过亚太地区，不能将2009年美国宣布重返亚太地区看作其亚太战略的开始；另一方面，从1991至1998年，基本上整个20世纪90年代，印度的东向政策都处于走走停停的态势。直到2000年后，印度与东南亚、东北亚、澳大利亚的经贸、安全关系才开始有较大程度的提升。就实施效果而言，进入21世纪，印度东向战略获得极大进展，合作范围已涵盖从东南亚到日本、韩国、澳大利亚等国的广大地区，合作重点也主要从经济领域转向战略和安全领域。诚如印度前外长亚施旺特·辛哈2003年在哈佛大学所做演讲所说，"东向政策第一阶段的关注点主要在贸易和投资，在新的阶段，我们拓展了'东向'的范围，将其范围界定为从澳大利亚到东亚，新阶段的关注点也从贸易本身扩展到更广的经济和安全领域，包括联合保护航道安全和协作反恐"[①]。

美国在亚洲的再平衡一定程度上加大了印度在美国外交中的重量，印度所具有的"软性平衡"的特性加大。2009年7月，国务卿希拉里·克林顿在东盟地区论坛上高调表示奥巴马政府将"更强有力、持久地介入与接触"亚洲。2012年1月，美国五角大楼发布《2012年国防战略评估报告》，正式提出美国"重返亚太"的战略；6月，美国防长帕内塔在第十一届香格里拉对话会上发表了《美国对亚太的再平衡》演讲，阐述美国在亚太地区的

[①] "Resurgent India in Asia," Text of the speech by External Affairs Minister Yashwant Sinha's at Harvard University, September 29, 2003, p. 123, available at http://www.mea.gov.in/staticfile/meapublication/section1.pdf, 最后访问日期：2012年8月28日。

作用以及如何推进"再平衡"战略。尽管"重返亚太"和"再平衡战略"在概念上有所不同,但本质是相同的,即亚太地区已经成为美国对外战略的重心。中国因素是美国战略重心转移和再平衡的出发点,而在防范与制衡中国上,印度与美国具有共同利益。

美国战略重心转移反映了亚太地区力量格局的新变化。美国是当今世界上最具实力的国家,受金融危机影响,在其他新兴经济体迅速崛起的背景下,其影响力已明显处于下降通道之中。如何在世界政治经济格局多极化趋势加速发展的过程中维护美国的主导地位,防范地区大国崛起挑战美国地区乃至全球利益,成为美国对外战略的重要关注点。

美国战略转移凸显了印度的地缘战略重要性,这对印度亚太战略目标的实现具有积极的促进作用。希拉里·克林顿在2011年9月曾将亚太地区界定为"从印度次大陆到美国西海岸"的广阔区域;《2012年国防战略评估报告》明确提出,"印度能够促进亚太地区的长期和平与安全,美国的重返亚太战略需要与印度建立长远的伙伴关系,使印度成为亚洲经济的支柱与安全提供者"。从认可印度的"亚太属性"到希望印度在亚太地区秩序塑造中发挥独特作用,可以看出印度在美国战略棋盘上的重要性在上升。

再次,中国因素是印度亚太战略的重要标志性指标,它在一定程度上决定了印度亚太战略的方向和主要着力点,即牵制谁、打压谁的问题。

近年来,中国经济实力上升以及军事现代化举措,加重了中国周边国家的忧虑。1969年时任加拿大总理特鲁多曾说,与美国为邻就像睡于大象旁,不管它多么友善温驯,你都会在意它的每次抽搐和呻吟,因为你不知道它是否会翻滚到你身上。而对于中国邻国来说,尤其是那些与中国有历史遗留问题的国家,也面临这样的担心。

对于中国实力上升,一些中国周边国家和传统西方大国并不适应。大部分西方观察人士认为,中国的经济规模和增长速度将确保中国重返18世纪失去的在亚洲的军事、科技和文化强国地位,可能导致中国在处理与其他国家的经济关系时更加自信甚至傲慢。而国际社会也有一种倾向性认知,即中国从2008年起变得越来越过于自信,某些战略家甚至由此判断亚洲整体的国际秩序正迅速向"中国单极时代"迈进。

在此背景下,中国发展导致的"特鲁多综合征",成为印度亚太战略的深层次驱动因素。对中国的恐惧与防范,推动了某些中国周边国家积极发展与印度的全方位关系,例如日本和越南不断深化与印度的关系,双边的安全合作尤其引人注目。印度与越南、日本等国的战略深化,是相互借力,中国因素尽管不是全部的,但至少是最重要的。因此,"特鲁多综合征"不仅为诸如越南这样的中国周边国家提供了平衡中国影响的另一种选择,也扩展了印度对中国的战略空间,双边形成了一种"相互借力"以应对中国影响的态势。这主要表现于,自2009年以来,随着国际社会不断指责中国外交上表现出"自信"与"强硬",印度也表现出对中国的不满。在战略层面,印度将印巴对抗背景下中国与巴基斯坦形成"全天候"伙伴关系诠释为中国借巴基斯坦对抗印度;将中国在西南省份加强基础设施建设,尤其中国在中印边境地区修建公路、铁路和机场等行为,解读为加强中国人民解放军的边境作战支持能力,是中国谋取争端解决优势的手段;将中国在南亚国家参与基础设施建设解释为针对印度的战略谋划,认为中国参与在巴基斯坦的瓜达尔、斯里兰卡的汉班托塔、孟加拉国的吉大港以及缅甸的实兑等港口的建设以包围印度、限制印度的影响力为目标,即中国实施所谓的"珍珠链战略"。在外交层面,印度战略家抱怨中国只关注国际层面的"大问题"而忽视两国之间的"小问题",指责中国只在所谓的"大问题"上与印度合作,而在两国之间的"小问题"上采取强硬的对抗。甚至印度战略家一致认为,应警惕中国巧妙而强硬的外交手段。在经贸领域,双边贸易额2011年达到739亿美元,但印度对中国贸易逆差显著,平衡双边贸易成为近年来双边贸易的热点问题。

对于中国的发展与影响,在中国周边国家中,没有哪个国家比印度的心态更为复杂——从背信弃义的朋友、恶性竞争的对手,到不得不交的伙伴,其对华认知可谓是"五味杂陈"。印度军方一些鹰派人士与少数精英附和西方渲染"中国威胁论",反映出印度特定权力阶层对中国的疑虑、恐惧和对抗情绪从未消失。美国《华尔街日报》2010年12月15日报道,"印度对中国过度敏感是众所周知的,这在一定程度上是由于以往的争端以及中国新的全球影响力而使印度对北京的动机产生了怀疑"[1]。

印度亚太战略的布局,中国是其最重要的关切。中印双边关系脆弱而复杂,政治互信度低、民间交流有限决定了中印双边框架内合作的深度有限,

---

[1] Harsh Joshi, "New Delhi Should Bait Beijing," *The Wall Street Journal*, December 15, 2010.

存在着竞争甚至对抗。印度发展与美国的全球伙伴关系，加强与日本的战略合作，深化与东盟的机制化框架，其中似乎都可以找到中国因素的存在。如何与中国既接触，又防范，克服国内民族主义的情绪，维持双边关系在可控的"合作与竞争"的良性发展轨道，成为印度亚太战略实践层面的难点之一。

最后，印度国内经济发展进程及外交决策机制的变化，决定了印度在实施亚太战略时可利用的外交资源。

从2000年开始，在国际视野中，印度被西方冠以与中国平起平坐的"新兴国家"的标签。2001年11月，美国高盛公司发表题为《构建更美好的全球经济：金砖四国》的报告，首次提出"金砖四国"（BRIC）的概念，认为中国、俄罗斯、巴西和印度将是未来全球经济的主要推动力[①]，"印度崛起"随之成为国际社会的热议话题，这主要表现为印度高速的GDP增长率。以五年为一个时间段计算，2002/2003～2006/2007财年印度GDP年均增长率为8.8%。2006/2007财年，印度GDP增速达到创纪录的9.4%，国内生产总值达到1.01万亿美元，成为全球第12个国内生产总值突破万亿美元大关的国家。2008年以来，受全球金融危机和欧债危机的影响，印度经济增速也有所下滑。但是，与发达经济体的减速乃至负增长相比，印度经济依然是全球经济的一大亮点。2008/2009、2009/2010和2010/2011财年，印度的GDP增长率分别为6.8%、8.0%和8.5%。2011/2012财年，欧债危机导致出口市场萎缩，高通胀导致中央储备银行采取货币紧缩政策，加上外国机构投资者的资本流出，印度经济面临巨大困难，增速明显下滑，印政府预计增速将滑落至6.9%，但仍高于大多数国家，且各方普遍预计印度经济有望在2012/2013年度出现好转。

然而，这种持续增长的势头在2012年开始遭到了一些逆转。2012年5月，印度联邦统计局公布的最新数据显示，2012年1～3月份印度国内生产总值与上年同期相比仅增长5.3%，创下2008年以来最低纪录。与此同时，印度联邦统计局还对2011/2012财年经济增长率进行了修正，从原来的6.9%下调至6.5%。在GDP增速减缓的背后，是印度严重的财政和贸易

---

① Jim O'Neill, "Building Better Global Economic BRICs," Goldman Sachs, Global Economics Paper No. 66, November 30, 2001.

"双赤字"问题,这其实也是印度实施"东向"所要解决的问题之一。1991年改革前,财政赤字占 GDP 的比例超过 9%。改革后至 1997 年亚洲金融危机前有所好转,但随后出现了反弹,2001/2002~2006/2007 财年,中央和地方累计的财政赤字占 GDP 的比例分别为 9.9%、9.6%、8.5%、7.5%、6.7% 和 5.6%[1]。2012 年 3 月,财长慕克吉在向议会提交 2012/2013 财年预算时指出,"争取将 2012/2013 财年的中央财政赤字占 GDP 的比例由上一财年的 5.9% 下调至 5.1%"[2]。

此外,印度对外贸易赤字也持续扩大。贸易逆差占 GDP 的比例在 20 世纪 90 年代约是 2.8%,但在 2000~2009 年平均是 5.3%,2011 年 4~9 月,印度的贸易逆差是 857.65 亿美元,同比增加 24.5%[3]。目前,虽然印度政府已采取许多措施刺激出口,但鉴于其制造业产品出口有限,服务出口的主要对象美欧市场又受金融危机与欧债危机影响,其贸易赤字预料将持续一段时间。预计 2012~2016 年,印度的进口商品增长将超过出口,导致贸易赤字进一步扩大,可能由 2011 年的 1402 亿美元扩大至 2016 年的 3728 亿美元[4]。

除了经济发展进程的不确定性,还应考虑印度外交决策机制在近 20 年里出现的显著变化,因为将国家实力转换成外交资源,在很大程度上与国家意志以及一国的外交决策机制有关。当前,印度外交决策机制正面临一个重大调整过程。自 20 世纪 90 年代以来,随着印度人民党力量的崛起,以及国大党、全国阵线与印度人民党三足鼎立的形成与演变,目前印度基本上形成了以国大党和印度人民党为代表的两党制雏形。政治政党制度的日趋完善,促进了印度对外政策决策从"小集团决策模式"逐步发展为"集体决策模式"。

尽管印度政党纷争不断,中央和地方控制和反控制愈演愈烈,种族与宗教的矛盾和冲突从未停止,但在印度的对外决策中,代表中央行政内阁和社会政治力量的两股力量常常实践了由分歧与相互制约走向认同

---

[1] Shankar Acharya, "India's Macroeconomic Performance and Policies since 2000," p. 9.
[2] Ministry of Finance, Government of India, "State of the economy and prospects-balance payment," http://indiabudget.nic.in.
[3] Reserve Bank of India, *Annual Report* 2010–2011, August 11, 2011, p. 170.
[4] Reserve Bank of India, *Annual Report* 2010–2011, August 11, 2011, p. 170.

与相互支持的"螺旋上升"决策模式[1]。从分歧制约到相互支持是基于两个因素：第一，各种力量对决策环境的认知具备相同的物质基础，这是由国际形势和国内问题的客观性决定的。第二，各政治力量对国家利益目标的诉求基本一致，即主宰南亚大陆充当印度洋霸主，追求全球性大国地位并为实现目标创造有利的崛起环境。因此，尽管印度对外政策的决策常常会经过各种力量博弈、斗争与相互较量的过程，但是一旦对外政策形成之后，往往能够代表这个国家在特定历史时期对外部世界的反应和共识[2]。

这种决策机制与印度亚太战略的关联在于，印度亚太战略的一个显著特征就是积极的大国互动，从战略的高度积极参与亚太地区，从多个维度营造有利于自身崛起的外部环境，实现与中国的平起平坐。这种强烈的中国参照系是印度国内各政治力量的共识，而这种共识来源于对国内、地区以及全球形势的判断和把握。

第四节　印度亚太战略的实施效果、有利条件及挑战

印度亚太战略具有强烈的经济动因，同时在政治上实现了超越南亚次大陆向外扩展战略空间，安全上实现了与多个国家的军事合作。在东南亚地区，最主要的表现为积极参与、全面拓展与亚太地区的大国外交，从政治、经贸与安全的维度营造有利于自身崛起的战略环境。

首先，就经济上印度与亚太国家的融合程度而言，在东向的第一阶段（即20世纪整个90年代），印度通过与东盟这个地区组织建立机制性联系降低了与东盟核心国家恢复政治、经济联系的成本。在与东盟核心国家的贸易关系中，新加坡的重要性正逐渐下降，这可以从侧面反证出印度的"东向政策"部分性取得了成功，即印度的"东向"已经从新加坡扩展到了印度尼西亚、马来西亚和越南等国家。但在FDI上，印度与东盟国家间的双向直接投资仍然很少。据印度商务部工业政策促进处（DIPP）的统计，"从1991年至2002年，印度接受的来自东盟国家

---

[1] 参见宋海啸《印度对外政策决策模式研究》，《南亚研究》2011年第1期。
[2] 参见宋海啸《印度对外政策决策模式研究》，《南亚研究》2011年第1期。

的投资累计为 40 亿美元,只占印度在同期接收的全部外国投资的 6.1%"[1]。

从总体上看,在 20 世纪的整个 90 年代,印度与东盟的机制联系只是一个跳板,印度与东盟国家的关系主要是双边的,发展的主要领域是经贸,虽然其中"通过与东南亚发展关系来解决印度国内东北部问题"[2] 也是印度的战略考虑之一。在该阶段,受制于印度国内比较有限的外交资源,印度与东南亚的经贸关系进展并不大,"东向"政策的断续性特点很强。

2000 年后,与第一阶段形成鲜明对比,由于亚洲金融危机对东南亚国家的影响,以及印度核试射之后"相对战略空间的扩展以及作为地区性大国身份自信的增强"[3],印度与东盟的贸易额获得了显著提升,双边贸易额从 2010 年到 2011 年达到 570 亿美元。其中,印度对东盟的出口从 2000 年的 29 亿美元上升到 2011 年的 270 亿美元,印度对东盟的进口从 2000 年的 41 亿美元上升到 2009 年的 300 亿美元[4]。预计 2012 年双边贸易额达到 700 亿美元。同样,在 FDI 上,新加坡仍高居亚太国家中对印度进行直接投资的首位,但其在所有亚洲国家对印 FDI 中所占比例有所下降;同样份额处于下降趋势的还包括美国、俄罗斯;就其他东盟核心国家,如印度尼西亚、马来西亚和泰国而言,其对印度的 FDI 的份额基本呈不变和下滑趋势;澳大利亚占印度所接收的所有 FDI 的份额也呈下降趋势。相反,从 2011 年 10 月至 2012 年 6 月,日本对印度的 FDI 大幅提升,其占印度所接收的所有 FDI 的份额从 4.25% 激增到 7.25%;韩国对印度的 FDI 呈现出明显增长趋势;中国、中国香港地区也呈缓慢增长趋势(见表 6-1)。

---

[1] 转引自 C. Raja Mohan, *Crossing the Rubicon*: *The Shaping of India's New Foreign Policy*, New Delhi: Penguin/Viking, 2003, p. 212。

[2] India's Growing Engagement with East Asia, address by the External Affairs Minister Shri Pranab Mukherjee at a function jointly organized by the Embassy of India in Jakarta and the Indonesian Council on World Affairs, Jakarta, June 18, 2007.

[3] Yashwant Sinha, "Towards a Multi-polar & Co-operative World Order," Speech at the International Institute for Strategic Studies, London, October 30, 2002, *Facets of Indian Foreign Policy*: *Statements and Media Interaction* (*July* 2002 *to January* 2003), New Delhi: Ministry of External Affairs, Government of India, 2003, p. 61.

[4] Annual report 2011 – 2012, Ministry of External Affairs of India, p. 12.

表 6-1 亚洲国家对印度的直接投资（2000 年 4 月~2012 年 6 月）

单位：亿美元，%

国家或地区	FDI 流入 至 2011 年 10 月	FDI 流入 至 2012 年 6 月	占印度所有 FDI 流入的份额 至 2011 年 10 月	占印度所有 FDI 流入的份额 至 2012 年 6 月
新加坡	152.03	175.55	10.13	10.05
日本	71.25	126.63	4.25	7.25
美国	100.52	163.13	6.7	6.13
韩国	8.51	11.14	0.57	0.64
中国香港	8.26	9.834	0.55	0.56
印度尼西亚	6.06	6.06	0.40	0.35
俄罗斯	4.671	4.68	0.31	0.27
澳大利亚	4.79	5.11	0.32	0.29
马来西亚	3.08	3.12	0.21	0.18
泰国	0.91	1.004	0.06	0.06
中国	0.87	1.338	0.06	0.08
中国台湾	0.56	0.57	0.04	0.03
缅甸	0.089	0.089	0.01	0.01
越南	0.014	0.014	0	0

资料来源：Department of Industrial Policy and Promotion Fact Sheet on Foreign Direct Investment (FDI) From April 2000 to Oct 2011, Ministry of Commerce and Industry, India. Available at http://dipp.nic.in/English/Publications/FDI_Statistics/2011/india_FDI_October2011.pdf, 最后访问日期：2012 年 5 月 28 日，http://dipp.nic.in/English/Publications/FDI_Statistics/2012/india_FDI_June2012.pdf, 最后访问日期：2012 年 9 月 8 日。

这在一定程度上说明：

（1）美国、俄罗斯对印度的诉求主要不是经济上的。

（2）新加坡是印度亚太战略中重要的支柱性力量，但从 1991 年至今，无论是贸易上还是 FDI 上，新加坡对印度的重要性呈缓慢下降趋势。

（3）东盟核心国家对印度经济转型的贡献主要在 20 世纪 90 年代，目前其重要性正逐渐下降；相反，印度经济发展的未来区域动力在于中、日、韩三国。这可能由于在产业链的转移上，"1997 年亚洲金融危机之后，中国已经在产业链上完成了超越东南亚，直接链接至日本之后的进程"[①]。

其次，就安全、战略领域的实施效果而言，进入 21 世纪，印度"东向"战略获得极大进展，合作范围已涵盖从东南亚到日本、韩国、澳大利亚等国

---

① 周小兵：《东亚与南亚间经济关系及其趋势》，《南亚研究》2011 年第 2 期。

的广大地区，合作重点也主要从经济领域转向包括战略和安全领域的复合型区域。大致看来，在印度"东向"的第二阶段，主要呈现出以下特征：

（1）"东"的地理范围被大大扩展，即从过去集中于东南亚变为将东亚和南太平洋都包括在内，包括从澳大利亚直到中国和东亚的广阔地域。

（2）以签订自由贸易框架协定为标志，印度与亚太国家的经济合作深度加强。在整个进程中，虽然新加坡、印度尼西亚、马来西亚等传统东盟核心国家与印度的贸易、投资在数量上继续保持增长，但增长速度不及日本、韩国等东北亚国家；东南亚国家的重要性呈下降趋势，而东北亚核心国家的重要性上升。

（3）安全和战略领域的合作成为双边关系发展的新重点。印度以海洋合作为基本平台，从最开始的军事交流逐步扩大到全面防务合作，军事互访不断增多，联合军事演习次数逐年增多，规模也不断扩大。最重要的是，印度通过与越南、日本安全关系的强化，一定程度上增加了其对东亚事务的影响力和活动空间。印度正在成为亚太地区一个影响力渐增的行动者。

印度之所以能够在推行亚太战略时部分达成其目标，在于其自身拥有的一些优势：

第一，印度的民主标签使其更易被美国及其亚太盟国接受成为"天然伙伴"，从而赋予了其在拓展战略空间上的合法性。作为人口最多的民主国家，印度在意识形态上与西方有亲近感。与中国和俄罗斯不同，印度没有给西方国家造成"挑战者"或"威胁者"的印象，西方担忧"中国威胁论"，却鲜有人提及"印度威胁论"，印度甚至成为西方制衡中国崛起的重要棋子，因为他们觉得印度的发展是"可以预见的"，因而没有担心的必要。2000年克林顿启程访问印度、巴基斯坦、孟加拉国前，在《洛杉矶时报》撰文《地区伙伴关系是美国21世纪的关键》称，"美印具有共同的价值观和目标。错过了50年的时机之后，现在是双方加强友谊与合作的时候了"[1]。2009年辛格总理访美时，称"两国共同的理念和互补优势将为应对21世纪全球挑战提供基础"，美印伙伴关系对全球和平与安全"不可或缺"[2]。以此为基础，美印还试图在亚太地区打造"美-印-日-澳"民主之弧来制衡

---

[1] 《洛杉矶时报》，2000年3月20日，转引自赵蔚文《印美关系爱恨录——半个多世纪的回顾与展望》，第165页。

[2] "Joint Statement between Prime Minister Dr. Singh and President Obama", November 24, 2009.

中国的崛起。

第二，基于中国崛起的现实，印度被美国及亚洲其他国家赋予了现实的地缘政治平衡的用途。

2011年9月28日，美国负责南亚与中亚事务的助理国务卿罗伯特·布莱克（Robert O. Blake）在国务院亚洲研究局的演讲中也指出，美国和印度双边合作的重点包括四个关键领域：安全与防务问题；为经济与民用核合作注入新的活力；印度在"新丝绸之路"计划中发挥中心作用；深化与印度从亚丁湾到马六甲海峡整个亚太地区的合作[①]。鉴于印度在印度洋地区和亚太地区的经济潜力和军事实力，加之与美国有民主价值观基础和相似的战略利益，美国积极争取将印度纳入到自己的战略框架以实现再平衡的需要。

虽然目前美国仍是亚太地区绝对的军事霸权国家，对亚太地区的安全结构和政治格局具有决定性的影响力，但中国由于地缘、历史和经济等多种原因，是亚太最重要的政治力量之一。要平衡中国，美国需要动员包括盟友和非盟友在内的所有国家的参与，包括印度。

对东南亚国家而言，虽然目前印度与东南亚国家的经济依存度还较低，达不到对冲中国经济影响力的程度，但东南亚国家乐衷于将印度纳入东南亚的多种双边的、多边的、正式的、非正式的安全构架，企图达成一种"软制衡"的效果。从安全和战略上讲，印度某种程度上对中国在东南亚的存在形成了牵制。

对日本而言，20世纪90年代前后，日本曾凭借其"雁行模式"将中国、韩国、东南亚等纳入其经济合作体系，但随着中国的崛起以及日本的相对衰落，日本外交中的政治、安全因素也越来越突出。印日关系的加强，特别是印美日的三边互动，在一定程度上对中国起到了"制衡"的效果。

最后，印度的经济潜力被亚太地区多数国家所认同，并有意将其塑造成一支降低中国崛起所造成的不确定性的积极力量。

以新加坡、日本与印度的贸易关系和FDI为例，20世纪90年代，新加坡是印度与东盟国家开展贸易关系最重要的伙伴。1991～1992年度，印度从新加坡进口份额占印度从东盟国家进口份额的54.6%。即使到了90年代末，印度从新加坡进口份额仍占印度从东盟国家进口份额的30.5%。进入

---

① Remarks by Robert O. Blake Jr., "Looking Ahead: U.S.-India Strategic Relations and the Transpacific Century," http://www.state.gov/p/sca/rls/rmks/2011/174139.htm.

21世纪，印度与新加坡启动了双边贸易自由化进程。2005年，印度与新加坡签订了《印度－新加坡全面经济合作协定》，内容包括双边自由贸易协定，以及投资、避免双重征税、开放空运服务、教育、传媒及旅游等多个领域，双边贸易额继续大幅提升。在FDI上，从1991年至2012年，新加坡一直高居亚太国家对印度进行直接投资的首位，至2012年6月，新加坡累计对印度进行直接投资达175.55亿美元，占印度所接收的所有FDI的份额的10.05%。

日本从2003年起，与印度的双边贸易开始显著提升。至2010年，日本对印度的出口为7920亿日元，是2004年出口额的2.4倍。目前，日本享有巨大对印贸易顺差，但随着2011年印日全面经济伙伴关系协议的签订，预计在未来10年内两国间商品关税将降低94%。与中印间贸易赤字相对比，这显示出了印度和日本两国都非常重视两国贸易关系的前景。

与此同时，日本继续保持了对印度的FDI投入，是仅次于新加坡的亚洲国家。2010年10月，日本对印度的FDI是71.25亿美元，至2012年6月，该数据急剧上升至126.63亿美元。日本占印度所有接收FDI的份额也迅速从4.25%上升至7.25%，这从一侧面反映了日本对发展印日关系的信心和重视。在印度投资的日资企业也从2003年的231家发展为2007年的475家[1]，至2010年已经达到872家[2]。

更重要的是，自2003年以来，日本一直是印度最大的ODA提供者，这是两国关系的另一个侧面。如德里地铁的建设大部分就利用了日本的官方发展援助，而日本也承诺向"德里－孟买工业走廊"项目提供资金支持。据日本《产经新闻》报道，在2011年野田访印期间，日本向日印联合项目"新德里至孟买产业大动脉"提供了45亿美元贷款。该报还认为，日本此举是以经济援助为杠杆，强化双方在海洋安全等方面的合作，将印度拉入"日美等国构筑的包围网"。《产经新闻》更指出，日本之所以提供融资，就是为了支持印度与非洲及东南亚等国强化合作的所谓"钻石项链战略"，此举有明显的针对视为"珍珠链"的意图。

虽然存在诸多上述优势，印度在推行其亚太战略时，也存在自身无法克

---

[1] Tan Chung, *Rise of the Giants: The Dragon-Elephant Tango*, Patricia Uberoi (ed.), (Anthem Press, 2008), p. 270.

[2] Ministry of Foreign Affairs of Japan. http://www.mofa.go.jp/region/asia-paci/india/index.html.

服的一些挑战。

（1）印度自身外交资源的有限性和政策的延续性问题。

回顾1991年印度开始东向的进程，整个20世纪90年代，印度的东向政策基本处于走走停停的态势，这很大程度上受制于国内政治的影响。2000~2011年，印度的亚太战略被稳步推进，效果不错。但从2011年下半年开始，受金融危机的持续影响，印度国内的通胀和财政赤字问题大大凸显，这都影响了印度可以用于推进亚太战略的外交资源。综合而言，从内外两个层面看，影响印度外交资源的因素主要包括：

首先，就国内环境来说，一是经济发展水平不高，贫困人口太多，短期内难以形成推动经济持续快速增长的国内市场，因而西方对印度市场潜力的估计不得不继续推后和延迟；二是铁路、公路、机场、港口等推动现代经济发展的交通运输基础设施严重落后，石油、天然气和电力等推动现代经济发展的能源资源严重短缺，这都将成为印度继续吸引更多FDI的瓶颈；三是经济体制僵硬问题未能得到根本扭转，公营企业改革进展不大，劳工法依然不适应经济快速发展的需要等，印度融入亚太地区的生产网络仍有很长的路要走；四是议会民主政治也在一定程度上使反对党阻碍政府经济发展政策过于激烈，迫使政府经常暂停甚至放弃某些促进经济发展的改革政策和措施。如近期的关于国际大型零售连锁超市沃尔玛、家乐福进入印度市场被拒绝的问题，表面上这是由于政党担心失业问题影响选举时的选票，但更大的原因则是由于在印度分散的小规模的零售业背后隐藏的高利润的"中间人"（middle-man）行业的存在和游说活动。

其次，就外部经济环境来说，一是石油等自然资源价格暴涨，并可能呈现居高不下的态势，这将使印度的双赤字风险更加难控；二是国际资本转移的风险，当国际资本大量流入时，可能为经济发展带来充足的资金，但"当国际资本特别是热钱纷纷撤离时，又可能引起金融动荡甚至经济衰退"[1]。

（2）巴基斯坦对印度外交精力的牵制。

冷战时期，印度将有限的政治、经济、军事与外交资源应对印巴对抗，这种消耗限制了印度在地区和国际事务中的作用，并对其努力追求的大国形

---

[1] 文富德：《印度崛起对中国经济发展的影响》，《南亚研究季刊》2008年第4期，第23、24页。

象产生了消极影响。尽管巴基斯坦因素对印度大国诉求的影响或羁绊的程度与冷战时期相比有所下降,但印度能否彻底摆脱巴基斯坦的消极影响,化解与巴基斯坦对抗造成的实力消耗,真正从南亚地区强国发展为全球性的大国,与巴基斯坦的和平进程至关重要。

印巴2003年11月签署全面停火协议,2004年2月开始启动全面对话进程,双边在建立信任措施以及经贸和民间交往等领域有所进展,但两国在涉及彼此核心关切的议题上并无实质突破。印度认为应优先解决与其国内安全相关的议题,要求巴基斯坦对巴境内的恐怖主义采取实际行动,切实阻止针对印度的恐怖活动。而巴基斯坦认为应优先解决与领土有关的议题,如克什米尔问题、锡亚琴问题和爵士湾问题。应该说,两国在涉及彼此重大安全利益议题的判断与认知上并没有汇合点,印度的核心关切并不位于巴基斯坦的优先之内,而巴基斯坦的重要关切也不是印度的首要之选。由于彼此关切的侧重点与对话目标的轻重缓急各不相同,两国在对话中关于核心利益的诉求难以达成共识。

早在2004年1月南亚区域合作联盟(SAARC)峰会期间,印度总理辛格就表示,"我们必须改变南亚在世界上的形象和地位。我们必须做出勇敢的转变,从猜疑变为信任,从纷争变为和谐,从紧张变为和平"①。辛格总理也多次提到,与巴基斯坦讲和符合印度的重要利益,并且保证印度将主动与巴基斯坦会面接触②。实际上,自2008年孟买恐怖事件后,印度基本上保持了对巴基斯坦的战略克制,并自2011年以来对巴基斯坦不断释放积极信号。

然而由于长期敌对,导致双边互不信任根深蒂固,短期内建立起来的信任非常脆弱,经不起任何风吹草动。而且,在印巴始终存在一些既得利益集团,利用政府在双边问题上的"让步"做文章,利用国民情绪实现自身的政治目的。印度和巴基斯坦的领导人都会面临为推动和平进程而付出政治代价的风险。受国内政治因素影响,两国领导人在处理涉及双边关系的敏感问题上大多比较谨慎。更为重要的是,恐怖活动已经成为影响两国对话进程的最为敏感的因素,给两国关系正常化带来诸多变数。总之,印巴和平进程一波三折,第五轮对话艰难重启,这一切似乎都在说明,印巴间长达半个多世

---

① "Prime Minister's statement at the 12th SAARC Summit," January 4, 2004, http://www.mea.gov.in.

② "PM's reply to the debate in the Lok Sabha on the President's address," June 9, 2009, http://www.mea.gov.in.

纪的仇恨与积怨所形成的根深蒂固的排斥与怀疑心理，并不是短期内就可以消弭的。

要实现大国战略，印度必然要摆脱与巴基斯坦对抗造成的资源消耗。然而目前印度与巴基斯坦的和平进程具有极大的不确定性，这为印度亚太战略的第一层目标的实现带来一定影响。巴基斯坦，成为印度实现亚太战略目标以及大国地位诉求需要跨越的第一道门槛。

（3）南亚其他国家独立性的增强及"去印度化"。

印度历来将南亚邻国视为自己的势力范围和"后院"，做大南亚，也是印度实现大国理想不可逾越的。在冷战期间，虽然印度以道德政治标准积极参与全球政治，但对南亚地区的基本政策就是寻求建立主导地位，并且阻止地区外势力对南亚地区的介入与影响。印度独立初期寻求在南亚地区建立主导地位的实践，最主要的表现就是与喜马拉雅山区王国之间的控制与反控制。冷战结束后，印度已经意识到，如果要在国际舞台上发挥更大的作用，印度必须摆脱南亚地区的束缚。在此背景下，印度调整了南亚政策，出台"古杰拉尔主义"。

"古杰拉尔主义"的核心内容就是印度单方提供帮助，不要求对等回报，从而让南亚地区处于良性互信。不可否认，"古杰拉尔主义"也是印度强化对南亚地区影响力的重要手段，只不过这种策略相对于赤裸的控制更容易博取邻国的信任。因此，从这个意义上说，"古杰拉尔主义"具有两面性：一方面印度希望给南亚的发展、秩序与和平产生正面影响，使印度战略性地从这一地区"脱身"[1]；另一方面，强化南亚邻国对印度的依附，使印度在南亚地区事务中居于主导地位。

然而自2008年以来，传统上对印度比较依赖的国家，如尼泊尔和不丹，国内政局出现巨大变化，其对外政策也呈现出"去印度影响"的调整趋势。2012年6月，中国国务院总理温家宝在里约热内卢出席联合国可持续发展大会期间会见了不丹首相吉格梅·廷莱，并就建交问题进行了会谈。这在印度国内引起了巨大恐慌，认为中国的战略纵深有所推进。同样，对于中国与巴基斯坦、斯里兰卡、孟加拉国经济战略关系的推进也激起了印度对中国在

---

[1] Kanti Bajpai, "India-US foreign Policy Concerns: Cooperation and Conflict," In Gary K. Bertsch eds., *Engaging India*, *US Strategic Relations with the World's Largest Democracy*, Routledge, 1999, p. 198.

南亚实行"珍珠链"的猜想。尽管"古杰拉尔主义"为印度在地区内塑造亲善形象提供了政策性支撑,但印度能否摒弃"大哥大心理",真正从邻国的国家利益出发,以平等的姿态发展与邻国的互利关系,是印度摆脱地区束缚的关键。

(4) 客观看待中国崛起及正确处理中印边界问题。

印度对中国抱有战略疑虑,对中国政策具有两面性。防范中国,尤其是限制中国对印度传统势力范围南亚国家的影响,是印度周边外交及大国外交的一个重要内容。

在 20 世纪相当长的时期内,由于存在边界争端,中印关系处于长期的敌对与僵冷之中,国际格局及彼此的战略关切使中印双方陷入"安全困境"。并且相比之下,印度的恐惧感则更为强烈。冷战结束后,在国际关系的重心从大西洋转向太平洋的背景下,中印成为当今世界发展最快的新兴经济体。但不可否认,中国先于印度走到舞台的中心,印度则处于"后发追赶"态势。中国经济实力上升,以及中国对地区甚至世界影响的日益提高,使定位于"有声有色大国"的印度不可避免地具有某种焦虑和失落,在解读中国的战略意图上有偏差。至少在某些印度政治精英看来,"不存在中国对印度的威胁"的认知发生逆转,认为"中印之间有很大的问题",甚至中国已经超过巴基斯坦成为印度的最大威胁。印度媒体也不时炒作中国军队"侵入印度领土"等雷人话题。印度国内不时泛起"中国威胁论"就是这种心态的反映。印度前国家安全顾问米什拉就认为中国"正在走向霸权",并鼓动印度"不能信任中国";而一向谨慎的印度总理辛格在 2009 年访美期间也公开指责中国"展示实力",并称中国"过于自信"。

当前,边界问题仍是中印关系中最敏感的一环,也是印度的亚太战略存在的变数之一。由于 1962 在印度精英心理上造成的负面影响,以及当前中印实力差距呈扩大态势,更加剧了印度对"中国武力解决边境问题"的担忧,印度学界和媒体经常抛出"中国入侵印度领土"的论调。2011 年 10 月底,隶属军方的国防研究分析所学者阿里(Ali Ahmed)发表题为《潜在的中印冲突》的报告,认为必须对可能的中印冲突做好准备,"最低层面,中国可能发动卡吉尔式的冲突,规模和烈度有限,以教训印度为目的。最高层面,中国可能武力夺取领土,比如达旺"[①]。2012 年 2 月底,印度国防学院

---

① Ali Ahmed, "A Consideration of Sino-Indian Conflict," *IDSA Issue Brief*, October 24, 2011, p. 4.

和政策研究中心牵头多名战略家完成报告《不结盟2.0：21世纪印度的外交与战略对策》，也强调"中国有可能通过武力宣示领土主张"，并提出一些因应之策，包括加强前沿军事基础设施建设、在"被中国占领的地区"打游击战、开辟海上战场"围魏救赵"等①。

令人欣慰的是，当前中印两国领导人似乎均致力于将中印边界问题控制在可控范围之内。除了2005年签署的《解决中印边界问题政治指导原则的协定》之外，2012年1月，两国举行第十五轮边境特别代表会晤，同年3月，举行中印边境事务磋商和协调工作机制首次会议。同年9月，中国防长梁光烈在时隔8年后首次访问印度，双方就边界安全问题，以及加强印中防务关系举行了会谈。中国此行的主要目的之一也是为打消印度对中国的多种疑虑。

第五节　印度亚太战略对地区及中国的影响

印度亚太战略在本质上是"东向"战略的延伸，在政策实施初期具有战略模糊性和政策非连续性特点，但在2000年后，印度亚太战略部分取得了实质进展。在这个过程中，有两点需要特别注意：①印度在20世纪90年代初与俄罗斯传统安全关系的恢复，以及在1993年与美国政治互谅和战略互信的实现，是印度真正开始向东南亚走进的前提条件；②印度核试射后与美国关系的回暖，是印度东向"第二阶段"能够与东盟核心国家，以及日本和韩国在政治、经济和安全关系上取得大幅提升的关键。

印度积极参与和融入亚太，对该地区的权力结构产生了一定影响。其中，美国的重要性被印度高度重视，印美关系从长期来看存在提升的动力和空间；印日关系将由于两国"地区平衡"的考虑在短中期得到深化；中国将面临更加复杂的网络状的战略环境，印、美、日以及东盟国家在安全上的协作有提升之势。这主要表现于：

首先，美国在印度的亚太战略中占据最大权重，印度的亚太战略存在一定程度"美国先行、印度跟进"的特点。

"印度跟进"既包括美印双边关系从"新型伙伴关系"提升至"全球伙

---

① Non-Alignment 2.0: A Foreign and Strategic policy for India in the twenty-first century, 2012, pp. 40–42.

伴关系"，也包括印度与美国在亚太地区盟友关系的更新。在美国的亚太盟友体系中，日本、韩国处于美国亚洲盟友体系的最核心圈，印度与日、韩两国的走近最先开始于2001年前后的防务合作，并将这种防务合作有机地与美国在亚太地区要优先解决的外交议题结合了起来。如"9·11"后，在印度洋上活动的日本自卫队舰艇就从孟买采购燃油，换防时日本海上自卫舰队在印度南部的科钦港口交接。印度海军和日本海军还在马六甲海峡与南中国海举行反海盗联合演习；处于美国亚太盟友体系第二圈的国家大致包括东盟的新加坡、菲律宾、泰国以及澳大利亚。2004年10月印度和新加坡首次进行联合空战演习；2005年，印度航母首次达到南中国海，访问新加坡、印尼和马来西亚；2009年9月，澳大利亚邀请印方参加联合军事演习。更新盟友体系是美国亚洲再平衡的重要战略抓手之一，印度不属于美国在亚洲的盟友体系，但至少属于"半盟友"或"软性盟友"。要平衡中国，美国需要动员包括盟友和非盟友在内的所有国家参与。

其次，印日关系的提升既有其内在的逻辑，更有着平衡中国的深层动因。印度和日本的相互需求在于：对印度来说，要快速发展经济不仅需要日本的官方援助（ODA）和直接投资（FDI），而且需要日本先进的技术支持。在核技术上，日本也是印度要"公关"的重要国家；在地区影响上，印度要加强在亚洲的影响，需要日本在政治上的支持和平衡；在联合国安理会常任理事国身份上，印度与日本、德国和巴西构成了"四国联盟"，相互借力。对日本来说，则主要看重印度的经济发展潜力及其在亚洲地缘政治中所起到的独特的平衡作用。另外，能源战略通道安全考虑也是日本与印度合作的动因之一。

在地区权力架构的重组上，虽然中国名义GDP在2010年首超了日本，但事实上"中日间的结构性矛盾从2004年就开始发生并凸显了"[1]。在中美进行的亚洲领导权之争中，还伴随着日本在心理上对中国无法认同和接受，从而不断"通过定位中国来定位自身的过程"。在这种不断定位中，印度是日本在亚洲另一个有利的联合对象，因为印度似乎对自身的定位也是如此。在2006年的香格里拉对话上，印度防长穆克吉（Pranab Mukherjee）就说，"与中国、日本一起，印度是亚洲巨人的重要支撑之一……印度在维持亚洲力量均衡、持久和平、经济增长和安全上具有重要的作用……作为一个世俗

---

[1] 2012年9月5日清华大学教授阎学通在亚太与全球战略研究院的演讲。

的、民主的、通用英语的国家,印度理所应当对亚洲的平衡贡献力量。"①

最后,中国是印度亚太战略要追赶和平衡的目标,且印度对自身实力有足够清醒的认识。

在《不结盟2.0:21世纪印度的外交和战略政策》报告中,印度指出,"印度不应高估自身与中国谈判的能力"②。同时,印度认为,对中国加以限制和平衡是符合印度利益的。认为"当前,印度在海洋能力上略占优势,但中国正在迎头赶上。对印度来说,将中国的海军力量限制在黄海、台湾海峡、东中国海和南中国海这第一岛链是符合印度利益的。美国在亚太强化的海军力量部署、日本更强硬的外交态度和增强的海军投射能力以及其他关键海洋国家印度尼西亚、澳大利亚和越南海军实力的加强,将有利于延缓中国海军力量投射至印度洋的进程"③。可以看出,印度"不结盟"政策的回归,实质是在"尊重"美国实力、"借力美国"的情况下避免过度"刺激"中国的一种折中选择,因为印度自知当前与中国实力还存在一定距离。同时,在未来趋势上,印度已经做出了日本将大幅衰落的战略研判,并将自身提升为与中国平等、在未来将仅仅只"次"于美国的第二层国家,认"中美印"三边关系才是未来最重要的三边关系。

在地区经济一体化进程中,印度采取了"先易后难、迂回前进"的策略。20世纪90年代与东南亚恢复经济关系主要是由于地缘上的临近以及经济发展程度上的易于对接性;在1998年核试射后的短暂外交黑洞期间,印度尝试次区域合作的方式来重新链接"东方"。这里的东方既包括东南亚也包括东北亚,印度与东南亚核心国家(新加坡、泰国)、日本、韩国的经济关系相继改善。在FTA建设上,则充分运用政治关系提升的红利,与美国在亚洲的盟友充分实现双边贸易自由化,如泰国、新加坡、韩国、日本。为应对中国-东盟自贸区的成立,《印度与东盟商品自由贸易协定》也在2010年生效。但综合评估起来,至今印度在地区经济一体化进程中与亚太国家经济融入的程度在质量和数量上都不及中国。

---

① Text of the speech (June 3 2006), available at www. iiss. org/conferences/the - shangri - la - dialogue/shangri - la - dialogue - archive/shangri - la - dialogue - 2006/2006 - plenary - session - speeches/second - plenary - session - pranab - mukherjee, 最后访问日期:2012年8月18日。

② Non-Alignment 2.0: A Foreign and Strategic Policy for India in the twenty-first century, 2012, p. 10.

③ Non-Alignment 2.0: A Foreign and Strategic Policy for India in the twenty-first century, 2012, p. 13.

当前，由于中国的快速发展以及这一发展过程要持续较长的时间阶段，中国的崛起在东南亚引起了某种"战略紧张"，从而出现东亚国家在经济上依靠中国、在安全上依靠美国的局面。与东南亚需要美国提供"安全保证"和"战略再确认"一致，印度也被视为在东南亚可以平衡中国的重要的一种政治力量。印度以商业合作为由，与以越南某油气公司合作开发油气田，从而试图为涉足南中国海问题铺平道路。同时，为抵消中国之前在缅甸影响力的加深，印度也调整了之前批评缅甸非民主的政策，大力发展与缅甸的全方位关系。虽然印度的实力和影响力还有所不足，但东南亚国家力图将印度纳入地区制度架构，发挥印度对中国的"软制衡"作用。从安全和战略上讲，印度某种程度上对中国在东亚的存在形成了牵制。

对中国而言，虽然现实上印度的"东向"并未对中国在东亚的利益构成重大损害，而印日关系的发展短期上也无法对中国形成威胁，但"印美日"三边协作却是美国在亚洲平衡的新动向，美国的盟友（半盟友）体系越来越网络化，中国面临的安全环境更加复杂，要进行拆解的成本增加。

就中印关系而言，虽然印度也在某些方面配合了美国在亚洲的系列措施，并与阿富汗、越南、日本等国家形成一定联动，但这并不意味着印度在可预见的未来会与中国走向实质性的对抗。从总体上看，印度最多不过是通过美国发挥"一两拨三斤"的作用，中印关系呈现"合作与竞争并存，且理性要求双方合作必须大于竞争。一定程度上讲，印度之所以表现出试探性对抗，主要目的还在于希望中国以一种平等和理性来看待印度的崛起，这主要源于印度崛起过程中强烈的"中国参照系"。虽然印度很多有识之士明白，"印度对中国处处设防使它从长远来看将要成为输家"[①]，但印度乐见自己在处理对华关系时处于某种战略优势。印度也正是利用某些国家对中国强大后实力展示的顾虑，来竭力拓展自身的战略空间。

从整体来看，中国的发展给印度提供了经济持续发展的红利快车，同时在主观愿望上，中国也试图努力摆脱以欧洲经验为基础的历史宿命，避免与美国及其盟国发生激烈的冲突。但在现实上，不得不承认中印在亚洲存在关系更加复杂的现实。对中国而言：

第一，本质上，认清印度的"东向"（东进）政策并未能实质性影响中国与东亚国家的经济与战略关系，但印度可能与东亚国家通过机制等手段实

---

① Harsh Joshi, "New Delhi Should Bait Beijing," *The Wall Street Journal*, Decmber 15, 2010.

施对中国的"软制衡";中国与东盟关系可能需要新思路,传统的"以经济促安全"的思路难以继续奏效。同时,中印关系本身仍然存在提升和友好的空间,印度已经在经济上更看重东北亚国家的重要性,印度认识到自身并无力独自来应对中国,短期内只能扮演一个良好的"平衡者"的角色。

第二,印美关系将长期趋向"战略友好",印日关系的迅速发展是近中期内无法逆转的趋势。印日走近是亚洲权力转移进程中,印日双方做出的合理反应,一定程度上也印证了中国在产业链上超过东南亚链接于日本之后的现实;2011年10月至2012年6月期间日本对印度FDI的激增除了反映日本对印度的信任外,可能预示着日本在东地震之后,某些产业开始从日本向印度实行转移,并以此来支持印度经济的持续增长。

第三,印美日三边协作是美国在亚洲再平衡的较新手段,即在盟友体系之外通过其他形式融入"半盟友"或"软性盟友",且主要只集中于安全和战略领域。在无法拆解美国在亚洲的盟友体系情况下,中国的不结盟政策面临巨大挑战。同时,鉴于印度对日本发展前景的预判是"长期上将面临大幅的衰落",因而印美日三边协作在短期内强劲,长期上将缺乏后劲。相反,"中美印"三边协作是印度期待的实现其与中国平起平坐的标志性互动模式。

第四,印度将从中长期上重视与中等国家如韩国、越南、印度尼西亚、澳大利亚的安全协作,特别是海洋上的协作。必须认识到,印度亚太战略的直指目标是中国,即在经济上、军事上和国际影响力上均能和中国平起平坐。延缓中国战略延展的进程就是加速了印度赶超中国的进程,将中国"限制在黄海、台湾海峡、东中国海和南中国海这第一岛链是符合印度利益的"。对此,中国应思考相应的反制措施。

第七章

欧盟的亚太战略

张 健等[*]

　　欧盟是一个全球独一无二的国际组织,既不是联邦,其成员都是主权独立的国家;也不是一般意义上的国际组织,各成员国之间高度融合,拥有超国家机构欧盟委员会、欧洲议会、欧洲法院以及欧洲中央银行等。欧盟在外交领域的合作虽然在很大程度上仍属政府间性质,但成员国之间的协调配合也日趋紧密,特别是在对外贸易以及发展援助等对外关系领域,欧盟超国家机构欧盟委员会拥有专享职能,有较大权力。因此,欧盟既是成员国特别是英、法、德等大国借以推动本国对外战略的平台,其本身也有协调、指导成员国对外战略的独特权力。本章以欧盟亚太战略作为研究对象,实际上是综合研究了欧盟成员国特别是大国亚太战略以及欧盟作为一个整体本身的亚太战略。本章共分四部分,第一部分回顾了欧盟亚太战略的演变过程,第二部分重点分析了近年来国际新形势下欧盟亚太战略的调整和变化,第三部分对欧盟近年来亚太战略调整的背后考虑和动因进行了梳理,第四部分结合欧盟推行亚太战略的有利条件和不利因素,对欧盟亚太战略的前景进行了分析。

---

[*] 本章为集体成果,作者分别为张健,中国现代国际关系研究院研究员、王莉、杨芳、王剑南、王朝晖,中国现代国际关系研究院副研究员。

第一节 欧盟亚太战略的演变

亚洲多数国家曾经是欧洲的殖民地。二战结束后，亚洲地区民族运动蓬勃展开，欧洲老牌资本主义国家在亚洲的势力明显减退，后来居上的美国、日本在亚洲影响力增强。冷战期间，欧洲对亚洲总体采取了较为忽视的态度，其主要原因一方面由于欧洲战后实力下降，而亚洲经济发展也十分落后，双方交往合作动力不足。另一方面，受两极体制的影响，法德等西欧大国的主要精力集中于欧洲内部的联合之上[①]。冷战结束后，在时代与国际环境大转换的背景下，欧盟开始以新的眼光审视亚洲，虽然并未出台明确的亚太战略，但从欧盟一系列对亚洲政策以及对中国、日本、东盟等亚洲国家国别政策看，欧盟对亚太地区显然有其战略考虑和目标，对亚太的重视程度也逐渐增强。大体看，欧盟对亚太战略的演变可分为三个阶段。

一 第一个阶段为冷战结束到20世纪90年代末

冷战结束后，特别是1993年以来，西欧大国和欧盟都先后大幅度调整对亚洲的战略和政策，政府要员接连访亚，企业家也纷纷涌向亚洲，西欧出现了冷战后第一波"亚洲热"。

在欧盟的亚太政策方面，德国发挥了较大的推动作用。早在20世纪70年代中期，德国人就在谈论，21世纪是太平洋世纪，亚太地区将上升为最重要的世界政治经济活动体。1980年，经德国提议，欧盟决定与1967年成立的东盟加强对话，德国也扩大了与一些亚洲国家的双边关系。直到20世纪90年代初，德国基于以下两个考虑，才准备将亚洲当做整体来应对：一是随着苏联解体和冷战结束，此前地缘政治上相距遥远的亚洲明显与德国拉近了距离，这种变化要求德国对亚洲新邻居进行新的战略定位。二是德国看到了在亚洲的巨大经济利益。德国多年来从欧洲市场获得的经济推动力已经减弱，作为出口大国，希望从亚洲尤其是从中国开辟新的增长点。于是，中国跟传统上与德国关系密切的日本一起，成为德国对亚洲政策的战略标杆。

1993年，德国政府认为应适时起草全面的亚洲战略。科尔总理1993年初访问亚洲五国，回国后命令外交部着手起草，文件于秋天出台。文件题目

[①] 冯仲平：《亚太战略场——世界主要力量的发展与角逐》，第七章，时事出版社，2002。

是《联邦政府的亚洲方案》,分为三大部分:第一部分谈及亚太地区当前发展,指出德国应当更新亚太政策以加强应对。第二部分是主体,阐述德国未来亚太政策的重点和手段,由八个重点领域组成,分别是经济、科学技术合作、环境、电信、发展政策合作、教育科学文化合作、职业教育媒体和社会政策对话,最后列举了德国外交政策的任务和安全政策的任务。第三部分简短收尾,再次强调加强亚洲政策的重要性和必要性。文件指出,大中华经济区正以令人窒息的速度崛起,亚太地区将在21世纪获得极大的未来机遇,积极的亚太政策有益于德国的政治和经济利益,也是德国的未来保障,更是全球和平政策不可缺少的组成部分。文件将经济列为第一政策重点,指出经济政策是德国亚洲政策的前提,德国政府的目标是扩大与亚太的经济合作,并列举了支持德企在亚太地区活动的多种手段,如扩建驻外商会网络、加强使领馆的经济服务功能、举行博览会、提供对外经济咨询、出口贷款保证、投资促进等。追逐经济利益是德国1993年亚洲战略的中心点,中、日、印被赋予全球经济意义。在亚洲战略出台前夕,德国经济亚太委员会于1993年秋天成立,负责协调和促进私营经济界具体提案,及时开始对亚洲战略的贯彻。但这一版本亚洲政策具有很大的领域局限性,德国相关专家认为,其核心只是一个对外经济方案,局限于经贸领域,充其量只是"贸易代表处的升级",并无具体外交政策目标可言。另外,也有地域局限性,仅限于以中、日为主的东亚太平洋地区以及东南亚的东盟国家。但无论如何,1993年的亚洲战略是德国政府的首个亚洲战略,在德国和欧洲都具有开创意义。

  这一时期的英国主要是利用英联邦国家的关系,保持并发展其"传统地位",并以此为基点,把影响扩大到其他亚洲国家[①]。1993年1月英国首相梅杰访问了英联邦在亚洲最大成员国印度,同印重新签订避免双重征税协定[②]。此后,梅杰与外交大臣赫德等还分别出访了马来西亚、日本、中国香港、越南及泰国,东亚外交攻势凌厉[③]。1993年11月,梅杰首相首次明确提出在英外交优先次序中,将给亚洲以新的地位。英国贸易大臣理查德·尼达姆也表示英国决心集中精力拓展亚洲市场[④]。梅杰首相在1994年再度强

[①] 怀新:《西欧大国进入亚洲"角逐场"》,《国际展望》1994年第3期。
[②] 怀新:《西欧大国进入亚洲"角逐场"》,《国际展望》1994年第3期。
[③] 赵俊杰:《西欧大国的新亚洲政策》,《欧洲》1995年第5期。
[④] 邬九懿:《欧亚关系的新进展》,《现代国际关系》1994年第9期。

调,"整个亚洲正在成为英国外交政策中的新的最优先考虑的对象"①。年初,英国外交部和贸工部重新审议了对亚政策,认为虽一时尚难以拟定对整个地区的计划,但要推行一些促进措施,如支持中小企业集团联合成一个亚太咨询小组,在英国驻亚洲几个使馆增设商务官员,并在印度、马来西亚筹建商务中心等②。由此可见,在这一时期的英国亚太政策中,主要着眼点是加强在亚洲的经济存在。在政治上,也力图发挥自己的影响,如敦促印度签署不扩散条约等。在合作伙伴的选择上,英国则注重加强与亚太地区的英联邦成员国的关系,优先发展与印度、马来西亚、中国香港及新加坡的经贸合作关系③。将中国香港作为通往亚洲地区的门户,在香港新建总领馆,并扩大了驻香港商会。此外,英还重视同中、日合作。当时,正值中英香港问题谈判期间,英国政府虽然在香港问题上坚持己见,但这并未影响中英经贸关系的发展。

法国政府同样看到了亚洲经济繁荣发展对法国的重要性。20世纪90年代初,法国商品占亚洲市场份额仅为2%,在亚洲的直接投资只占亚洲投资市场的0.7%~2.5%,远远落后于美国、日本及其他一些欧洲国家。法国政府和经济界人士意识到,长此以往,法国将失去对亚洲发展的发言权和法国企业参与开发亚洲大陆的机会,调整亚洲政策已刻不容缓。1994年初,法国政府推出了一项旨在进军亚洲、开展联络、增加投资、拓展市场的"对亚洲主动行动计划",该计划共分10点,旨在鼓励法国中小企业把投资重点转向亚洲,扩大对亚洲的技术输出和转让,在5年内把法国对亚洲出口从占其出口总额的7%扩大到10%,使法国在亚洲的市场占有率接近3%,并在以后的8~10年内上升到4%~5%。法国总统密特朗及其内阁部长纷纷走访东南亚一些国家,力求尽快实现法国在亚洲"立足、参与、投资、发展"的新政策④。一方面,法国继续重视其在亚洲传统势力范围——中南半岛地区,将该地区作为"亚洲最后的潜在市场",利用其与这些国家之间的传统关系,携带巨资和高科技重返该地,参与开发。密特朗亲自访问越南和柬埔寨,表达法国政府提供援助、共同开发的强烈意愿,旨在率先抢占中南半岛地区,然后再向其他地区辐射,为法国立足和参与今后10年中南半

---

① 顾俊礼:《西欧国家亚洲政策的调整与中欧关系》,《亚非纵横》1997年第1期。
② 邬九懿:《欧亚关系的新进展》,《现代国际关系》1994年第9期。
③ 赵俊杰:《西欧大国的新亚洲政策》,《欧洲》1995年第5期。
④ 周国栋:《法国人重新重视亚洲》,《国际展望》1994年第24期。

岛地区的开发打入楔子,推动全面实施新亚洲政策。另一方面,积极改善1989年以来恶化的中法关系,弥补90年代初向中国台湾出售护卫舰和幻影战斗机对法国带来的巨大贸易损失。据估计,1993年法国在中国失去的合同金额达30亿~60亿法郎,若关系继续恶化,还将丢失潜在的合同金额300亿法郎。一些法国强项如地铁工程、空中客车、电信、汽车等合同纷纷被德国、西班牙等公司夺走。为此,密特朗1994年初派遣总理巴拉迪尔访华,以便为法国企业拓展中国市场。同年9月,江泽民主席访法,两国关系正常化,签署了约20亿美元的合同,法国企业可以参与建造广东第二座核电站、京沪高速列车等项目。

1995年5月希拉克上台后,法国对亚太地区的重视达到新的战略高度。希拉克明确指出:"未来世界将是多极的","亚太地区将成为21世纪世界经济发展中的一极","应加强欧亚在美亚欧三角中较薄弱的这一边",以实现世界格局的平衡。法国政府公开宣布,亚洲将是法国的"新疆界",1996年初再次推出开拓亚洲市场的第二个行动计划,该计划共分15点,除继续发展与亚洲国家在通信、能源等领域合作外,还将加强在环境保护和知识产权等方面的合作。希拉克1996年上半年访问新加坡,提出要将法国在亚洲的市场份额提高3倍,并与新加坡共同倡议建立亚欧会议机制,共同主办了1996年的首次亚欧会议,标志着法国亚太战略进入了一个新阶段。为此,法国将东盟、中国、日本和印度列为外交重点,1997年5月希拉克访华,与中国签署建立中法"全面伙伴关系"的联合声明,中法关系开始进入"蜜月期"。与此同时,随着1997年和1998年希拉克相继访问日本与印度,法国与两国都宣布建立"全面伙伴关系",不仅首脑会晤机制化,而且相互举办"文化年",意在深化双边了解,提高法国在亚太事务中的作用。

在成员国的亚太热中,1994年,欧盟委员会通过了《走向亚洲新战略》文件[①],首次确定与亚洲国家的政策发展框架。该文件指出了欧盟再度重视亚洲的最重要原因在于,"欧洲重新发现了亚洲","亚洲的崛起正在改变世界经济力量的平衡"。欧盟强调,世界经济的增长中有一半来自于东亚与东南亚,亚洲国家对于欧洲出口的重要性也在不断上升。亚洲发展中国家在欧盟出口总额中的比例从7%跃升为20%,超过了美国所占的18%的比例。

---

① Commission of the European Communities, "Towards a new Asia Strategy," 13 July 1994, http://aei.pitt.edu/2949/1/2949.pdf.

文件认为，亚洲经济实力的增长也将使亚洲不可避免地在世界事务中发挥更大作用。为此，欧盟决意抓住机会，"赋予亚洲更优先的地位"，全面了解亚洲新兴强国政策走向，加强两地区关系，以维护欧盟的国际影响力。该战略文件明确提出了对亚洲的战略总目标，即加强欧盟在亚洲的经济存在；扩大和深化与亚洲国家的政治、经济关系；在亚洲推动减贫和促进可持续增长；为推动亚洲民主、法制及尊重人权和基本自由的发展与巩固作贡献。为实现上述目标，欧盟也提出了新政策和新手段。对亚洲的政治新战略是：积极发展与亚洲国家的政治关系，加强政治对话，调整政策，以东盟为基石，就双方共同关心的政治与安全、地区与全球性问题展开平等对话。经济新战略是：促进对亚洲的贸易和投资；扩大经济技术合作；支持亚洲国家发展市场经济，对经济改革给予帮助；支持亚洲国家进入世界经贸体系。应指出的是，欧盟当时的对亚洲战略虽强调将积极发展与亚洲的政治、经济和安全等全方位关系，但新战略的实质重点仍置于与亚洲的经济合作，主要致力于促进商品、服务贸易的发展及市场开放等现实经济利益。

欧盟作为整体通过对亚洲新战略后，欧盟与亚洲伙伴的关系获得了长足的发展。1995年3月和7月分别通过了对日本的《欧洲与日本：未来阶段》和对中国的《中国欧盟关系长期政策》两个重要政策文件，成为欧盟亚洲战略的重要组成部分。其中对中国的文件中，首次把对华关系提高到战略高度，强调中欧关系的长期性和独立性，对华战略是其亚洲战略的核心[1]。提出了促进政治对话，发展经贸关系，特别是尽力促成中国"达标"加入世贸组织；加强全面合作和树立欧洲在华形象等具体行动内容。1998年欧盟出台《与中国建立全面伙伴关系》的政策文件。欧盟先后还与东盟以及中、日、印等亚太大国建立了定期的多层次交流机制，增强了亚洲国家对欧盟的了解，同时也为亚洲国家解决地区和全球事务提供了更大的回旋余地。1996年，首次亚欧会议召开，确立了欧盟与亚洲对话和合作的固定机制，首次以一种非制度化的对话协商机制，为亚欧国家以平等身份就政治、经济和文化等方面的合作与交流提供了新模式和新平台，成为联系亚欧两大洲的最重要纽带。此后，亚欧会议在落实欧盟对亚洲新战略，扩升欧盟在亚洲"形象"与影响方面发挥了重要作用。

---

[1] Commission communication, "a long term policy for China-Europe relations" (COM (95) 0279 C4 - 0288/95), Brussels, July 5, 1995, http：//aei. pitt. edu/2784/1/2784. pdf.

二 欧盟推进亚洲战略的第二个阶段始于 21 世纪初，直到 2008 年全球金融危机爆发

这一时期，随着欧盟《马斯特里赫特条约》以及《阿姆斯特丹条约》的签订，欧盟形成了共同外交与安全政策框架，外交协调性有所加强。2001 年，欧盟委员会出台了《欧盟与亚洲：强化伙伴战略框架》的新亚洲战略文件。为欧盟今后 10 年发展对亚洲关系确立了新框架。与 20 世纪 90 年代中的对亚洲战略文件相比，欧盟新战略体现了新形势下的新特点：

第一，亚洲在欧盟全球战略中的地位加强。欧盟此次对亚洲战略调整处于一超与多极较量并重构国际体系的重要时期，欧盟与东亚作为世界上发展变化最快的两大地区，国际地位日益重要。从欧盟看，欧元作为单一货币的诞生、共同外交与安全政策的制定、欧盟历史上首次东扩进程的不断推进，增强了欧盟实施独立自主外交的信心。亚洲虽从地缘看并非欧盟对外战略重点，但随着亚洲崛起步伐加快，进一步增强与亚洲的合作机制，完善欧盟外交总体战略构想，已成为欧盟在多极化世界中提升自身地位与作用的重要手段之一。从亚洲看，自欧盟 1994 年出台新战略以来，亚洲的经济和政治也发生了巨大变化。1997 年的金融危机对亚洲，特别是东亚的经济、社会甚至政治造成了重大影响。但该地区相对较快的经济复苏能力也使欧盟更加重视东亚新兴经济体潜在的经济活力[①]。而且自 20 世纪 90 年代以来，东亚区域合作的愿望增强，实施步伐加快。特别是东南亚国家通过区域合作获取规模经济效益、促进东盟国际市场竞争力、扩展地区整体政治影响的一系列举措对欧盟的吸引力上升。为此，新文件提出今后 10 年欧盟亚洲战略的核心目标是："加强在亚洲地区的政治、经济存在，并将之提高到与扩大后的欧盟在全球的地位相称的水平"。

第二，亚欧政治安全对话与合作重要性上升。在经济合作的基础上，新文件把加强亚欧政治安全对话列为 21 世纪初欧盟对亚洲战略的首要目标。在欧盟看来，一个崛起中的亚洲仍具有巨大的"脆弱性"，是诸多长期存在

[①] Communication from the Commission, "Europe and Asia: A Strategic Framework for Enhanced Partnerships," Brussels, April 9, 2001, http://eur-lex.europa.eu/LexUriServ/LexUriServ.do? uri = COM: 2001: 0469: FIN: EN: PDF.

的现实与潜在、传统与非传统、局部与全球性安全威胁、挑战或冲突的策源地。而随着欧亚合作的推进与全球化进程的深入，两地区各方面的"相互依存继续加强"，政治与安全合作的动力日益增强。因此，推广自身战后和解经验与一体化模式，参与亚洲安全治理，既有助于维护欧盟在亚洲的经济利益，也利于欧盟借软实力优势扩展自身影响力。正如时任欧盟共同外交与安全政策高级代表索拉纳所表示，中国大陆与台湾之间"潜在的紧张气氛"、剑拔弩张的印巴关系、克什米尔的暴力活动和菲律宾的人质危机如今都是欧盟对外政策的重点[①]。

第三，对亚洲政策日益关注内部差异性与多样性。在已出台的两个对亚洲战略文件中，欧盟均强调"亚洲"的概念过于简单化，亚洲并非一个单一的地区，具有不同的文化传统和社会、经济、政治情况。亚洲战略在欧盟总体战略框架下，对1994年的文件进行了调整，细化了针对亚洲不同地区的不同政策，从而使其亚洲战略更加务实而有的放矢。如对"多冲突"的南亚，欧盟强调与该地区主要国家进行前瞻性对话，以地区一体化促稳定。对东南亚，立足东盟与东盟地区论坛，加强非传统安全合作，着重冲突预防与"善治"建设。对东北亚，抓重点国家。促使中国成为在国际事务中持建设性和合作态度的国家。提出欧日应充分利用共同价值观与利益基础加强互利合作。在朝鲜半岛支持朝韩和解与无核化进程等。

第四，对亚欧会议在促进两大洲关系中的作用期望值上升。在新文件中，欧盟肯定了亚欧会议在扩大和加深两大洲关系方面所起的关键作用。在欧盟的考虑中，亚欧会议的潜力表现在，一是欧亚在促进政治、经济、社会"三大支柱"合作，尤其是促进欧洲经济利益方面的重要作用。二是抗衡美国在该地区全面推进的重要平台。冷战后欧美关系存在既合作又竞争的微妙特点，欧洲被美排除于亚太经合组织之外典型地反映出欧美间在亚太竞争的一面。而欧盟显然不愿亚洲完全受控于美国。与此同时，欧洲人也看到，亚洲人也有借亚欧会议、借欧洲力量平衡美国影响的意图。在2001年亚洲新文件出台前后，欧盟针对亚洲重要地区与大国推出了一系列举措和政策。2003年，欧盟再次发表新的对华政策文件《走向成熟的伙伴关系——欧中关系共同的利益和挑战》，"期待中国在世界经济中扮演建设性和负责任的

[①] 沙达·伊斯兰：《相互矛盾》，《远东经济评论》周刊，2000年7月20日。

角色"①。2006年,欧盟出台第6份对华政策文件,而且首次将贸易文件单列发表,经贸已由中欧关系中的稳固基础开始转变为欧盟对华政策中最为突出的问题。欧盟2003年还出台了《与东南亚新伙伴关系》等一系列文件,一方面勾勒出了21世纪初期欧盟对亚洲新战略整体框架,另一方面也使欧盟对亚洲总战略方针应用化、具体化。

紧随欧盟新政策的出台,德国于2002年6月推出了新的亚洲战略。本版本亚洲战略不再是单一的文本,而是一分为三,分为了三个亚方案,即东亚、东南亚和南亚方案,题目均是《德国外交政策的任务》。首次对南亚加大了关注,南亚部分包括阿富汗、孟加拉国、不丹、印度、马尔代夫、尼泊尔、巴基斯坦和斯里兰卡;东南亚部分除东盟国家外,还纳入了南太平洋国家、澳大利亚和新西兰;东亚部分有日本、韩国、朝鲜、蒙古以及包括港澳台在内的中国。尽管如此,中国仍是德国亚洲战略的重点目标。特别是随着中国在经济与政治上日益崛起,"中国威胁论"在德国频掀波澜。2007年10月23日,联邦议会联盟党议会党团出台题为《亚洲是德国和欧洲的战略挑战和机遇》的亚洲战略讨论稿。文稿分为三部分,分别是亚洲的政治崛起、亚洲的经济崛起、对德国和欧洲的影响。文稿对机遇部分所言不多,而是着重强调亚洲崛起对德国和欧洲带来众多严重挑战,指出亚洲政治崛起给德国和欧洲造成安全政策、非传统安全威胁、地区冲突和恐怖主义威胁、能源和原材料竞争、秩序政策等多重挑战,亚洲经济崛起则给德国和欧洲造成经济与技术竞争、知识产权保护、金融领域的多重挑战。文稿提出,为应对挑战,要加强欧洲,适应亚洲,促进经济和安全政策交织,促使亚洲崛起国家融入西方主导的国际体制。文稿尤其对中国带来的挑战直言不讳,极尽渲染,提出"中欧制度冲突论",认为"中国这个不民主、不自由的国家已成为西方之外的另一种政治制度模式选择,其秩序政治模式已成为西方的竞争对手,也对德国和欧盟在亚洲以外的经济与政治利益构成了挑战"。联盟党党团外交政策发言人冯·克莱登指出,德国以往的亚洲政策过于专注经济,过于专注中国了,中国模式对许多发展中国家具有吸引力,减少了西方模式的吸引力,必须接受西方日益面临的与中国的制度竞争,必须对中国加以防

---

① A maturing partnership-shared interests and challenges in EU-China relations, Commission Policy Paper for Transmission to the Council and the European Parliament, Brussels, October 9, 2003, COM (2003) 533 fin. http://ec.europa.eu/comm/external_ relations/china/com_ 03_ 533/com_ 533_ en. pdf, pp. 8, 15.

范和均衡。可以说,在这种情况下,中德关系已由以往纯粹的"朋友+合作伙伴"关系转型为"邻居+竞争对手"关系,体现出"合作中有竞争"乃至"竞争加对抗"的新态势。讨论稿要求德国和欧盟奉行自信的亚洲政策,加大强调西方价值观,加大与亚洲民主国家团结,加强关注印度、日本、韩国和东盟国家。讨论稿提出,为贯彻德国外交的三大利益——经济利益、政治和地缘战略利益、全球利益,德国应在亚洲"争取可信的伙伴",即"以共同价值和信念为基础的伙伴",呼吁"多点印度和日本,少点中国",对亚洲民主政体加大投入,建议"不只专注中国,印度也已发展为亚洲的重要政治主导力量,且到2020年将拥有与中国相似的经济地位"。这表明,印度已上升为德国亚洲政策的又一个中心。此后,德国政府明显加大了对印、日等所谓亚洲民主国家的政策投入和关注。也有评论认为,这份文稿主要针对中国和印度,日本处于次要位置,许多其他国家被完全忽略。

但这一时期欧盟对华政策并未发生以德国为核心的转变,未以"接触+遏制"作为欧盟对华政策主体方向,而是以中法关系长达10年的"蜜月期"为最明确标志,法国对华政策俨然成为欧盟对华政策的"发动机"和"领头羊",在欧盟内发挥着"典范"作用,牢牢把握着欧盟对华政策的总体方向。这主要得益于希拉克以发展与中国关系为主轴的坚定的亚洲政策,认为中国必将成为未来多极世界的重要一极,欧盟与中国必须成为战略伙伴,加强在世界重大事务上的合作,共同塑造新的国际秩序,反对世界向单极转变。希拉克强调:"加强法中双边关系,也就是同时为密切欧中关系作贡献。"在此期间,法中各领域交流与合作达到前所未有的深度,政治上,高层互访频繁,元首热线开通,两国外交部各级对话机制和驻联合国大使磋商机制更趋完善。经济上,经贸往来呈强劲增长势头,在核能、电信、航空等领域的合作取得显著成果的基础上,积极推动农业、保险、环保等领域的合作。文化上,交流取得"突破性进展",互设文化中心和签订政府间"文化协定"使两国文化交流步入机制性轨道,互办"文化年"深化了相互间的理解和认知。军事上,军方高层领导互访频繁,建立了两军对话与磋商机制,增加在人员培训与维和领域的交流。2004年1月,两国签署新的《联合声明》,将"全面伙伴关系"提升为"全面战略伙伴关系",在国际战略合作方面,双方承诺加强多边体系、维护集体安全和促进全球问题的解决,如,推动可持续发展、保护环境、支持平衡的国际贸易和互惠互利的全球化、促进文化多样性、在国际谈判机制中进一步合作等;在双边关系方面，致力于将政治友好关系延伸到贸易领域，强化"贸易合作伙伴关系"，深化科技文化合作，笃实双边合作的基础与内涵。直到 2008 年初，法中关系都延续这一路线，未发生重大曲折。

与此同时，法国对亚洲其他国家与地区的关系也都保持比较平稳势头，与日本、印度等大国保持着密切交往，双方往来频繁，从 1998 年到 2000 年，法国在亚洲投资建厂数目增加 27.7%，人数增加 77.5%，尤其在日本，法国企业在 1992 年到 2000 年间增加了 2 倍，在韩国、越南的法国企业也增长迅速。中国入世极大地鼓舞了法国企业，2000 年，法国企业在华数目比 1998 年增长了 40%。但总体上讲，外国企业在亚洲投资总额中，法国企业所占份额还十分有限，大约在 2%~4%，大大低于其在传统市场（欧洲和非洲）所占的 10% 的份额。根据法国银行的数字，经济高速增长的亚洲在 1999 年获得了 22 亿欧元的法国直接投资，大约为法国对外投资总额的 2.5%。法国在这一地区的对外直接投资存量非常虚弱，但发展迅速。1992~1996 年，法国企业受到亚洲市场的诱惑，将在亚洲地区的直接投资增加一倍，1998 年金融危机期间，法国在亚洲地区的投资放缓，到 1999 年又重新开始反弹和膨胀。法国的投资主要集中在新兴工业国家和地区，如中国、新加坡、韩国和中国香港。直接投资的迅速发展带动了雇用人员的大幅度增加。1998~2000 年间，雇用人员数目增长了 77.5%[①]。

同样，这一时期的英国亚太战略也更多地突出了中国这个重点。这一时期，可以说是冷战以来，中英关系最好的时期，也是英国对华战略系统形成的一个重要阶段。具体表现为，1997 年布莱尔上台后，发展对华关系的原则是把香港这一很长一段时间以来影响中英关系的难题，当做推动中英关系的桥梁。1998 年 10 月布莱尔首度访华，两国发表联合声明，宣布建立全面伙伴关系，为中英关系跨世纪发展确立了基本框架。2003 年，布莱尔首相再度访华后，回英即指示成立了旨在进一步提升英中关系的"对华关系小组"。2004 年 5 月，温家宝总理应邀访英期间，宣布建立全面战略伙伴关系，明确将贸易与投资、财政金融、能源、科技、教育文化、环保作为双方今后重点合作领域，并决定将两国政府领导人和外长互访机制化。自此，开始了年度总理级别会晤机制。

---

① 法国企业在亚洲，2008 年 8 月 5 日，http://www.china001.com/show_hdr.php?xname=PPDDMV0&dname=KQVDE41&xpos=33。

三 第三个阶段始于2008年全球性金融危机爆发，目前仍在演进之中

这一阶段，西方包括欧盟在内遭遇债务危机巨大冲击，相对实力及国际影响力下降；亚洲总体仍呈上升之势，西方对亚太关注前所未有。欧盟虽未出台新的亚洲战略，但对亚太重视程度提高，外交极为活跃。2012年6月，欧盟理事会发布修订版《欧盟外交与安全政策东亚指针》，肯定了东亚对欧盟日益上升的重要性。2012年7月，欧盟与东盟正式签署《东南亚友好合作条约》。

2012年6月12日，德国联盟党议会党团继5年前第二次向联邦议院提交了亚洲战略讨论稿，题为《普世价值、可持续增长、稳定的世界秩序》。主体有三部分：一是政治与安全领域，包括阿富汗的安全与稳定，亚洲地区冲突的管理与长期解决，国家间冲突和亚国家冲突，西藏和台湾是特殊的潜在冲突地，电脑化空间的安全挑战，稳定的世界秩序目标与亚洲的合作伙伴，欧亚多边合作。二是经济、发展合作与环境领域，包括推广社会市场经济，与新兴中国对话以共建全球经济秩序，与美国合作建立跨大西洋自由贸易区，发展东盟与欧盟的关系，废除贸易壁垒并反对贸易保护主义和倾销，反对强制技术转让以保护企业活动自由，保护知识产权，建立双边原材料伙伴关系以促进原材料安全，提高能效以应对环境保护挑战。三是社会与教育领域，包括应对价值观相对主义的挑战，以企业作为价值规范的载体，技术进步与技术交织为发展民间社会提供机遇、教育与创新，旅游让人们相互联系，促进高校和智库对亚洲的研究等。与2007年讨论稿相比，本版本讨论稿更强调面临的机遇，表示目前条件很有利，"亚洲的政治形态正处于形成阶段，与新一代开展对话并用普世价值拉拢并与其形成共识的机遇已经展现"，"想与亚洲各国更加密切而平等地合作"。讨论稿提出，应充分抓住机遇，拉拢亚洲未来领导层人士在青年时代到德国旅游和居留，以便他们与德国建立起个人感情和个人联系。本版本讨论稿认为，亚洲国家有时是潜在伙伴，有时是竞争对手。与2007年讨论稿有关共同价值观伙伴的划分相比，这一稿仍然看重共同价值观伙伴，对伙伴关系划分得更细致，分为三类：一是结盟伙伴，即盟友，如美国；二是共同价值观伙伴，如印度、日本、韩国和澳大利亚；三是战略伙伴，如中国。认为伙伴关系的长远只能建立在共同价值观和共同信念的基础上。经济利益仍占重要地位，联盟

党党团经济政策发言人普费弗尔指出,德国与中国的经济往来紧密程度与美国相当。这一稿尤其看重原材料伙伴关系,比如与中亚各国的原材料伙伴关系,强调自由贸易。

媒体评论称,在本版讨论稿中,就对亚洲各国的重视而言,日本只是被看成高技术国家,此外很少被关注,表明其政治地位进一步下降。对中国的评价较前更加细致多样,少了些意识形态,比如,冷静地声称中国常常成为德国电脑空间受到攻击的来源地,但同时却表示,欢迎中国与欧盟共同建设电脑空间行动部队。支持与中国发展战略伙伴关系,称两国有诸多共同利益,经济关系是活跃的伙伴关系的稳定基础,双边内阁会议表明德中关系的特殊意义,并要求中国"确保所有中国公民的普遍人权",强力呼吁宗教自由。

英对亚洲政策也体现了相当的多元态势。主要体现在:重视中国,但亦着力重新经营对印度、日本、东盟等其他亚洲国家;重视发展双边关系,又力求发展对次地区组织等多边合作。大力推广商务外交,同时紧抓安全与人权等政治议题不放。2010年5月,联合政府上台后,女王发表了议会复会后的首次讲话,在谈到英国对外关系时,重点提及了印度,称英国"需要更好地认识印度崛起的全球影响力",称英国新政府把印度看做英国在区域贸易和投资、能源安全、气候变化、打击恐怖主义、国际金融体系改革等诸多领域的关键合作目标。英印两国部长已经就如何"建设一个真诚的特殊关系"进行磋商[①]。2011年1月,外交大臣黑格访问中国香港,后出访澳大利亚和新西兰,这是20余年来,英国外交大臣首次到访澳大利亚、新西兰两国。2012年4月,英国首相卡梅伦出访日本和东南亚,随后不久,黑格与外交国务大臣布朗相继再访东盟国家。英国对亚洲外交的频繁密集,显示英国外交正全面展开亚洲攻势。

这一时期法国对亚洲政策也出现一定变化,一方面,法中关系出现重大曲折,2008年,法国总统萨科齐在是否抵制北京奥运会开幕式问题上立场左右摇摆,巴黎市政府授予达赖"荣誉市民身份",达赖访法受到参众两院议员欢迎,年底萨科齐又以法国作为欧盟轮值主席国的身份接见达赖,令中法关系跌入低谷,并元气大伤,直到2010年才有所恢复,中法双方在应对国际金融危机、建立新的国际金融秩序等问题上进行了比较深入的对话,但

---

① 《英国亚洲外交转向》,《21世纪经济报道》2010年6月2日,http://www.21cbh.com/HTML/2010-6-2/0MMDAwMDE4MDI0Mw.html。

遗憾的是一直未能达到希拉克时期的合作高度。另一方面，法国与印度、日本等国家的关系出现回暖，一是对印度外交出现新迹象，2008年初萨科齐访印，不仅强调双方共同的价值观，还商讨加强战略合作，特别是在国防、军事、民用核能等方面的合作。法国媒体将此访形容为"播种"之旅，《费加罗报》称，在德国、英国等欧洲国家纷纷笼络印度的时刻，"法国急需收复印度失地"[1]。此后萨科齐还邀请印度军队参加法国国庆日阅兵，印度空军参加英法举行的军事演习。法国不仅欲将法印贸易额迅速提高到120亿欧元，以"适应两国的战略伙伴关系水平"，双方呈现密切交往势头。2010年萨科齐再次访印，不仅希望加强双方经贸和军事合作，更表示要成为"政治伙伴"，两国共签署高达150亿欧元的合同，包括70亿欧元的核电合同和50亿欧元的军售合同，成为名副其实的"收获之旅"。二是对日关系也有所加强，法国总理菲永访日签署了一些贸易协定，2011年日本核事故后，萨科齐成为首个访日的外国元首，两国借此加强了在核能安全问题上的合作。三是将亚洲政策向多元化扩展，包括向澳大利亚开放法国驻新喀里多尼亚的军事基地，开拓马来西亚核电市场，扩大法韩中小企业经贸合作并支持欧盟与韩国签订自由贸易区协定，在朝鲜开办代表处等。上述措施表明了法国扩大亚太事务发言权、深入拓展亚洲市场的意图。

第二节 欧盟当前亚太战略的主要内容和特点

2008年，全球性金融危机爆发，随后欧洲主权债务危机持续蔓延、升级，欧盟陷于经济、社会、政治和一体化发展的全面困难时期。从外部看，国际力量格局加速演进，欧盟面临国际地位与影响力相对下降的巨大压力。内外挑战下，欧盟外交已逐步调整。在欧盟对亚洲战略中，尽管冷战结束至今欧盟已出台了两个对亚洲战略文件，但在很大程度上仅是政策宣示，未能得到完全的贯彻与推行，实际效果不尽如人意。正如欧洲理事会主席范龙佩所言，欧盟对亚洲政策似乎仍基于发展合作之上。因此，真正将对亚洲战略从纸面落实到行动，已成为欧盟外交反思与调整的一大重点。近年来欧盟几乎所有成员国都强调应加强与亚洲的关系。从欧盟对亚太地区的一系列动作看，欧盟亚太战略呈现出如下趋势和特点。

---

[1] 《萨科齐的印度之行》，法国国际广播电台，2008年1月26日。

一 经济外交力度加大

亚洲国家是欧盟的重要贸易伙伴,以参加亚欧会议的亚洲国家[①]与欧盟之间的贸易额为例,2011年欧盟从这些国家的进口量达到5326.7亿欧元,在欧盟进口总额中占31.6%,出口量为3306.4亿欧元,占欧盟出口总额的16%[②]。以欧盟与东盟国家的贸易量看,2011年欧盟从东盟国家的进口量为5320亿欧元,出口量为3300亿欧元,欧盟是东盟的第二大伙伴,而东盟作为整体也是仅次于美国、中国的欧盟第三大贸易伙伴[③]。2008年全球经济危机发生以来,西方国家包括欧盟陷入严重的经济困境,对外需求增大,经济成为外交的优先目标。在这种情况下,经济仍然较快发展的亚洲地区成为欧盟经济外交的重点对象。欧盟对亚洲经济外交主要表现在如下三个方面。

首先是通过高访等形式,大力推动对亚洲出口投资,同时积极宣传,招商引资。

2010年英联合政府上台后,"重商"即为其外交最为突出的特点,大大突出外交部的商务职能,将"推销英国"作为外交工作重点,积极争取贸易、投资机会,促进英国尽早经济复苏,而其中印度、中国等亚洲新兴经济体国家则是其重中之重。2012年2月,英国商务部和外交部联合启动推广计划,面向12个亚洲高速发展的新兴市场体(中国、中国香港、印度、印度尼西亚、日本、马来西亚、菲律宾、新加坡、韩国、中国台湾、泰国和越南)。外交大臣黑格则称,亚洲市场的重要性是毫无疑问的,英企应该把目光坚定地投向东方,政府将在这一商业外交行动中对英国企业提供支持。近年来,英国对亚太地区出口每年以20%的速度增加。其总体目标是,在未来5年,要使与中国、印度、越南、印度尼西亚、马来西亚和韩国的贸易往来有所增加或在某些情况下翻番,从而使英国出口总额可达到2020年翻番至每年1万亿英镑的水平。近两年来,英国政府通过高层出访等对亚太地区"订单外交"初见成效。

[①] 亚欧会议中的亚洲国家指的是文莱、柬埔寨、中国、印度、印度尼西亚、韩国、马来西亚、蒙古、缅甸、巴基斯坦、菲律宾、泰国、新加坡、老挝和越南。

[②] European Commission, "EU trade statistics for Asian ASEM countries," http://trade.ec.europa.eu/doclib/docs/2006/september/tradoc_113472.pdf.

[③] European Commission, "The EU-ASEAN trade relationship," http://ec.europa.eu/trade/creating-opportunities/bilateral-relations/regions/asean/.

德国总理默克尔上任 8 年来两度访问印度，首度出访越南、蒙古和印度尼西亚，政府成员当中的外长、发展合作部长、经济部长等也频繁访问印度、缅甸、新加坡、老挝、孟加拉国等国，外长三度访问印度。频繁出访亚洲多国表明，德国近年显著增强了对中国以外亚洲国家的经济外交攻势。德国与印度双边贸易发展迅速，2010 年双边贸易额比上年增长 18%，为 154 亿欧元，2010 年有 1500 家德企在印度经营。德国和印度尼西亚的贸易在全球经济与金融危机后恢复增长，2010 年德国对印度尼西亚出口增长 33.8%，从印度尼西亚进口增长 32.6%，德国对印度尼西亚直接投资在 2009 年达到 10.5 亿欧元。2010 年，德国与马来西亚双边贸易额增长 37%，对马来西亚直接投资 2009 年为 237 万欧元。德国对越南出口 2009 年增长 12.3%，2010 年又猛增 31.8%，2009 年德国对越南直接投资达到 1.41 亿欧元。德国经济亚太委员会 2011 年底率企业家代表团访问缅甸，认定缅甸经济潜力极高，提出参加缅甸政治转型后的起跑线竞争。外长韦斯特韦勒 2012 年 4 月访问缅甸，表示要重点照顾德企利益，使德国产品在缅甸畅通无阻。德国企业界代表称，自西方停止对缅甸制裁、开始与缅甸合作以来，缅甸笼罩着"淘金氛围"。

法国持续加强对亚洲的经济攻势，2008 年和 2010 年法国总统萨科齐两次访问印度，2011 年法国国务部长访印，均对扩大与印度贸易寄予厚望。2009 年和 2011 年，法国预算部长、经济部长先后访问新加坡，2011 年法国总统萨科齐、外长朱佩访问日本，总理菲永还分别访问柬埔寨、印度尼西亚。2009 年法国经济部长、2010 年外贸部长分别访问马来西亚。这些访问对扩大法国与亚洲国家贸易起到了一定推动作用，最明显的是，2010 年法国与印度双边贸易提高明显，涨幅为 30.7%，2011 年再增加 5.8%，达 74 亿欧元，其中法国出口为 28 亿欧元，目前由 700 多家法国企业落户印度，雇用人员超过 20 万人，法国企业对印度投资达到 70 亿欧元。但迄今法国与亚洲国家最大的贸易伙伴分别是中国、日本、新加坡和韩国。自 2003 年以来，日本成为继中国后法国在亚洲的第二大经济伙伴，也是法国在亚洲投资的第一大目的地，对日投资 2009 年底达到 152 亿美元，成为继美国和荷兰之后第三大投资国，高于英德两国。新加坡是法国在东南亚的第一大贸易伙伴，2010 年双边贸易达 21.5%，共 81 亿欧元，法国在新加坡的出口份额达到 2.4%，仅次于德国。2009 年法国与韩国的贸易额也达到了近 60 亿欧元，成为韩国第四大投资伙伴，投资额超过 25 亿欧元，2010 年有近 250 家法国企业在韩国运营。但这一阶段法国与中南半岛国家越南、柬埔寨的贸易额却增长缓慢，在上述国家的投资也处于下滑趋势，如法国曾是越南的第一大投资国，但到2008年投资额却排名到12位，迄今只有200家企业落户越南。

其次是大力推动与亚洲国家的自由贸易区建设。

2006年世界贸易组织多哈回合谈判陷于停顿后，一贯崇尚多边自由贸易体系的欧盟将目光越来越多地投向双边层面，寻求缔结双边自由贸易协定打开更广阔的市场。尽管欧盟一度曾担心双边自贸谈判进程可能会弱化欧盟推进多哈回合谈判的立场，但金融危机及欧元区主权债务危机"不期而至"后，追求即时的商贸利益很快成为欧盟首当其冲的目标。为了摆脱经济困境，欧盟近年来已明显加快了在东亚推进自贸区谈判的节奏。

2007年7月，欧盟与东盟正式启动首轮自贸区谈判。谈判内容涉及商品与服务贸易的逐步自由化、投资自由化与便利化、消除贸易壁垒、增加政府采购透明度、知识产权保护等内容。由于东盟内部国家之间、欧盟与东盟之间，在经济发展程度、竞争力等方面存在较大差异，特别是东盟国家难以接受欧盟提出的在基础设施部门、政府采购方面的激进方案，表示其作为发展中国家，市场的开放必须符合自身发展阶段和水平，欧盟的要求不符合东盟国家的利益。马来西亚、老挝和缅甸等国明确表示不能接受政府采购条款。与此同时，因担心本国的竞争优势受到冲击，欧盟劳工标准方面的过度要求也遭到许多东盟国家的排斥。因此，2009年，欧盟与东盟的自贸区谈判陷于停顿。欧盟不得不转而采取与东盟单个国家进行的双边谈判模式。新加坡是欧盟第十三大贸易伙伴，在欧盟对东盟出口中，新加坡占40%，新加坡也是欧盟在东盟最大的投资目的地。新加坡是欧盟在东盟首个洽谈自贸协定的国家。据新加坡官方表示，双方自贸谈判已进入最后阶段，将尽早完成谈判。此外，欧盟与印度尼西亚、越南的自贸谈判也在加紧进行，并取得了不同程度的进展。

欧盟是韩国的第二大出口目的地，韩国则是欧盟的第八大贸易伙伴。2007年，双方正式启动自由贸易协定谈判。经过艰难的讨价还价，自贸协定最终签署并于2011年7月1日正式生效。这是迄今欧盟与亚洲国家签署的首个自贸协定，欧方称这是迄今欧盟与单一国家签署的最为重要的贸易协定。协定要求双方在未来5年把工业和农业等部门的贸易关税减少98.7%，到2031年7月，99.9%（个别农产品除外）的欧韩货物贸易将享受免税。欧盟委员会在一份新闻公报中说，协议将为欧盟制造商创造大约190亿欧元的新出口，并将使欧盟对韩国出口的关税成本减少16亿欧元。主要受惠行业包括电信、环境、法律、金融和航运等。同时，韩国对欧盟出口的关税成本将减少 11 亿欧元。韩国将承认欧盟的制造业产品标准，并消除贸易环节中的繁文缛节。2012 年 6 月，欧盟委员会在欧韩自贸协定生效一周年之际发布评估报告，确认了欧韩自贸协定对欧盟出口的"明显拉动作用"。与 2007 年同期相比，过去 9 个月欧盟对韩国出口增长了 35%，高于同一时间条件下欧盟总出口 25% 的增速，表明双方削减关税的总体效果明显。在完全取消关税的欧方产品中，过去 9 个月中（下同）对韩国出口增长了 46%。在部分自由化的欧方产品中，如汽车、农产品（占欧盟对韩国出口的 44%），出口增长了 36%。在未削减关税的欧方产品中，如部分农产品（占欧盟对韩国出口的 18%），出口亦增长了 23%。这一组数据表明，实施自由化的产品出口表现明显好于未实施自由化的产品[1]。对此，欧盟委员会贸易委员德古特也予以高度肯定。他指出，欧韩自贸协定实施效果表明欧盟贸易政策的道路是正确的，"在欧盟经济回归复苏的过程中，欧韩自贸协定发挥了重要作用"，欧盟将以此为范本，与相关国家签署一批双边自贸协定，为实施欧盟增长战略发挥关键作用[2]。

　　欧韩签署自贸协定对日本震动很大，日本十分担心该协定使韩国在欧盟市场拥有竞争优势，对日本企业造成竞争力冲击。日本为欧盟的第六大进口国，2011 年 6744 亿欧元的进口额占欧盟国家进口总额的 4%；同时，日本也是欧盟第六大出口国，4897 亿欧元的出口额占欧盟国家出口总额的 3.2%。相比之下，欧盟在日本的全球贸易格局中占据了更为重要的地位，为日本的第三大贸易伙伴，双边贸易额在 2010 年占日本贸易总额的 11.1%。据估计，日家用电器、汽车和其他产品制造商将因欧韩自贸协定，损失 30 亿美元的对欧出口价值[3]。日本大地震发生后，日本借出口拉动经济的愿望更为迫切。在日本商界的强大压力下，日本政府开始游说欧盟开启双边自贸谈判。但最初欧方并不热心，其主要原因在于，欧盟不满日本的一

---

[1] "EU-Korea trade agreement: one year on," June 27, 2012, http://europa.eu/rapid/pressReleasesAction.do?reference=IP/12/708&type=HTML.

[2] Speech by EU Trade Commissioner De Gucht, "EU-Korea FTA: A Solid Foundation for Growth and Jobs," Brussels, June 27, 2012, http://europa.eu/rapid/pressReleasesAction.do?reference=SPEECH/12/501&type=HTML.

[3] Shada Islam, "A NEW LEASE OF LIFE FOR EU-JAPAN TIES," April 26 2011, http://www.friendsofeurope.org/Contentnavigation/Library/Libraryoverview/tabid/1186/articleType/ArticleView/articleId/2446/A-new-lease-of-life-for-EUJapan-ties.aspx.

系列贸易保护主义做法。如日本长期不愿对欧盟国对等开放政府采购市场。2007年欧盟对日企业开放的政府采购市场价值3120亿欧元,约占欧盟GDP的2.5%,而日本对应开放的仅为220亿欧元,仅占有日本GDP的0.5%。日本还在农业、食品安全、医疗设备、运输服务、电信,特别是金融服务行业采取一系列限制欧盟出口的非关税壁垒措施。同时,欧盟也担心日本借谈判取消欧盟在汽车市场的非关税障碍,对欧洲汽车工业造成损害。但是随着欧债危机日益升级,欧盟内部逐步意识到,与世界第三大经济体日本建立更紧密的贸易纽带对欧洲就业与增长具有重要作用。欧盟贸易委员德古特表示,进一步扩展日本市场,可将欧盟对日出口提高1/3,创造40万个就业岗位。如果未来20年的增长来自亚洲,忽视日本将成为欧盟贸易的致命错误。2011年5月,欧日峰会召开,双方在会上决定进行自贸谈判和政治框架协议的准备工作。2012年5月,欧盟委员会与日本就未来谈判的欧盟市场准入重点达成了议程,欧盟委员会同意与日本在谈判中就取消非关税壁垒以及开放日本铁路和城市运输、政府采购市场达成协议。在相关实践圆满结束的情况下,7月18日,欧盟委员会已呼吁尽快启动双边自贸谈判。估计双方很快将正式启动谈判。但由于欧盟和日本都是保护倾向比较强的经济体,特别在汽车工业、农产品等领域存在"同质性"竞争,均面临国内行业强烈反对,因此,自贸区谈判前景绝非坦途。

欧盟是印度最大的出口市场,印度是欧盟的第九大出口市场。印欧若建成自贸区,将包括世界1/4的人口,形成一个15亿人的大市场,2015年双边贸易将增至1500亿欧元[①],欧盟与印度有关自由贸易区协定的谈判始于2007年。欧盟希望借该协议打开印度这个快速增长市场,拉动欧洲经济的复苏。印度也希望通过签署对欧自贸协定,提升自身在世界主要经济体中的声誉,同时帮助该国扼制国内经济放缓趋势。经过11轮谈判,目前因在环保、劳工及仿制药品等领域存在较大的分歧,双方迟迟未能最终签署协定。在2012年2月召开的欧印峰会上,双方领导人已表示将加速双边自贸协定谈判进程,争取在年底签署协议。

第三是推动对亚洲地区的军备出口。

欧洲国家特别是英、法、德有较强的军工实力,但在债务危机背景下,

---

① Gauri Khandekar and Jayshree Sengupt, "EU-India free trade: make or break," June 2012, http://www.fride.org/publication/1032/eu-india-free-trade:-make-or-break.

欧洲国家普遍大幅裁减军备，为挽救军工业，也为了促进本国经济增长。欧洲国家普遍将军火推销重点转向亚洲市场。英国对亚太出售武器一直呈上升趋势，据称，英国的武器出口商已经将武器出口的重心由海湾地区国家转移到亚洲的新市场，而此举得到政府的大力支持，2012年4月，英国首相戴维·卡梅伦的亚洲之行，就被称作是"售武与商贸之旅"[①]，英国一些军工企业的高级主管陪同访问，其中访问印尼时，卡梅伦公开宣称将向印尼出售"一些全球最好的防务装备"。2000年，英国政府对印尼武器出口总额在2000年仅为200万英镑，2002年就达到4000万英镑，整整增长了19倍。对印度方面的武器出口总额自2001年之后也翻了一番，2002年达到了1.1亿英镑。英国政府批准的向印尼出口的武器包括教练机、火箭发射器、坦克、装甲人员输送车等。向印度出口的武器包括高射炮零部件、电子集束枪、快速攻击机、军用直升机、护卫舰、战斗机和弹药等。对巴基斯坦方面的武器出口计划数额相对较少，包括空对空导弹、攻击直升机、护卫舰的零部件等。据法国《防务宇航》2012年5月16日报道，英国军火巨头BAE系统公司已经将马来西亚的首都吉隆坡作为该公司在东南亚地区的业务中心。该公司凭借在马来西亚开展20多年业务的积累，已经在吉隆坡设立了东南亚地区总部。希望通过与创新型小企业、政府机构、科研机构等的合作以及提供职业技能培训等渗透到马来西亚的经济、技术等领域。并已经与马来西亚的Boustead重工业公司和BHIC博福斯公司建立合资企业和生产厂。目前，BAE系统公司希望进一步扩展在马来西亚的业务，帮助马来西亚全面提升国防工业能力，最终拓展在整个东南亚地区的业务。为了达到拓展业务的目的，BAE系统公司将进一步对马来西亚进行技术转让。例如，BAE系统公司希望为马来西亚海军再提供一批舰炮系统，在该项目中，BAE系统公司将加大舰炮技术转让力度，使马来西亚本土供应的零部件比例加大。数十年间，BAE系统公司一直向马来西亚提供"博福斯"舰炮，目前有约140门"博福斯"舰炮在马来西亚海军服役。BAE系统公司在马来西亚组建的生产火炮的合资企业于2004年成立，过去几年来一直为马来西亚海军提供零部件工业、武器装备维护、

[①] Cameron on Japan, Southeast Asia tour to boost business, By Mohammed Abbas, April 10, 2012，http：//www. reuters. com/article/2012/04/10/us - japan - britain - idUSBRE8390B720120410；David Cameron：selling weapons to Asia is responsible, By Rowena Mason, April 10, 2012，http：//www. telegraph. co. uk/news/politics/9194851/David - Cameron - selling - weapons - to - Asia - is - responsible. html.

全寿命周期支持、训练、测试、延长服役期、安装等服务。该合资企业有员工 22 人。

德国在军火出口方面是欧洲冠军，位居世界第三位，占据 11% 的世界市场份额，仅次于美国（30%）和俄罗斯（23%），领先于法国和英国。主要出口产品是坦克、潜艇、战舰。德产军火遍布全球，为各国军队提供武装，《明镜》称"德国装备了全世界"。军火抵达局势紧张地区的冲突双方，引发危机和战争。出口由联邦政府批准，联邦议院视而不见，也没有话语权。军火出口为德国多年连续成为世界出口冠军作出重要贡献，政府乐于帮助军工企业出口赚钱。2006~2010 年，国际军火贸易额增长 24%，德国的军火贸易额增长 96%，近乎翻了一番，占世界市场份额从 7% 上升到 11%。德国通过军火出口施加外交政治影响，亚洲也是其军火出口的重要目的地，韩国、马来西亚位居其最主要买主之列，印度、新加坡、泰国、文莱等国的购买额也大幅上升。

无独有偶，法国对亚洲的军火贸易也主要集中在东南亚地区，特别是印度和马来西亚。法国与印度近年发展关系的动力之一，就是寻求向印度出口武器。法国曾是继俄罗斯之后，印度进口武器的第二大国，2005 年，印度从法国进口了约 40 亿欧元的武器装备，但后来法国的地位被以色列所取代。法国对此深感不安，萨科齐两次访印，均负有兜售法国军火的重任，2008 年欲向印度出售 52 架幻影战机，合同价值可达 15 亿欧元，生产"狂风"战斗机的法国达索公司还希望竞标印度空军一个战斗机引进项目，2010 年商讨的军售协议包括地空导弹、幻影飞机、战斗机、直升机、欧洲运输机等多个项目。法国与马来西亚历来有军事合作的传统，近年法国向该国出售了两艘潜艇，并帮助其打造潜艇部队。

第四是加强与亚洲国家在资源、能源方面的对话与合作。

欧盟近年从两个层面加强了这方面的合作。在多边层面，重点借助亚欧会议、欧盟与东盟峰会等地区间会议，探讨能源安全议题。2008 年 4 月 11 日，首届亚欧会议能源安全论坛在越南召开，该论坛重点关注开发新能源与可再生能源、可替代能源、维护传统能源、加强能源安全及分享能源政策规划经验、技术转让和投资便利化等政策议题[①]。同年 10 月召开的第七届亚欧会议发表了有关推进可持续发展的《北京宣言》。2009 年 6 月，亚欧会议在布鲁塞尔召开了首次有关能源安全的部长级会议，并通过了首个共同声明，强

---

① ASEM Forum on Energy Security opens in Vietnam, April 11, 2008, http://www.asem7.cn.

调促进能源多样化，提高能源生产和消费效率，推广可再生能源和清洁能源技术，促进能源市场一体化进程，推动国际能源市场稳定与安全。时任欧盟对外关系委员的瓦尔德纳表示，首次亚欧能源部长会议使双方在经济危机的背景下有效地应对能源安全等诸多方面的挑战。2010年10月，随着亚欧会议的第三次扩大，俄罗斯、澳大利亚、新西兰等能源与资源大国的加入，进一步推动各方成员国对能源和资源问题的关注，有助于亚欧会议在能源、资源问题上的研究与合作。

在双边层面，欧盟在与亚洲国家签署伙伴与合作协定及其他框架协定时，均将有关原材料出口与投资等内容纳入其中。如与韩国的自贸区协定就涉及原材料出口关税问题。欧盟还积极经营与中、印等国战略伙伴关系，不断加强与深化双方在能源、气候变化及可持续发展等相关领域的合作。在2012年5月召开的中欧峰会上，中欧发表能源安全合作共同声明，宣布建立能源消费国战略伙伴关系，标志着中欧能源合作步入新阶段。又如，2012年5月通过的《2013～2017年欧盟与东盟加强伙伴关系斯里巴加湾行动计划》也采取了5项具体措施，加强双方能源安全合作。此外，欧盟为保障稀缺原材料供应安全，还多次与美、日等国家针对中国原材料出口政策加强相互协调。2012年3月，欧盟联合美国、日本就中国限制出口包括稀土、钨、钼等在内的17种原材料向世界贸易组织（WTO）提出诉讼。在成员国方面，2012年7月，英国与在海洋风力能源开发领域同样居世界领先水平的韩国，正式启动了海洋能源技术合作项目。根据英国可再生能源协会和韩国风能产业协会签署的合作协议，两国将进一步加强海洋能源技术方面的合作，从而使两国分别在欧洲和亚洲保持海洋风力发电市场的优势地位。该项目的重点是开展两国在学术研究方面的合作。英韩希望在实施多项海洋风力发电计划的基础上，推动波浪和潮汐发电领域形成现实产业[①]。英国还与东盟展开了应对气候变化以及可持续发展等项目的合作。目前，英国是东盟气候变化工作小组和可持续林业发展等方面的重要技术支持者，如向"婆罗洲之心计划"提供英国的专业技术。德国在亚洲的一个重点诉求就是获取能源原材料，近年德国相继与哈萨克斯坦和蒙古等国建立了原材料伙伴关系。目前法国与印度双边合作的目标之一就是民用核能合作，2010年双边

---

① 韩英开启海上风电等海洋能源技术合作项目，2012年7月18日，中国能源投资网，http://www.ccei.org.cn/ShowNews.asp？ID=90527。

签署的和平利用核能的合作协议生效，两国还为此签署了2个涉及法律方面的协议。2010年法国外贸国务秘书访问马来西亚时，也明确表达了法国希望为该国发展核电计划提供帮助的愿望，希望借此开拓东南亚核电市场。

二　增加对亚太地区外交投入力度，拓展合作领域，提升合作层次

在20世纪80~90年代左右，欧盟与多数亚洲国家签署的多是以经贸合作为主的双边协定。如欧盟与东盟五国（马来西亚、新加坡、泰国、印度尼西亚和菲律宾）的关系长期以来基于双方1980年签署的《欧共体与东盟五国合作协定》，主要致力于推进商业、经济与发展合作。越南与欧盟虽曾于1995年签署了首个伙伴与合作协定，但当时的欧越合作仍主要以欧盟对越南的发展援助为基本特征。近年来，欧盟对部分亚洲国家的政策定位已作出调整，更多将之视为平等合作伙伴，力图淡化原政策框架中的发展合作色彩。如2011年10月欧盟公布的对外援助改革方案中，计划削减对中国、印度等新兴大国的援助，将援助资金集中于世界最贫穷国家[①]。同时，欧盟开始大幅修改贸易优惠政策，将享受欧盟贸易普惠制的国家数量从176个削减至80个，马来西亚、泰国等东盟国家也被排除在外，如果这些国家无法与欧盟尽快达成自贸协定，那么其产品今后进入欧盟市场将面临更高的关税。

更重要的是，在欧盟与亚太国家更新或重新签署的双边框架协议谈判中，欧盟已广泛采用了"伙伴和合作协定"这一双边协议形式，且相关谈判进展较快。目前，欧盟与印度尼西亚、蒙古、菲律宾和越南的伙伴与合作协定谈判已经完成，与中国、澳大利亚、马来西亚、新加坡、泰国的谈判正在进行之中。与阿富汗、文莱和新西兰三国则刚刚宣布启动谈判进程。这种形式的双边协定，更典型地表明了欧盟与亚太国家提升合作层次，发展更为紧密、互惠关系的强烈意愿。这首先体现在双边协定级别中。

在欧盟与第三国缔结的双边协定中，据协定大小、涉及领域及构建关系深度区分，大致有五个基本类型与层次，最紧密的是联系国协定，签署国多为入盟候选国。第二层次的是欧洲邻国协定，邻国对欧盟的重要性不言而喻。第三层是伙伴关系协定或伙伴与合作协定，再次是经贸合作方面的协定、专业性或技术性合作协定。由此可见，伙伴和合作协定是欧盟与

---

① EU launches controversial world aid reform, Euobserver, October 13, 2011, http://www.eubusiness.com/news-eu/aid-economy.cwd/.

准成员国和邻国之外的第三国之间签订的最高级别的框架协定。从内容看，伙伴关系协定将涵盖双边关系的全部领域，涉及政治、经济、外交和安全等各个方面，既包括贸易、环境、能源、科技与善治，也涉及旅游、文化、移民、反恐与反腐及打击有组织犯罪等。特别是欧盟已将该协议与自贸区协定挂钩，使之被视为打开双边自贸区之门①。因此，伙伴关系协定的签署从某种角度意味着双边关系已发生巨大变化。2012 年 6 月欧越伙伴与合作协定的签署，被越南媒体视为"双方关系发生质的飞跃"，标志着"欧越关系从欧盟主要向越南提供发展、减贫与经济改革援助转为平等伙伴与全面合作关系"②。从政治角度看，伙伴与合作协定作为奠定欧盟与亚洲国家双边关系法律基础的根本性文件，涉及双方的基本政治原则。因此，欧盟往往将签署该协定视为对谈判国内政施加政治与政策影响力的重要手段。这往往导致双方谈判与缔结协议之路复杂化。如 2006 年 9 月启动的中欧伙伴与合作协定的谈判，迄今尚未最终达成协议，就有这方面的原因。

在成员国层面，英国虽面临国内经济衰退，且深受欧债危机持续困扰，但联合政府誓言外交"不收缩"③，并将继续扩大英国的对外影响力，而亚太地区正是一大重点。英国是少数几个在经济危急之时扩展外交网络的西方国家之一。外交大臣黑格曾言，"英正在 20 多个国家扩展外交网络，且最大的关注点在亚洲"。其中包括：到 2015 年，将在亚洲新设立 8 个英国外交点，如重启在 1985 年关闭的英国驻老挝大使馆，并在所有东盟国家设立使领馆。与此同时，扩大现有驻亚外交团队规模。将向中国、印度分别增派 60 名和 30 名工作人员，并对包括在印度尼西亚、越南、马来西亚、菲律宾、泰国、缅甸、新加坡、柬埔寨、文莱、朝鲜、韩国和蒙古的亚洲外交网络共增加 50 名外交工作人员。因应亚洲外交的需求上升之势，加

---

① Speech by David O'Sullivan (Chief Operating Officer of European External Action Service) at EUISS-GMF expert meeting on EU-US cooperation in the Asia Pacific, "Exploring a new partnership between the EU and Asia for security, democracy, development and growth," June 2012, http://www.iss.europa.eu/uploads/media/EUISS_ speechfinal_ David_ O_ Sullivan. pdf.
② 映玄：《越欧伙伴关系与合作协定——越欧关系的重要转折》，2012 年 6 月 29 日。http://vovworld. vn/zh – CN/Tags/% E7% 8E% AF% E5% A2% 83/trang1. vov.
③ "For the first time in decades our diplomatic reach will be extended not reduced," by Foreign Secretary William Hague, May 11 , 2011, http://www.fco.gov.uk/en/news/latest – news/?view = PressS&id = 594693382.

大人才的培养力度，到 2015 年将外交部能说中文的员工增加 40%[①]。

德国也在大力提升与亚洲国家的合作层级。默克尔 2012 年访问印度尼西亚时，德国与印度尼西亚共同签署《雅加达宣言》，规定两国合作遍及政治、国防与安全、医疗卫生、教育、社会与文化、科学技术、环境气候、森林与可再生能源、个人交往、双边关系进展监测机制等全面领域。在缅甸和朝鲜这些难以开展政府合作的国家，德国主要支持非政府组织开展工作。最值得一提的是，德国和印度的关系有了飞跃发展。近年来德国和印度逐渐走近，两国于 2000 年 5 月推出《21 世纪德印伙伴关系议程》，确定"赋予两国关系以新的战略特征"，2006 年 4 月又签署旨在深化两国战略伙伴关系的《共同声明》。2007 年 10 月签署《继续发展德印战略和全球伙伴关系共同声明》，将双边关系扩展至全球伙伴关系，强调在共同原则和利益基础上进一步加强两国战略伙伴关系，促进民主、法治、人权和自由价值观，提出到 2012 年使双边贸易额在现有基础上再翻一番，发展双方在贸易投资、科技、基础设施建设、发展援助等领域的合作，共同应对气候变化、能源短缺、国际恐怖主义、大规模杀伤性武器扩散等全球性挑战，推动欧盟与印度建立自贸区、多哈会谈、联合国改革和多边体制建设。2011 年 5 月底默克尔第二次访印时，带了半个内阁前往，与印度举行首届政府磋商，德在欧洲以外只跟亲密盟友以色列有过政府磋商，印度是第二个，也是首个亚洲国家，创欧亚之间政府磋商先例。政府磋商议题涉及能源、金融政策，商定重点在职业教育、基础设施、高技术、环保与可再生能源、应用与基础研究领域合作。双方签署多领域的多项合作协议，相互需求进一步增大。德国游说印度在气候保护上签署有约束力的减排目标，看重印度对阿富汗和巴基斯坦的影响力，视印度为该地区稳定的保障，拉印度在地区安全与反恐领域合作。德国是西方后起强国，受制于两次世界大战阴影，国际地位和影响力大打折扣，目前上升势头明显。印度曾长期受制于苏联，冷战后才获得国际空间，作为新兴大国，亟待获取更多国际话语权。两国携手提升国际影响力，均致力于打造"可靠伙伴"国际形象，力倡联合国改革，"争常"共同进退，在联合国、金砖国家、G20 框架内协商密切。

[①] Britain in Asia, The Second IISS Fullerton Lecture, by Foreign Secretary William Hague, April 26, 2012, http://www.fco.gov.uk/en/news/latest-news/? view=Speech&id=758382282.

法国本届社会党政府2012年5月上台,奥朗德总统在8月底的年度对外大使会议上,对亚洲政策进行了新的阐释,他强调:"法国应当更多考虑到多极化的出现,因为中国、印度、日本以及俄罗斯、巴西已经占世界总人口的40%,占世界GDP的30%"①,为此,他指出:"中国极其重要,这不仅体现在经济方面……两国关系具有很大潜力,国家应当在帮助企业方面完全发挥自己的作用","我们与印度的战略伙伴关系近年取得了巨大进展,这体现了我们与世界上人口第二大国关系的质量","日本作为世界第三经济大国和法国的重要伙伴,近年没有得到应有的关注,我个人将尽力改变这个局面"②。上述言论表明了法国政府欲在未来继续提升与亚洲大国关系,借助与他们的贸易关系改善国内经济困境的期望。

三 亚太战略多元化,特别是与东盟合作得到拓展与深化

近年来,欧盟对东盟重视程度进一步提升。一方面,在经贸领域加快合作步伐。其一,加紧"自贸区"外交。由于东盟国与欧盟在生产方面呈现出多样化的产品结构和生产水平,双方最主要的大宗贸易商品具有明显的互补性,东盟成为欧盟在危机年代推行"自贸区"外交,拓展外部市场的重点区域。迄今,欧盟与多个东盟成员国的自贸区谈判正加速进行,并已取得不同程度的进展,欧盟还多次重申,最终将东盟成员国自贸区连成一体。其二,政府积极助推合作。2011年5月,欧盟与东盟首次举办商务峰会,并通过《欧盟与东盟贸易与投资工作计划》,双方同意:加强高层政策对话;加强商业对话;就贸易有关的议题展开部门官员对话;确保东盟国家从欧盟资助的相关贸易项目中获益③。同时,欧盟还表示将通过支持东盟的经济发展及一体化进程来促进双方的经贸合作。在双方共同努力下,尽管2009年双方贸易额因受全球危机冲击而大幅下滑,但之后便强势反弹,2010年便恢复至危机前水平,2011年增至2060亿欧元,首次突破2000亿欧元大关。2010

---

① Discours du president de la Republique, M. Francois Hollande, lors du XXe conference des ambassadeurs, Paris 27 aout 2012, http://www.elysee.fr.
② Discours du president de la Republique, M. Francois Hollande, lors du XXe conference des ambassadeurs, Paris 27 aout 2012, http://www.elysee.fr.
③ "Bandar Seri Begawan Plan of Action to Strengthen the ASEAN-EU Enhanced Partnership (2013–2017)", May 2011. http://www.consilium.europa.eu/uedocs/cms_Data/docs/pressdata/EN/foraff/129884.pdf.

年欧盟对东盟投资额也出现回升,从上年的 60 亿欧元回升到 219 亿欧元①。另一方面,与东盟的安全关系趋于密切。近年来,特别是 2012 年,欧盟着力强化了欧盟与东盟的伙伴关系。欧盟派出史上最庞大代表团,参加了在 4 月举行的第 19 届东盟-欧盟部长级会议,并通过了《2013~2017 年欧盟与东盟加强伙伴关系斯里巴加湾行动计划》。会后发表的联合声明重申加强政治和安全合作的重要性,共同提升东盟机构管理和解决冲突的能力,并决定建立东盟和平与和解研究所。欧盟还表示将加强东盟地区论坛发挥推动和平与稳定、促进亚太对话与合作的作用,帮助该论坛强化预防性外交的能力建设,继续加强在海洋安全、反恐、边境管理、反扩散等方面的合作与对话等。7 月,阿什顿参加东盟地区论坛,欧盟与东盟正式签署了《东南亚友好合作条约》。

在成员国方面,英国在强调"走上与亚洲各国关系更加密切的道路"的同时,主张走出一条与过去完全不同的"新道路"来②。英国所谓的亚太外交"新路",其实主要是较之前工党政府而言,认为其忽视了日本、印度、澳大利亚、新西兰等英国诸多传统的盟友。在发展与东盟和中亚等地区关系上,也明显投入不足。因此,近年来的英国亚太战略调整呈现了明显的多点开花态势,虽强调中国是重中之重,但显然不是"一枝独秀"。英国此番调整的背后不无通过经营小国的"关系网"影响大国之意,从而使自身在亚太战略场中占据更为有利的地位。黑格就宣称:过去,常常会出现忽略较小国家而青睐大国的倾向。但在"网络化的世界"中,显著的特征之一就是小国以新的方式影响世界事务发展的能力。而且,英亦看重亚洲小国的整体实力。例如,在发展对东盟关系上,就强调指出,"总体上,东盟的人口总和大于欧洲和美国之和。其 GDP 总量可跻身世界十大经济体。经济规模比印度还要大,对英进口则多于中国。他们还拥有重要的地缘政治影响力,对周边大国均有影响,因此,他们应当成为英国的重要伙伴"③。

近两年来,英加速在东盟地区外交关系网络重建,人员增加了 40 多名。重启驻越南大使馆,并在闭馆 27 年之后,重开英国驻老挝使馆,以实现在

---

① European Commission, "The EU-ASEAN trade relationship," http://ec.europa.eu/trade/creating-opportunities/bilateral-relations/regions/asean/.
② Britain in Asia, The Second IISS Fullerton Lecture, by Foreign Secretary William Hague, April 26, 2012, http://www.fco.gov.uk/en/news/latest-news/?view=Speech&id=758382282.
③ Britain in Asia, The Second IISS Fullerton Lecture, by Foreign Secretary William Hague, April 26, 2012, http://www.fco.gov.uk/en/news/latest-news/?view=Speech&id=758382282.

东盟所有国家驻馆。2012年，访问东盟的部长级官员比过去20多年来任何时候都多①。仅2012年上半年，包括英国首相卡梅伦、外交大臣黑格及主管亚洲事务的外交国务大臣在内的多位英国内阁要员，相继访问东盟国家。黑格与布朗接连就英国与东盟关系发表了政策演讲。而这些访问具有诸多历史性突破，其中，英国首相是在缅甸补选后首个到访的西方领导人，而外交大臣访问柬埔寨则是历史上第一次，黑格的越南之行，也是17年来英国外交大臣首次访问越南。英国与越南建立了战略对话机制。2011年10月，首届英国-越南战略对话在伦敦召开。2012年7月，两国再度在河内举行第二届战略对话，主要议题为全球与地区安全议题以及打击有组织犯罪和反恐。

就英国与东盟关系整体而言，2012年可谓是标志性年份，7月，英国正式成为东盟对话伙伴国，与东盟签署了《东南亚友好合作条约》，成为继中国、法国、俄罗斯和美国之后的第五个签署该条约的核大国。英国还积极推动英国与东盟双轨投资。2011年11月，英国贸易投资总署（UKTI）成立了英国-东盟经营委员会，以帮助英国企业在东盟成员国中寻找投资机会。2012年，商务大臣文森·凯布尔访问印尼，正式宣布成立英国东盟商务委员会，以加强与东盟地区的商业联系。当前，英国最大的金融、能源、生命科学与食品和饮料公司正在东盟建立据点，零售企业也抢滩逐鹿泰国等市场。英国外交大臣曾撰文《21世纪的英国东盟关系》，指出"英国对东盟贸易出口总量已超过中国"②。2011年，英国吸引的最大的一笔投资就来自泰国的钢铁制造商SSI。新建英国-东盟知识伙伴关系，启动资金数百万英镑，以支持英国和东南亚之间的教育与研发合作，英国还积极拓展东盟国家的教育市场，每年有超过30000名东盟学生在英国学习。东盟地区内与英国经贸联系最为紧密的是新加坡和马来西亚等英联邦成员国。近年来，英国也在着力推动与其他东盟国家的经贸往来，统计数据显示，五年来，英柬贸易增长了四倍③。截至2011年11月，英国

---

① The UK and South East Asia, Foreign Office Minister Jeremy Browne spoke to the Office of the Council of Ministers in Phnom Penh about the UK's relationship with ASEAN, July 3 2012, http：//www. fco. gov. uk/en/news/latest - news/? view = Speech&id = 783683882.
② Bound together：on UK-ASEAN relations in the 21st Century, by William Hague, http：//www. oxfordbusinessgroup. com/news/bound - together - william - hague - uk - secretary - state - foreign - and - commonwealth - affairs - uk - as - 0.
③ The UK and South East Asia, Foreign Office Minister Jeremy Browne spoke to the Office of the Council of Ministers in Phnom Penh about the UK's relationship with ASEAN, July 3 2012, http：//www. fco. gov. uk/en/news/latest - news/? view = Speech&id = 783683882.

已在越南投资有效项目135个,合同总额为22亿美元,在93个对越南投资的国家和地区中排名第17位,是欧盟对越南投资第三大经济体,仅次于荷兰和法国。英国还是马来西亚第四大贸易伙伴,2011年两国双边贸易额约为50亿美元。2012年4月,在卡梅伦东南亚之行中,马英双方同意加强两国经贸关系,使双边贸易额到2016年增加一倍,达到127.4亿美元。卡梅伦则强调,"英国对马来西亚的忽略已经成为过去,英国现在要同马来西亚开展贸易,并在重大国际事务上与马来西亚建立合作伙伴关系"。

四 参与亚太安全事务意愿上升

首先是加紧谋划。2012年6月,欧盟理事会发布第二份《欧盟外交与安全政策东亚指针》。在该文件中,界定了东亚对欧盟日益上升的重要性。提出了保障自身利益的政策回应手段与推行安全治理的基本原则,以及对地区主要安全议题的原则立场。此次发表的文件与2007年发表的首份同类文件相比,欧盟更为强调东亚与欧盟"直接攸关的经济利益",更加明确了美国对亚洲地区安全的贡献及欧美合作的重要性。在地区议题上,针对台海关系问题,欧盟希望能有更多作为,突出其作为斡旋者的作用。文件还专门宣示了欧盟对解决南中国海问题的原则立场,声称支持各方以和平与合作方式、在遵循联合国海洋国际公约的基础上解决分歧,呼吁东盟与中国签署行为准则,并希望欧盟相关经验发挥典范作用。英国也加大了与亚太国家在安全领域的合作力度。2012年4月11~12日,英国首相卡梅伦访日,与野田首相会谈,双方就金融危机、气候变化、核能安全、科技合作、防务合作等达成广泛共识,尤其值得关注的是防务合作,双方在联合研发武器装备等方面取得一定共识,共同发表了题为《引领世界繁荣与安全的战略伙伴关系》的联合声明,确认两国分别为各自在亚洲和欧洲的最重要伙伴,其重要标志即为扩大安全和防卫领域合作,包括联合研发、生产武器装备,研究制定政府间协议,对防卫装备品向第三国转移及目的外使用进行严格管理,建立防卫大臣定期会晤机制,加强联合研究和情报合作,建立两国外相"战略对话"机制,举行联合演习、训练及展开两军交流等。除日本外,英国在亚洲的防务与安全合作关系还有与东盟签署《东南亚友好合作条约》,与新加坡、马来西亚共享的"五国防务组织"以及与越南新建的战略对话。德国联盟党2012年亚洲战略讨论稿中,首要关注领域是政治与安全,称朝鲜的攻击行为一再挑起危机,德国和欧盟支持亚洲伙伴抑制这一冲突,南中国海、中印之间、印巴、柬埔寨和泰国之间因主权不明而存在国家间冲突,强调德国和欧盟可在亚洲地区冲突中发挥调解者作用,欢迎欧盟与东南亚签署友好合作条约,促使成员国和平解决冲突,推进与亚洲国家的安全政策对话。

其次是积极活动。一方面,加强与亚洲大国的安全合作。近年来,日本、中国、韩国和印度作为欧盟在亚洲的四大战略伙伴,在欧盟外交战略中的位置明显提升,除经济利益外,合作应对全球和地区安全议题也是欧盟经营战略伙伴关系最重要目标之一。如近年来,欧日在核电站安全、灾害管理、人道主义援助等方面加强了合作。欧印强调在反恐、维护网络安全及稳定阿富汗局势、帮助巴基斯坦灾后重建等方面的合作具有共同利益。2012年7月,欧盟和中国第三次战略对话会议达成一致,定期举行中欧防务安全部门政策对话,强调愿就反海盗护航加强合作。在地区层面,气候变化、能源安全、粮食安全等非传统安全成为亚欧会议近年来的重点议题。东盟与欧盟的安全合作也有望在新近出台的《斯里巴加湾行动计划》未来5年政策框架内得到加强。2012年7月,欧盟与东盟正式签署《东南亚友好合作条约》,宣示欧盟将积极介入亚太事务。另一方面,也为欧盟下一步参加东亚峰会,在更广泛范围内深化与东亚安全合作创造了先决条件。英国在核不扩散问题上,主张联合国五个常任理事国2012在"东南亚无核武器区"协议上签字。与新加坡及其他东盟国家密切合作,展开联合打击从马六甲海峡到印度洋和亚丁湾海盗行动。倡导与新加坡、韩国等共同促进国家间合作打击网络犯罪,防范网络袭击。并与马来西亚、文莱和其他国际合作伙伴一道,支持菲律宾总统阿基诺三世通过"棉兰老岛和平进程"化解菲紧张局势。

再次,欧洲与美国呼应态势有所加强。2012年7月,借东盟地区论坛召开之际,阿什顿与美国务卿希拉里·克林顿发表《关于亚太地区的共同声明》,公开表示欧美在亚太具有共同利益,支持亚太地区的一体化进程,欧美愿与亚洲伙伴加强安全合作,支持地区的可持续发展,深化贸易与经济关系。声明中突出的一点是,欧盟支持以和平方式解决南海领土争端,有关合作推动改善互相市场准入,包括政府采购及保护知识产权的条款针对中国的意味深厚。当前欧盟重要智库欧盟安全问题研究所正在开展"跨大西洋在亚太合作战略"课题,研究未来欧美在亚太合作路线图:在短期,建立在该地区的共同利益和能力清单。在中期,探讨合作方式与目标。在长期,寻求建设性干预方式，强调与中、印、俄等国进行合作[①]。德国也重视在亚洲问题与美国的协调。德国联盟党2012年亚洲战略讨论稿主张建立跨大西洋自贸区，以此作为未来亚洲政策的重要元素，称"鉴于亚洲崛起，美欧必须利用机会密切合作，推进世界自由市场，制定经济领域的标准和规范，以促进能给所有人带来福祉的可持续增长。因此，我们主张通过建立跨大西洋自由贸易区，实现将跨大西洋经济区发展成跨大西洋经济共同体的目标"。这份文本对美国2011年以来加大对亚洲政治关注表示欢迎，不认为这是背离欧洲。曾任联盟党党团外交政策发言人的冯·克莱登指出，德国支持美国充当亚洲的保障力量。

五 持续在亚太推进价值观外交

近年来，随着欧盟对东亚新兴大国重视程度的提升及合作意愿的增强，欧盟外交中的意识形态因素有所淡化。但鼓吹人权、善治等西方价值观仍是欧盟维持与扩大在亚洲"软实力"影响的重要手段，欧盟并未放弃。2012年3月欧盟外长会议再次正式强调，"人权应作为贯穿整个欧盟外交政策的价值链"，并特设欧盟人权特别代表，主抓欧盟人权政策。在亚洲地区，欧洲国家一直希望以"价值观优势"，弥补其缺乏"硬实力"的弱点。在亚欧会议框架内，继续促进人权与治理的对话，并通过亚欧基金会支持亚洲国家的相关行动。目前，亚欧会议成员每年都会举行非正式的人权研讨会。在最新通过的与东盟未来5年合作行动纲领中，也强调加强与东盟在人权领域的合作，支持东盟人权委员会促进地区对话与经验交流，通过合作项目，强化相关能力建设。并借助上述多边机构，表达对缅甸等所谓"问题"国家的国内政治进程的关注。欧盟还给予2009年10月正式启动的东盟人权政府间委员会在资金与行动方面的大力支持。

从双边层面看，欧盟与亚洲部分国家的双边伙伴合作协定、自贸区协定谈判、与亚洲重要国家的战略对话中，人权等欧盟价值观条款始终贯穿其中。2007~2013年，欧盟对越南、老挝、泰国等多个亚洲国家的发展援助战略中，用于支持人权与善治领域的援助资金平均占总援资的10%左右。

[①] Patryk Pawlak and Eleni E*km*ektsioglou，"America and Europe's Pacific Partnership，"July 23，2012，http：//thediplomat. com/new - leaders - forum/2012/07/23/america - and - europes - pacific - partnership/.

支持缅甸"民主化"进程成为近年欧盟对东盟国家外交的重头戏。2011年以来，欧盟密切关注缅甸政治形势的变化，加紧调整对缅甸政策。外长阿什顿特使、欧盟援助委员、发展委员纷纷访问缅甸，积极与缅甸民主派联络接触，并促缅甸政府走"民主化"道路。2012年2月，欧盟宣布两年内向缅甸提供1.5亿欧元的新援助一揽子计划，用于支持该国的民主改革与经济发展。3月，缅甸议会选举期间，欧盟派出观察团监督选举。4月，欧盟解除经济制裁，外长阿什顿首次访问缅甸，为欧盟驻缅甸办事处揭幕。但在欧盟对缅甸改革进展表示鼓励的同时，保留了武器禁运令，希望以此为杠杆，继续敦促缅甸坚持改革"彻底性"。在与中国交往方面，近年来，欧盟因应对危机与全球性挑战对中国的倚重增加，对华态度趋于务实，但对华内部政治指手画脚的态势并未停止，在对华外交中尽力寻求"价值观"与"利益观"间的平衡。

在成员国层面，德国联盟党党团一些议员认为，全世界并不自动追求西方价值观，经济成就并不自动导向民主，这对西方来说是一个挑战，他们甚至提出，让德企在亚洲充当欧洲价值观的载体和使者。2012年讨论稿称，亚洲国家有时是潜在伙伴，有时是竞争对手，并尤其重视价值观当中的宗教自由。默克尔第二任期，在此问题上虽然吸取教训有所收敛，但外交政策中的人权与价值观内核依然坚硬。外长韦斯特韦勒更是时常批评中国的人权状况，强调德国与欧美伙伴国共同面临着捍卫思想阵地的挑战。英国也强调对亚洲外交的价值观推广。外相黑格在新加坡发表的题为《英国在亚洲的地位》的演讲，指出"英国对亚太的接触，远不局限于贸易与商业"。英国推广"支持繁荣与民主的价值观"。近来最为突出的表现为英国对缅甸政策的变化。缅甸反对派领袖昂山素姬补选为议员后，英国首相成为第一个访问缅甸的西方国家领导人，并在欧盟内率先宣布取消对缅甸贸易制裁政策，并推动欧盟取消对缅甸制裁措施。3月1日，英国政府发布消息称，英国政府已向缅甸提供了3200万英镑援助，未来4年内，英国对缅甸援助资金将增加两倍，到2015援助总额将增加至2.24亿英镑，主要是通过设在缅甸的民间组织和联合国向缅甸提供，英国由此将成为缅甸最大的援助国。在加大援助的同时，黑格还强调"将负责任的投资置于未来英缅两方商业关系的核心位置，鼓励能使当地社区受益且遵守当地环境的投资。为此，将与世界银行和亚洲开发银行一道，启动缅甸投资环境评估"，并"将对促进法制建设和计划如何实施联合国企业和人权指导原则的项目进行资助。英国将在奈比多设立新的外交代表处与缅甸当局展开磋商"①。除缅甸外，英国还支持柬埔寨、印度尼西亚等国内人权事务的发展。外交国务大臣杰里米·布朗曾称，"英国一贯支持柬埔寨走上可持续与民主的发展道路，并提供了大量的发展援助，并继续在柬埔寨医疗、可持续发展及人权等事务中扮演积极的角色"。

第三节 欧盟调整亚太战略的主要考虑

一 借亚太经贸活力摆脱债务危机泥潭

欧元区主权债务危机对欧盟经济发展带来严重冲击，为应对危机，在市场压力下各国普遍推行紧缩财政政策，这在客观上抑制了经济增长，经济复苏乏力。英国经济传统上对外主要面向欧美市场，受2008年次贷危机以及欧债危机的持续困扰，国内经济长期疲软，面临增长乏力、赤字、失业、通胀"三高"多重困境。2012年第1季度，英国经济再度陷入双底衰退，且迄今并无好转迹象。减赤、促增长一直是本届英国政府的头等大事。卡梅伦还特别指出只有"尽快摆脱经济困境"，才能更好保证英国对外影响力。为此，英亟须扩大出口和吸引投资，新兴市场与中东富国为首选目标。如外交大臣黑格所言，英国外交部的重要任务之一就是对外招商引资，为英国经济发展作出贡献。欧元区危机期间，德国经济之所以保持一枝独秀，GDP增长、劳动市场、工业生产等统计数字十分正面，遥遥领先于欧盟伙伴国，一个重要原因就是，对亚洲市场尤其是中国市场的出口持续增长，在对欧元区出口下跌的情况下，成为德国外贸当中唯一的亮点，对德国经济形势起到了重要的支撑作用。据统计，近年间，德国对亚洲等新兴国家的出口增长大于德国对欧元区的出口。在此情况下，促进出口成为欧盟推动经济与挖掘新增长点的主要手段。

2010年11月，欧盟委员会公布了题为《贸易、增长与世界事务》的战略文件，勾画了未来5年欧盟对外贸易新战略，明确强调贸易应成为经济增长与创造就业的"发动机"，并称欧洲可以从对外贸易中获得三大好处：更

---

① Britain in Asia, The Second IISS Fullerton Lecture, by Foreign Secretary William Hague, April 26, 2012, http://www.fco.gov.uk/en/news/latest-news/?view=Speech&id=758382282.

加强劲的经济增长,更多就业机会,为消费者提供更多价廉物美的选择。欧盟委员会近期预估,深化与主要贸易伙伴的关系将有力地促进欧洲经济复苏,推动欧盟 GDP 增长 2 个百分点,达到 2500 亿欧元①。在国际经济中分量日重的亚洲对欧盟振兴经济的意义日益重要。2012 年 4 月,欧盟委员会贸易委员德古特在欧盟与东盟的商业峰会上曾如此总结道:贸易和投资与欧洲的就业和增长总体战略密切相连,未来世界 90% 的经济增长将发生在欧盟以外,而这其中亚洲地区占据了增长量中相当大的比重。欧洲将亚洲快速增长视为经济挑战解决办法的组成部分②。

从自贸区或市场扩张角度看,欧盟深知自身在东亚市场面临着越来越大的竞争压力。作为全球最大的贸易实体,欧盟十分清楚自身面临的巨大挑战,若不加强在亚太地区的经济存在,自己将被迫承担贸易转移效应所引发的负面影响。在亚洲自贸区发展进程中,欧盟既有近忧,也有远虑。其一是中国与东盟经贸关系的快速发展。中国与东盟的双边贸易额从 2003 年的 782 亿美元上升至 2008 年的 2311.2 亿美元,年均增长 24.2%,中国已从东盟第六大贸易伙伴上升为第三大贸易伙伴,2010 年双方自贸区货物贸易协议实施以来,对中国在东盟的贸易与市场扩展条件更加有利。而与此同时,2000~2006 年欧盟对东盟的出口占总出口量的比重从 4.9% 降到 4%,进口从 7.2% 下降到 6%,欧盟对东盟的直接投资额占东盟外资的比重也从 28.3% 降至 6.0%。与此同时,印度与东盟、日本与东盟的自贸协定也广泛到包含与农业、劳动力和环境相关的条款,其具有的巨大潜力对欧盟也带来了巨大的市场竞争压力③。其二来自有美国参加的跨太平洋伙伴关系协定(TPP)进程。该谈判近年来进展迅速,目前 9 国已达成"框架协议",计划于 2012 年完成所有谈判;墨西哥、加拿大也于 2012 年 6 月获准加入 TPP 谈判,日本也表明了希望尽快加入谈判进程的意愿。据 IMF 统计,2010 年

---

① EUROPEAN COMMISSION MEMO,"Concluding trade deals could boost EU's GDP by 2 percent," Brussels, July 20, 2012, http://europa.eu/rapid/pressReleasesAction.do?reference = MEMO/12/587&type = HTML.

② "EU-ASEAN Trade and Investment," Speech by Commissioner De Gucht at the EU-ASEAN Business Summit, Phnom Penh, April 1, 2012, http://trade.ec.europa.eu/doclib/docs/2012/april/tradoc_149299.pdf.

③ The evolving regional economic architecture in the Asia-Pacific-Implications for the European Union November 8, 2011, http://www.epc.eu/themes_details.php?cat_id = 6&pub_id = 1365&theme_id = 53.

TPP 9 国 GDP 总额约为 16.9 万亿美元，占世界 27%；若日本加入，则 TPP 10 国 GDP 总额将占世界 35%，成为全球最大的自贸区。其三，近期中日韩三国商定 2012 年正式启动自贸区谈判。上述第二、第三种自贸区方案由于涉及经济规模较大的诸多国家，未来谈判及落实难度均较大，但从长期看，两个自贸区前景十分光明。这使欧盟对自身在亚太地区利益受排挤的担忧进一步上升。事实上，当前欧中学者的文章已印证了欧盟的担忧。2012 年初欧洲智库的一份报告指出，亚洲输欧产品占其出口总额中的比例已经在减小，这反映出亚洲国家，特别是中国对其他伙伴的贸易方向正在发生转变[1]。而同期中国输欧产品占中国出口总额的比例已呈下降之势，对华出口占欧盟出口总额的比例则呈上升之势，这意味着欧盟对中国市场的依赖在加大[2]。因此，欧盟借与环中国的邻国共建自贸区，一可维护进而伺机扩展自身在亚太经贸利益，二可调整欧盟过度借重中国市场的原东亚外贸战略。由于东盟、韩国和印度等国家与中国的出口商品结构具有相似性，以这些国家作为进口替代品，将有利于扭转欧中贸易的失衡局面，减轻对华贸易过重依赖。

二 维护欧盟全球影响力

近年来，在西欧国家经济实力因双重危机受重创之时，亚洲的崛起步伐未止，世界权力与战略重心向亚洲转移的进程加速推进。据 2011 年汇丰银行的一份报告称，1970 年全世界 20 大经济体当中欧洲国家有 11 个，而到 2010 年只剩下 7 个。到 2050 年可能减至 5 个，分别是英国、德国、法国、意大利和西班牙。相反，1970 年亚洲国家在 20 大经济体中只占 3 个（日本、印度和中国），2010 年增加了韩国。到 2050 年亚洲国家的数量将增加到 6 个，印度尼西亚和马来西亚也将入列。欧洲有专家称亚洲现象的效应"堪比工业革命，甚至文艺复兴"。欧盟从亚洲崛起中深切感受到了多重挑战，这既有经济方面的，如对欧洲国家经济和社会造成的竞争与适应力压力，也有发展模式方面的，如法国专家莫伊西曾警告，若金融危机无法解决，"西方民主制面临颜面扫地的风险"；也有国际影响力方面的，法国前总统萨科齐称，西方独自为世界"定调"的时代已经结束。但另一方面，

---

[1] Anne Pollet-Fort and Yeo Lay Hwee, "EU-Asia trade relations: getting through the crisis," January 2, 2012, http://www.fride.org/publication/974/eu-asia-trade-relations:-getting-through-the-crisis.

[2] 张健：《欧盟对华贸易保护将适得其反》，新华网，2012 年 7 月 13 日。

欧盟也承认亚洲新兴国家是机遇，亚洲市场的快速扩张为全球经济发展增添新动力，为世界分担责任与义务[①]。在欧债危机长期化趋势下，中国等新兴国家的支持作用显得更加关键。

总之，尽管欧洲国家对亚洲崛起的事实内心五味杂陈，但深知，"变化不可逆转"，且"亚洲所作所为对实现国际关键目标已具有日益重要影响"。在世界各大力量战略重心东移步伐加快的"太平洋"世纪，欧盟必须面对现实，通过加强对亚洲事务的干预，成为"游戏的参与者与座上客"[②]，才能避免自身影响力与地位边缘化[③]。英国外交大臣黑格认为，"受世界经济力量变化影响，南方和东方国家对国际政治影响力将加大"。在权力分散的多极世界中，英国由于经济实力的衰落，在国际事务中的影响力下降，须实施"有特色"的外交政策，以维持并扩大英国的全球影响力，关键就是要抓住国际经济力量与影响力"东移南迁"带来的机遇，调整自己的外交重心，构建与新兴大国的关系。这些关系对打造新型国际关系和推动英国的贸易与投资都至关重要[④]。因此，必须把英国与世界上最快速增长地区提供的新机会连接在一起，寻找外交政策以及贸易与投资市场中的新同盟。与亚洲的长期合作并非可有可无，而是势在必行。它是英国外交政策目标的核心，而且，随着时间的推移会更加重要[⑤]。英国还强调外交政策须符合全球化的大趋势，必须打造与单独国家间的强大联系，同时保持在多边组织中的重要作用。认为世界并不是要形成需要国家在东方和西方之间做出选择的集团，或是退回到以意识形态划分的界限内，而是超越了地理、宗教和政治方向的更大范围的灵活关系，这是"英国欢迎"的一种改变。这意味着世界正在

---

① "Guidelines on the EU's Foreign and Security Policy in East Asia," June 15, 2012, http: //eeas. europa. eu/asia/docs/guidelines_ eu_ foreign_ sec_ pol_ east_ asia_ en. pdf.

② Shada Islam, " Rising Asia and Old Europe need to work together," Mary 22, 2012, http: //www. europesworld. org/NewEnglish/Home _ old/PartnerPosts/tabid/671/PostID/2973/language/en - US/Default. aspx.

③ "Guidelines on the EU's Foreign and Security Policy in East Asia," June 15, 2012, http: // eeas. europa. eu/asia/docs/guidelines_ eu_ foreign_ sec_ pol_ east_ asia_ en. pdf.

④ The UK and South East Asia, Foreign Office Minister Jeremy Browne spoke to the Office of the Council of Ministers in Phnom Penh about the UK's relationship with ASEAN, July 3, 2012, http: //www. fco. gov. uk/en/news/latest - news/? view = Speech&id = 783683882.

⑤ Britain in Asia, The Second IISS Fullerton Lecture, by Foreign Secretary William Hague, April 26, 2012, http: //www. fco. gov. uk/en/news/latest - news/? view = Speech&id = 758382282.

变得越来越相互依赖。在应对地区冲突、有组织犯罪、恐怖主义以及气候变化等威胁上，只有通过全球多边行动，这些问题才能得到解决，而且没有一个国家可以单靠自己的力量解决这些问题。亚洲的崛起无疑意味着，亚洲国家会成为英国应对全球性议题合作与交流的对象。负责亚洲事务的国务大臣杰里米·布朗在2012年的东南亚之行中就表示，"英国希望与东盟整体以及各个成员国展开更为紧密和广泛的合作。这是建立在四大考虑之上：首先，今天的挑战需要多边合作予以回应；其次，经济的繁荣与增长依赖于自由贸易和开放；再次，我们面临同样的安全威胁，如果我们合作应对，我们将更加强大；最后，和平、繁荣与伙伴关系若要可持续，需要建立在共同的价值观上。"

在亚洲经济与政治崛起的背景下，德国也日益感到，迫切需要将亚洲新兴国家纳入现有国际秩序，使之承担与经济和政治地位相符的政治责任，按照西方希望的方式参与国际事务和全球治理。慕尼黑安全会议主席伊辛格尔说，德国如不想失去对世界政治的影响力，不想从世界政治的"雷达屏幕"中消失，就必须借助欧盟在亚洲新兴地区建立自己的独立地位，尤其是在中国努力获得独立的强大地位。

三 塑造欧亚"利益共同体"

欧盟在亚洲，特别是东亚，直接的经济利益攸关。这不仅表现在印度、中国、东盟等诸多重要的新兴经济体与欧盟的相互联系性持续增长。2010年欧盟与东亚的贸易占欧盟贸易总额的27.9%，高于跨大西洋贸易所占比重（22.7%），中国是欧盟的第二大贸易伙伴，占欧盟总贸易额的13.9%，东盟与日本的比例分别为5.2%与3.8%，而且还反映在欧亚对对方的直接投资对双方的重要性也日益上升，特别是中国，近年来对欧投资增长很快，仅2011年较上年增长了两倍。且欧盟也惊叹于东亚国家在危机中远强于西方的经济表现，对东亚助推欧洲经济增长的预期更加强烈。一方面，由于东亚新兴国家多为外向型经济体，其对欧盟经济不振、内需萎缩的这些国家出口，冲击的忧虑也在增大。在2008年第七届亚欧会议上，巴罗佐发出"我们要么一起游泳，要么一起沉没"的呼吁，形象地说明了双方经济的相互依赖性。另一方面从资源竞争、核扩散到人口过剩、气候变化等安全角度看，欧盟与亚洲都不能单独应对全球性威胁。以资源安全为例，由于欧盟总体而言资源匮乏，大部分原材料依赖进口，金属矿物的对外依赖度尤其高，欧盟内产量仅占世界总产量的不足3%[①]。因此,欧盟一直非常重视能源安全议题,能源外交是欧盟战略优先目标之一。近年来欧盟与亚洲加强能源合作,主要出于几方面考虑,一是由于担忧东亚新兴经济体对能源需求稳步增加,挤占欧盟消费市场份额。欧洲学者有研究称,1990~2010年,亚洲的初级能源消耗占全球的比重从22%增至38.1%,主要源于中国和印度能源消耗的增长。亚洲的煤炭、石油和天然气消耗占全球的比重在这一时期都在增长。各种矿产品和金属的消耗亚洲也占了很大比重[②]。因此,欧盟迫切需要通过与亚洲国家,特别是东亚新兴经济体的合作与对话,寻求国际与地区能源和资源市场的稳定性与透明度。二是担心亚洲国家为寻求自身能源安全,导致资源竞争升级,引发地区紧张局势,"对欧盟的利益具有直接影响"[③]。三是欧盟在能源安全、气候变化及可持续发展等全球治理议题上对亚洲国家,特别是东亚新兴大国也有需求。而另一方面,欧盟也认为借助自身在危机预防、危机管理、绿色能源及可持续发展等方面的"软优势"可扩大在亚洲的"软实力"影响。

四 应对与美国合作和竞争的双重需求

长期以来,尽管在对亚洲地区、次区域及国别的一系列战略文件中,欧盟对与亚洲进行政治与安全合作,共同应对安全挑战的重要性认识不断提升,在外交与安全实践中,欧盟也进行了诸如协助柬埔寨、东帝汶建立民主政府,支持朝鲜半岛对话,参与朝鲜半岛能源开发组织,在欧亚会议、欧盟-东盟框架内进行反恐合作与对话,参与在亚齐的维和行动等,但总体而言,欧盟对参与亚洲,特别是东亚地区安全治理提出的大量战略文件与规划,并不能够完全得到贯彻与实施。相对于经济关系,欧盟与亚洲的安全合作相对滞后。由于亚洲多数安全议题属于主权、领土争议等"高位政策"范围,解决安全问题的"欧盟外来干涉方式"与"亚洲、东盟的协商解决方式"存在一定的不相容性,加之欧盟的军事实力较弱,欧

[①] "Raw materials: Facts and figures," January 10, 2011, http://ec.europa.eu/enterprise/policies/raw-materials/international-aspects/index_en.htm.

[②] 巴勃罗·布斯特洛:《欧盟面对亚太的经济繁荣》,西班牙皇家埃尔卡诺研究所网站。2011年7月29日。

[③] "Guidelines on the EU's Foreign and Security Policy in East Asia," June 15, 2012, http://eeas.europa.eu/asia/docs/guidelines_eu_foreign_sec_pol_east_asia_en.pdf.

盟在该地区安全事务中的干预作用较之美国等大国，显得较为有限，欧盟对自身当前在亚太表现的满意度也较低。另一方面，亚洲长期以来并非欧盟地缘战略重点，欧盟直接干预地区安全事务的积极性并不高，2001年欧盟对亚太战略曾指出，"联合国很可能是欧洲直接在该地区发挥作用的最便捷和最恰当途径"[1]。显示欧盟在亚太安全事务上"出头"意愿并不强烈。2011年阿什顿缺席东盟地区论坛引起东盟国家的广泛非议与不满便是例证，特别是欧盟在"内院"（欧债）濒危，"后院"（中东北非）起火情况下，对亚太安全事务即便有心也难有为。

因此，当前欧盟对亚太安全事务的关注与参与度快速上升，与美国战略东移有较大关系。对于欧美合作干预亚太安全事务，欧洲人的心态复杂而矛盾。欧盟对于美在亚太并非毫无需求。近期欧盟智库对欧美上百位外交政策专家的调查结果显示，欧美在推动亚太地区人权、法制、核裁军及非扩散，促进货币使用及军事建设的透明度等方面，利益具有高度的重合性[2]。与此同时，从欧盟最新对东亚外交与安全政策指南可以看到，随着亚洲崛起，欧盟对亚太地区的传统与非传统安全挑战及其可能对欧盟在亚太利益造成损害的担忧在增加，对美国对地区安全的重要及双方合作应对挑战的重要意义有了更明确的认可，这显示欧盟承认欧美合作对亚太安全及维护自身利益的重要性。欧盟深知，无法承受在亚太"旁观"的后果[3]。与此同时，欧盟对美也有担忧。一是担忧中美对抗升级。对欧盟而言，力量重新分配避免冲突与战争的风险，未来难免存在全球力量分配"擦枪走火"的可能性[4]。慕尼黑安全会议主席伊申格尔在2012年2月初第四十八届会议开幕之前表示，"鉴于美国亚洲政策的急剧变化，我们希望能促使欧洲在其中拥有更多的行动空间。欧洲并不仅仅是向亚洲和远东输出高科技和汽车，它也可以成

---

[1] Communication from the Commission, "Europe and Asia: A Strategic Framework for Enhanced Partnerships," Brussels, April 9, 2011, http://eur - lex. europa. eu/LexUriServ/LexUriServ. do? uri = COM: 2001: 0469: FIN: EN: PDF.

[2] Patryk Pawlak & Eleni E*km*ektsioglou, "Transatlantic strategies in the Asia Pacific," Findings of a survey conducted among EU and US foreign policy experts, June 12, 2012, http://www. iss. europa. eu/publications/detail/article/transatlantic - strategies - in - the - asia - pacific/.

[3] Ulrich Speck, "EU must play bigger role in SE Asian Security," June 23, 2012, http://www. eu - asiacentre. eu/pub_ details. php? pub_ id = 58.

[4] Sebastian Bersick, "Report Final Conference: Re-engaging Europe with Asia," the Europe - Asia Policy Forum 14 - 15 December 2011, http://www. euforasia. eu/sites/default/files/Final_ conference_ report - EUforAsia_ 0. pdf.

为该地区的一个政治伙伴，一个帮助亚洲实现稳定的伙伴。欧洲需要一项积极主动的亚洲政策，就此我们当然需要跟大西洋彼岸的美国伙伴进行磋商。这样的主动参与可以防止美国的亚洲政策过分专注于军事威慑，而忘记了要将中国定义为未来政治和经济上的伙伴。"二是担忧美国"重返亚洲"导致地区国家在中美间站队，引发更多对抗。但欧盟更担心，欧美合作冲击欧中合作。2011年，欧中贸易额已突破5000亿美元大关，中国成为欧盟第二大贸易伙伴，而欧盟成为中国第一大贸易伙伴。中国对欧洲的经济利益日益关键。甚至有更多的欧洲专家已认为，欧中合作重要性已高于欧美合作[1]。因此，欧盟关注亚洲安全事务，很大程度上也被外界视为保护自身经济利益的手段[2]。

另一方面，欧美在亚太也存在竞争性。欧盟既不愿美国成为亚太强权，也不愿美国完全垄断亚洲市场。欧盟希望在亚洲有所作为，对亚洲提供美国之外的另一种选择，不愿与美国走得过近而破坏自身独特的软实力影响。

从欧美关于亚太问题的共同声明可以看到，在美国要求欧洲声援其太平洋后院的强大压力下，作为跨大西洋盟友的欧洲不得不作出表态，但其立场仍相对缓和谨慎，力图在中美间寻求一种立场的平衡。正如欧洲专家所强调的，欧盟在亚太的政策信号应包括两方面因素，在欧盟支持美国在该地区建立安全框架的努力，并准备有所贡献的同时，应开发出一种不与中国对抗、相对符合中国重要利益的政策结构。慕尼黑安全会议主席沃尔夫冈·伊申格尔在一次专访中一语道破，欧洲采取积极主动的亚洲政策，"可以防止美国的亚洲政策过分专注于军事威慑，而忘记了要将中国定义为未来政治和经济上的伙伴"[3][4]。更深一步考虑，欧盟深知自己在该地区拥有的分量与筹码越多，就越有机会与地区伙伴和美国进行平等合作，对美施加更有效的影响。

---

[1] Patryk Pawlak & Eleni E*km*ektsioglou, "Transatlantic strategies in the Asia Pacific," Findings of a survey conducted among EU and US foreign policy experts, June 2012, http://www.iss.europa.eu/publications/detail/article/transatlantic – strategies – in – the – asia – pacific/.

[2] Michito Tsuruoka, "Defining Europe's Strategic Interests in Asia: State of Things and Challenges Ahead," *Studia Diplomatica*: *The Brussels Journal of International Relations*, Vol. 64, No. 3 (2011), pp. 95 – 107.

[3] 《欧洲需要一项积极主动的亚洲政策》，2012年1月28日，news.xinhuanet.com/world/2012 – 02/02/c_122645340.htm

[4] EU must play bigger role in SE Asian Security By Ulrich Speck, June 23, 2012, http://www.eu – asiacentre.eu/pub_details.php?pub_id=58.

第四节 欧盟实施亚洲战略的有利条件与局限性

一 有利条件

（1）欧盟作为全球最大经济体、最大单一市场及最大贸易集团，拥有较强的经贸实力及吸引力。欧盟在内部市场、竞争政策及对外贸易政策等方面高度一体化，超国家机构欧盟委员会拥有较大权力，在国际经济交往中基本上能做到用一个声音说话。因此，尽管遭遇严重的债务危机，欧盟在世界经济领域仍拥有巨大的影响力。凭借其巨大的市场，欧盟也快速崛起为全球最重要的规则制定来源，无论是在竞争政策、产品安全要求，还是环境保护标准方面，欧盟的标准很容易就成为世界标准。亚太国家大多是出口导向型国家，如越南严重依赖对欧出口（对欧出口规模相当于国内生产总值的13%）。这些国家都希望能扩大对欧出口，也希望能得到更多来自欧盟的投资。这些都表明，欧盟对亚太国家仍有较大的影响力，至少在经贸领域如此。

（2）较强的软实力。作为一个民事力量（civil power），欧盟极力鼓吹多边主义和善治（good governance），完善全球治理体系；在国际事务中强调用外交手段解决争端；在援助不发达及发展中国家方面也较美、日等国更为慷慨，这些都是欧盟软实力的重要组成部分，特别是发展援助开展得广泛而深入。欧盟及其成员国加在一起是全球最大的官方援助方。欧盟发展援助已经成为有效的外交政策工具，并形成了完善的组织机构体系和行之有效的运行机制，特别是在提供发展援助时都带有一定的附加条件，大多是在人权或善治方面，从而潜移默化地推行了欧盟所标榜的西方价值观。亚洲是欧盟开展发展援助合作的重点地区，欧盟与亚洲国家开展发展援助合作的重点有三个：一是注重社会均衡的经济发展，即保持并提升亚洲地区的经济活力，使之充当对付贫困的发动机，重点投入领域包括加强中小企业竞争力、扩充社会保障体制、支持私营行业发展等。二是有生态承受力的发展，重点是气候保护和保持生物多样性，为此主要在提高能效、可再生能源、管理和保护自然资源、有益环境和社会兼容型的城市规划、工业环保等领域。三是民主化与人权、良政和冲突转化，重点是加强亚洲的民主制度，支持民众参与政治决策过程，项目主要集中在加强法治国家、提高政府行为的效率和透明度、促进民众的政治参与、有针对性地促进女性的权利和地位这四个领域。欧盟对亚洲国家的发展援助开展较好,有力地强化了欧盟在当地的良好形象,有较大的影响力。

(3) 有地区一体化的丰富经验。东盟国家2007年底在《东盟宪章》中强调,将在东盟框架内,在民主、法治、良政、尊重和保护人权和基本自由这些原则的基础上深化区域合作。与欧盟日益要求成员国上交权力不同的是,东盟国家相互发展关系的原则是,独立自主、不干涉内政、在多样性中达成协调统一。尽管如此,欧盟作为地区一体化的先行者,东盟作为地区一体化的后来实践者,双方都有就地区一体化加强交流的愿望。欧盟愿提供经验,东盟则愿意学习经验,避免教训。

(4) 英、法、德等成员国都是传统大国,仍有较强的国际影响力。英国在亚太有根基、有影响。从英国外交的历史来看,战后丘吉尔所倡导的"三环外交"中,英联邦国家是其中重要一环,亚洲的英联邦国家多达20个,近年来,英国外交界甚至出现了振兴英联邦外交的趋势,称其为"21世纪最重要的商业和文化网络"。特别是在对东盟的外交攻势中,英有充分利用新加坡、马来西亚等英联邦国家,带动英对东盟整体关系之势。作为一个拥有全球视野的外交大国,英国在本届联合政府上台之初,就已经开始着手经营新的亚太外交网络,而并非是在美国大举宣称战略东移之后,一味追随。与此同时,由于殖民地历史以及近年来的不断经营,英国在亚太地区拓展外交空间,有诸多依托。双边关系层面,有所谓的天然盟友"澳大利亚和新西兰",在东盟地区,英国与新加坡和马来西亚等国一直联系紧密。在安全事务上,既有殖民遗产——"五国防务组织",又新建英越战略对话,签署《东南亚友好条约》,并拟制定英日"防务合作备忘录"。这些组织与机制的存在,无疑为英涉入亚太议题提供了更多窗口。黑格就曾言,"在亚洲,英国不是一个军事强国,但我们在北约和'五国防务协议'中所发挥的作用以及我们作为一个国家所具有的军事实力都说明我们可以尽自己的一份力量"。与此同时,英国还一直是东南亚及南亚地区重要的援助方,英国际发展部在该地区颇为活跃,将减贫资助和民主与良政相挂钩,助力其推广民主价值观。德国外交素以塑造全球秩序政治和抑制地区危机为己任,因此尤其重视与全世界伙伴国在全球治理上合作。一是气候问题。德国是国际气候保护的先行者和国际气候保护进程的推动力,在欧盟气候政策上承担着领导角色,并自视为这一问题上的全球代言人。二是能源和环境领域。日本核危机事件后,德国于2011年上半年做出重大决定,到2022年完全放弃核能,到2050年进入可再生能源时代,从而在发达工业国当中首个实现能源转折,按默克尔的说法,德国堪称能源转型的国际先锋和样板。德国经济部长布吕德勒称,德国在能源领域的技术秘密是举世公认的,全世界能源需求上升为德国提供了巨大机遇,德国的现代环境技术也领先世界,是确保全球能源供应不可或缺的。

(5)较强的军工实力。欧盟很多国家包括英、法、德、意等国都有较强的军工实力,亚洲也是其军火出口的重要目的地,通过军火出口也能施加外交政治影响力。

二 局限性

(1)经济实力下降。欧盟主权债务危机已经持续三年,而且仍无根本好转的迹象。三年来,欧盟忙于应对债务危机、减赤减债,经济低迷,多国特别是南欧国家经济持续衰退,社会问题增多,多国政局不稳。欧盟即使有雄心,也难以付诸实践。比如,在经济实力下降,自身困难重重的情况下,欧盟国家不但无力增加甚至开始削减对外发展援助;贸易政策渐趋保守带来的"堡垒欧洲"印象也大大损害了欧盟的形象和贸易实力,也招致一些亚太国家的不满。

(2)发展模式渐失光环。长期以来,欧盟一直自豪于自己在二战后发展起来的一套独特的治理制度,通过联合,欧洲实现了彻底和平和普遍繁荣。因此欧洲一体化的成功对世界上很多地区都产生了很强的示范效应,欧盟也一直乐于推广本地区成功的一体化经验,这也成为欧盟一项重要的软实力。但与此同时,欧盟由于成功也逐渐产生了一种文化自大主义,价值和道德优越感,故步自封,过于专注机制问题等内部事务,不适应也不愿积极应对全球化高速发展所带来的巨大变化,导致经济发展缓慢,社会问题丛生,民众悲观失望,普遍对本国政府和欧盟及未来失去信心。自2010年初以来,欧盟持续遭受主权债务危机的冲击,欧元区的制度弊端暴露无遗。在这种情况下,欧盟发展模式虽仍有其可借鉴之处,但对亚太特别是东盟的榜样力量已明显减弱。

(3)对亚洲重视程度总体仍有限。亚太不是欧盟的战略重点,重要程度次于对美国政策、对俄罗斯政策及北非中东政策等。

(4)价值观冲突在所难免。欧盟当前虽以务实外交为主,但在对外政策中一再鼓吹价值观与民主良政，在对亚洲政策中，价值观推广也是其一大主题。但亚洲的政治、文化与制度极具多样性，且随着亚洲崛起，各国自主意识的强化，欧盟推广其价值观体系，势必引起亚洲国家不满，难以赢得亚洲国家信任。

（5）难以形成合力。在外交领域，欧盟仍不能做到用一个声音说话，而一个没有真正的共同外交和安全政策的欧盟，行动力会受到很大牵制，缺乏对等谈判实力，不会被外部世界认真对待，因而也不大可能在亚太地区扮演重要角色。

（6）军事等硬实力相对较弱，且在安全领域难以独立于美国。欧盟向来以其所谓民事力量自豪，以区别于美强大的硬实力。但事实上，欧盟作为一个集团虽有很强的军事实力，但由于难以统合，并没有形成一支强大的力量。传统上，欧洲国家普遍不愿意在军事和国防上增加投入，对美国保护的依赖心理较强。冷战期间，欧洲在安全问题上几乎完全依附于美国，缺乏自己独立的声音，因而不受重视。冷战结束后，欧盟独立性趋强，其在国际事务上的立场也受到了各国更多的关注。但近年来，欧洲国家出于实力下降等原因，继续大幅削减国防预算，在海外特别是对远离本土的地区进行军事干预更为谨慎，对于亚太地区的安全事务，欧盟基本上是有心无力，更多是遵从美国在这一地区的安全战略，难以发出独立声音。

总而言之，作为一支重要的全球性力量，欧盟有雄心也有一定实力在亚太地区发挥重要作用。当然，从目前看，欧盟由于其债务危机和经济困难，难以在亚太地区发挥重要作用，欧盟迄今也没有出台一部明确的亚太战略。自2001年欧盟发布第二份对亚洲政策以来，其亚洲政策已有10余年没有更新；而距2006年欧盟最近一次发布对华政策文件以来，时间也已过去了6年。但从长远看，欧盟在亚太地区有重大经贸利益，也有日趋重要的安全和政治利益。在未来很长时期内，亚太地区都将是全球最具活力的地区，全球力量重心也将进一步向亚太倾斜。因此，为适应新的形势，捍卫自身利益和影响力，欧盟将不可避免地逐步强化其亚太战略。近年来，欧盟对亚太地区的关注和投入力度已明显加强。未来几年内，随着欧盟逐步走出债务危机，也有可能推出自己的亚太战略，进一步加大对亚太地区的投入力度。

第八章

大国亚太战略调整与中国的应对

周方银[*]

在中国实力迅速上升、美国战略重心东移、亚太地区秩序进入重要调整期这一时代背景下,对大国的亚太战略进行深入系统的研究,具有重要的理论价值和现实意义。它有助于我们更好地理解新形势下亚太地区合作的发展方向、动力、路径及其影响,有助于我们更深刻地认识当前中国发展的地区环境,在此基础上,更好地应对国际环境变化过程中出现的各种挑战,也有助于我们更好地理解大国亚太战略的互动,并在这一过程中做出明智有效的政策选择,在大国互动过程中,营造一个相对有利的亚太地区秩序架构与中国周边发展环境,为中国未来的长期发展创造有利的战略空间。

第一节 大国亚太战略调整及其相互关系

冷战结束后,东亚地区发生的最重要变化,是中国经济实力的持续上升。中国经济实力长期高速发展的累积性后果,使中国在东亚经济格局中占据越来越重要的地位,并在一定程度上推动东亚格局的转换。东亚地区格局的转换,以及世界主要大国对亚太地区重视程度的提高,是大国亚太战略调整的总体背景。

---

[*] 周方银,中国社会科学院亚太与全球战略研究院研究员。

前面的章节对世界主要大国亚太战略的内涵和特点进行了深入系统的分析，在此基础上，值得探讨的一个问题是不同大国亚太战略之间的相互关系。我们认为，在大国亚太战略中，美国的亚太战略具有核心性的重要性。日本、印度亚太战略的制定和调整，受到美国亚太战略的重要影响。虽然其他大国的亚太战略对美国的亚太战略也会产生一定程度的影响，但与美国亚太战略对其他大国亚太战略影响的范围和程度相比，两者的影响是不对称的。

一 美国亚太战略的调整

自 2009 年下半年宣布"重返亚洲"以来[①]，美国加大对亚太地区的重视程度，更深入地介入亚洲事务，加强与亚洲盟国和其他国家的安全关系，平衡中国在亚洲影响力的上升，力图恢复和加强美国在这一地区的主导地位和影响力。从美全球战略的层面来说，它是美国为了在变动的国际环境下，通过在世界主要地区重新对资源进行有效配置，提高资源的使用效率，以加强和巩固美国的全球领导地位而做出的一项战略选择。美国国务卿希拉里·克林顿认为，未来的世界政治将决定于亚洲，在这个地区获得稳固的领导地位，攸关美国在整个世界的领导地位，为此，美国需要把外交、经济、战略和其他方面大幅增加的投入锁定在亚太地区[②]。

美国亚太战略调整的核心是对美国全球战略重心进行东移，这一东移不只是简单地把更多精力和资源投入亚太地区，而且从政治、经济、安全等领域加大了对中国战略压力的力度。它既是亚太地区重要性上升的结果，也是美国在战略上对东亚格局变化采取的应对方略的体现。

对于美国，从长期来说，根本性的问题不是美国在亚太地区安全领域中心地位不够巩固，而是美国在这一地区的经济地位受到中国崛起的冲击。如果美国不能扭转中美经济实力对比中不利于美国的长期走势，美国在这一地区的总体中心地位最终会受到较为根本性的冲击，差异只在于时间的快慢。从这个意义上说，进一步强化美国在军事安全领域的优势地位，挤压中国的战略空间，只是美亚太战略的一个方面。在地区经济合作领域采取关键性行

---

① Hillary Rodham Clinton, "Remarks With Thai Deputy Prime Minister Korbsak Sabhavasu", *US Department of State*, July 21, 2009, http://www.state.gov/secretary/rm/2009a/july/126271.htm.

② Hillary Clinton, "America's Pacific Century," *Foreign Policy*, November 2011, http://www.foreignpolicy.com/articles/2011/10/11/americas_pacific_century.

动,按照美国的意图塑造地区经济合作的方向和路径,影响亚太主要国家之间经济联系的格局,是美亚太战略必不可少的环节。

为此,美国在强化自身在本地区军事安全领域优势的同时,努力增强自身与东亚地区国家的经济联系,强化其在亚太地区的经济地位。美国大力推动跨太平洋伙伴关系协定(TPP)谈判,是一个具有地区战略意义的政策举措。通过推动 TPP,有助于维持和加强美国与许多东亚国家的经济联系,平衡中国经济发展的影响,保持和促进美在东亚地区的经济影响力。同时,美国可以在这个过程中采取各个击破的方式,获取在本地区经济规则的制定权,并把它作为制约中国的重要手段[①]。美国通过推进 TPP,可以起到一箭双雕的作用,一方面避免美国被排除在东亚合作进程之外,另一方面可以在经济合作进程中对中国进行一定程度的孤立。从长期来说,东亚国家最终需要在 TPP 与本地区自身的经济合作进程之间做出选择[②]。但 TPP 要对中国产生足够压力,需要其达到一定的规模,形成一定的门槛效应。如何更有效地实现这样一种战略和政策效果,是今后一个时期美国在亚太地区经济合作领域的一个重要的政策着力点。其中,作为世界第三大经济体和亚洲第二大经济体的日本的立场和态度,对于实现美国的战略盘算具有至关重要的作用。不过,以美国主导的区域合作压倒东亚地区自主性的区域合作,是美国既定的战略意图,因此,美国必然会付出巨大的努力,克服这个过程中存在的各方面的困难,推进与 TPP 相关的区域经济进程。

美国对 TPP 的推动,表明美急于占据区域经济合作中心位置的意图。美国推动 TPP 过程中的积极性与力度,某种意义上与其对中国成为东亚经济中心的在意程度和戒惧心理成正比。在中国崛起的过程中,美国的一个战略忧虑是,"美经济实力的相对衰落有可能使其在与中国的战略竞争中无以为继"[③],为此,美国需要在经济领域采取有力的举措来加以应对。

[①] 朱锋认为,奥巴马政府亚太战略的一个核心是要用国际规则和规范约束引导中国,使美将来面对和处理中国话题时,"能联合地区其他国家在'规则制定'和'规则适用'的范畴内共同对付中国"。参见朱锋《奥巴马政府"转身亚洲"战略与中美关系》,《现代国际关系》2012 年第 4 期,第 1~7 页。

[②] 关于美国推动 TPP 的战略意图的分析,可以参考李向阳《跨太平洋伙伴关系协定:中国崛起过程中面临的重大挑战》,《国际经济评论》2012 年第 2 期,第 17~27 页;沈铭辉:《跨太平洋伙伴关系协议(TPP)的成本收益分析:中国的视角》,《当代亚太》2012 年第 1 期,第 6~34 页;盛斌:《美国视角下的亚太区域一体化新战略与中国的对策选择》,《南开学报》(哲学社会科学版)2010 年第 4 期,第 70~80 页。

[③] 朱锋:《奥巴马政府"转身亚洲"战略与中美关系》,《现代国际关系》2012 年第 4 期。

二 日本、俄罗斯、印度、欧盟亚太战略调整及其与美国亚太战略的关系

美国亚太战略调整的目的是为了进一步巩固和强化其对这一地区的主导。这样的战略目标，对于日本、俄罗斯和印度来说显然都是不现实的。从这个角度来说，与美国相比，日、俄、印的亚太战略追求的战略目标相对较低。由于欧盟从地理位置来说不在亚太地区，且它在可见的时期内没有获取世界霸主地位的可能性，因此，其在亚太地区追求的战略目标更低，其目标更多地集中在经济领域，在政治、安全、价值观领域的目标更多是辅助性的。

在日、俄、印三国中，从在亚太地区利益卷入的角度来说，日本的利益卷入程度最深、印度次之，然后是俄罗斯。这一利益卷入的程度以及发展趋势，直接影响到亚太战略在其整个对外战略中的重要性，并对其亚太战略的性质具有直接影响。

对日本来说，亚太战略在其国际战略中占有极大的比重，与美国、印度、俄罗斯相比，亚太对于日本来说重要得多。同时，日本的亚太战略经历了一个地理范围逐渐扩大的过程，其战略手段也从一开始重视经贸发展到更多地重视外交和安全等多方面的手段。日本亚太战略的主要目标体现为：①维持西方发达民主国家主导的现存的体系、秩序和制度。避免国际体系的变动对日本的国际地位和国家利益产生伤筋动骨的不利影响。②获得有利的政治地位和影响力。保持日本对国际事务的影响力，特别是持续成为国际规则的制定方，而不是国际规则的被动接受者。③妥善应对中国等新兴国家的崛起，防止东亚地区被中国所主导。在上述三者的基础上，实现和保持日本的政治地位、经济繁荣和国家安全。

从根本上说，日本的亚太战略具有比较强的保守性，即认为继续保持美国在整个国际体系的霸主地位和在亚太地区的主导地位，保持现有的地区秩序和规则体系，把中国等新兴国家的崛起纳入现有体系中，从根本上符合日本的战略利益。日本不希望国际体系和地区秩序发生重大或根本性的变化，并不乐见国际力量的多极化发展。在这样一种结构性思路下，日本的亚太战略与美国的亚太战略有高度吻合的地方。日本明确强调美日同盟在战略上的优先地位，支持美国在亚太地区发挥主导性的作用，支持美国在这一地区经济影响力的上升，并不希望中国在东亚地区获得经济领域的主导地位，更不希望中国在本地区获得军事安全领域的优势地位。美国、日本的亚太战略在

第八章 大国亚太战略调整与中国的应对

应对中国崛起方面有颇为一致的地方,差别之处在于,日本由于自身能力的局限,无法单独应对中国崛起带来的"挑战",而需要更多地借助美国。另外,在美主日从的同盟框架下,日本的对外战略严重受制于美国的全球和地区战略,其结果,日本的亚太战略受到美国亚太政策的结构性制约。

与日本相比,俄罗斯亚太战略的演变虽然受到美国"重返亚太"的影响,但受影响的方向和程度存在很大的差异。俄罗斯亚太战略的主要目标是,在亚太地区政治经济安全格局的变换过程中,凭借俄罗斯的地缘政治和地缘经济优势,有选择地融入亚太地区的政治经济发展进程,构建有利于俄罗斯国家安全与经济发展的和平环境。这一战略的实现路径是:以亚太方向国防能力的构建为先导,打造有利于俄罗斯的地缘安全环境;以得天独厚的能源资源优势为纽带,吸引区域内国家全面参与东部大开发,并在这一过程中,融入亚太地区的一体化进程。在美国"重返亚洲"的背景下,中俄都清晰地感受到来自美国的战略压力,这为中俄之间进一步加强战略协作创造了更为坚实的基础和现实条件。今后一个时期,中俄战略关系继续保持稳定,并在某些领域得到深化,将是这一压力的自然结果。

印度亚太战略的主要目标是,在维持其在南亚大陆主导地位的基础上,利用美国以及东亚国家对印度的战略和经济层面的需求,扩大自身在亚太地区的战略空间,提升自身在这一地区的影响力,为印度崛起营造更为有利的外部环境,逐步实现印度的全球性大国地位。印度的国际战略具有强烈的中国参照系意识,实现与中国平起平坐,是印度追求的一个重要目标。印度的优势在于,出于平衡中国迅速上升中的影响力的需要,美、日以及部分东南亚国家对印有较为明显的战略需求。美国亚太战略的调整凸显了印度的地缘战略重要性。未来一个时期,印度在美国亚太战略格局中的重要性将进一步上升,印日关系也会保持较为迅速发展的势头。印度被某些亚太国家视为一支有助于降低中国崛起所造成的不确定性的力量。印度也积极利用相关国家对它的战略和心理需求,努力拓展自身的战略空间。

美国在印度的亚太战略中占据最大权重,印度的亚太战略存在一定程度"美国先行,印度跟进"的特点。印度认为在今后一个时期,美国仍然是亚太唯一的领导性国家,这一判断是影响印度亚太战略的一个结构性因素。而美国亚太战略的调整,又为印度拓展战略空间、提升自身在亚太地区的国际地位打开了方便之门,因此,美国亚太战略调整对于印度亚太战略目标的实现是一个机遇,印度会积极加以利用。

与日、俄、印相比，亚太战略对于欧盟的重要性进一步降低，亚太在世界政治和经济版图上的重要性虽然在持续上升，但对于欧洲来说还不是一个紧迫的问题。亚太并不是欧盟的战略重点，其重要程度排在对美国政策、对俄罗斯政策及北非中东政策等之后。特别是欧洲自身有许多问题需要解决，在走出欧债危机之前，欧盟以及英法德等国在亚太地区难有大的作为。从长远看，欧盟在亚太地区有重大经贸利益，也有日趋重要的安全和政治利益。在未来很长时期内，亚太地区将是全球最具活力的地区，全球力量重心将进一步向亚太倾斜。在此背景下，为维护自身的国际影响力，更好地实现和拓展自身的利益，欧盟不可避免地会逐步强化其亚太战略。随着欧盟逐步走出债务危机，它将进一步加大对亚太地区的投入力度。

欧盟的亚太政策相对美国的亚太战略有很高的独立性。欧盟并不希望美国的亚洲政策过分专注于军事威慑，对于欧盟，中国在未来理论上可以成为其政治和经济上的伙伴。从这个意义上说，欧盟对于打压中国在战略上没有美国那么大的积极性，这在欧盟亚太政策中不处于优先地位。欧盟不希望美国在亚太地区处于压倒性的优势地位，在经济领域，则不愿看到美垄断亚太市场、独享经济规则制定权的局面。从总体上说，欧盟亚洲政策的重点在经济贸易领域。但另一方面，美国会充分利用其与欧洲的传统友谊和紧密的合作关系，帮助其在亚太地区营造对美有利的态势，并在国际经济规则、环境规则等方面，利用欧洲的支持，对亚洲国家形成压力，迫使亚洲国家接受美国的立场。

三 大国亚太战略的异同及其相互关系

上述大国亚太战略的异同及其相互关系，总结在表8-1中。

表8-1 大国亚太战略的异同及其相互关系

	亚太战略在其国际战略中的重要性	具有优先性的主要战略目标	对亚太格局和亚太秩序影响力大小	与其他大国(或其集团)亚太战略的关系	对中国的针对性
美国	非常重要，且重要性在上升	维护美国在亚太的主导地位；平衡中国上升中的影响力	非常大	美国的亚太战略具有很大程度上的独立性，对日本的亚太战略具有结构性的影响，对印度的亚太战略具有重要影响，对俄罗斯、欧盟的亚太战略影响相对有限	具有很强的中国指向，这样一种指向具有长期性和连续性，不会发生方向性的改变

续表

	亚太战略在其国际战略中的重要性	具有优先性的主要战略目标	对亚太格局和亚太秩序影响力大小	与其他大国（或其集团）亚太战略的关系	对中国的针对性
日本	极其重要	维持现有体系，平衡中国影响力，避免自身地位出现较大幅度的下降	大	受美国亚太战略的强烈影响，并对美国的亚太战略形成比较有效的配合。日印亚太战略具有一定互补性	具有很强的中国指向。在某些方面，日本制约中国的意图甚至比美国更为迫切，并可能对美国的亚太战略产生一定的牵引
俄罗斯	较为重要，重要性有所上升	有选择地融入亚太地区的政治经济发展进程，构建有利于俄罗斯国家安全与经济发展的和平环境，促进远东地区的发展	较大	受美国亚太战略调整的影响相对较小，某些内容具有应对美国压力和挑战的性质，对美国的亚太战略可以产生一定抵消效果	针对中国的意思不明显，中俄有较大的战略合作空间
印度	较为重要，且重要性在上升	利用有利机会扩大自身在这一地区的战略影响力，提升自身国际地位	一般	美国亚太战略调整为印度亚太战略提供了重要机遇和空间，印度试图用足这一机会，从而对美国的亚太战略有所"跟进"。日印亚太战略具有一定互补性	有一定的中国指向，但在这方面投入的战略资源有限。中印具有一定的合作空间
欧盟	不太重要，但重要性在上升	经贸利益具有优先性。其次是维持欧盟对重要地区的影响力	较小	欧盟的亚太战略具有较大独立性。它对美、日、俄、印的亚太战略的影响也很小	欧洲大国更重视获取经济利益，而不是针对中国。不希望东亚国家相互对抗，注意在东亚国家关系的平衡，以降低不确定性

第二节 大国亚太战略的影响与中国的应对

本书试图对大国亚太战略进行深入系统的探讨，并认为当前是探讨大国亚太战略的一个关键时期，因为当前是为未来亚太地区格局和亚太秩序发展方向奠定基础的时期。在这样一个时代背景下，探讨大国亚太战略的重要意义在于，相关大国的亚太战略并没有完全定型，还有一定的可塑性，其战略效果还没有充分显现，中国在这一阶段通过合理的政策应对，可以更有效地

243

参与到地区秩序、地区制度安排的塑造中去，从而对亚太地区的大国关系、地区秩序的发展方向发挥重要影响。

对相关大国来说，这一轮的亚太战略调整还只是处于早期阶段，相关大国的亚太战略中还有许多不确定因素，还在相互作用的过程中继续演化。当前对大国亚太战略的讨论，不是事后回顾与总结意义上的讨论，这种事后讨论主要是历史学家或战略史家的任务。本书的讨论，是一种为了让中国更好地建设性地参与大国亚太战略互动过程的讨论，具有十分鲜明的现实指向。

一 大国亚太战略调整的影响

大国亚太战略调整，尤其是美国亚太战略调整，具有非常强的影响和塑造地区架构、锁定亚太地区未来发展方向的意图，其目的是为自身在亚太地区长期占据有利战略位置创造有利条件和奠定坚实基础。

从一般意义上说，战略是配置和调动各种力量与资源以实现重大的或全局性的目标，战略在时间上具有长期性，它不同于一次性的政策操作，而是在一定的时期内，围绕总体战略目标对相关政策进行协调和整合，使之成为一个连续、统一和有效互动的过程。大国的亚太战略会以各种不同的形式转化为具体的政策，并分散体现在诸多政策操作中，而且它本身高于这些具体政策操作，具有为这些政策操作指引方向的作用。大国的亚太战略，以具体的政策操作为中介，最终必然转化为对本地区实实在在的具体影响。

大国亚太战略的方向和内容，对亚太地区的未来格局、地区大国关系的重组、地区层面的制度安排与规则制定都会产生重要影响。大国亚太战略与亚太地区各国实力走势的相互作用，对亚太地区的总体面貌具有十分重要的塑造作用，从而会在根本上对中国崛起的外部环境产生实质性影响，并进而影响到中国的崛起是否顺利的问题。

随着中国经济实力的迅速上升，中国表现出逐渐成长为东亚地区经济中心的势头。另一方面，美国在东亚地区存在了几十年的联盟体系的总体架构继续得到保持，并在近年有所加强。由此导致东亚格局出现一个显著特点，即许多国家的主要经济伙伴和主要安全关系相互分离，这意味着东亚地区一定意义上形成了安全关系与经济关系明显分离的二元格局[①]。大国亚太战略

---

① 参考周方银《中国崛起、东亚格局变迁与东亚秩序的发展方向》，《当代亚太》2012年第5期，第4~32页。

第八章 大国亚太战略调整与中国的应对

的调整,是在这样一种特殊地区格局的基础上展开,并将对这一格局的未来走向产生影响。

这方面一个比较明显的例子是美国亚太区域经济合作战略的变化。美国对TPP的推动,一个重要的意图是消解和打破中国在区域经济制度安排中的地位和作用,它对地区经济关系的调整将形成比较大的挑战。一方面是中国经济迅速发展,中国的经济地位不断提升这样一种基础性的力量态势,另一方面是美国在制度、规则层面试图消解中国在经济领域的影响力这样一种战略、政策层面的强有力努力。这两种迎头相撞的动力,它们之间的碰撞对于地区秩序的稳定和健康发展会产生不利影响。从根本上说,美国的努力或许不会取得它所期望的那种成功,但它在客观上加大了东亚秩序的内在紧张,使有利于东亚秩序的稳定性与效率的深度制度化的地区合作难以实现。

美国在军事安全领域的政策行为,包括加强与这一地区的盟国、安全伙伴以及其他国家的安全关系,建立更为完整和有效率的安全网络,提高与这一地区部分国家联合军事演习的频率和力度,增加在本地区的军事基地(其最明显的表现是在澳大利亚的达尔文建立美军新的基地),以及美国未来一个时期海上力量向亚太地区的进一步转移等,这些做法,已经对地区安全环境产生较为明显的负面影响。一个直接的结果就是在其背景下,东亚地区在东海、南海等方面的传统安全问题有所升温,中国与部分本地区国家之间的安全合作与战略信任受到损害,其结果,恶化了地区安全合作的氛围,加大了地区局势中的不确定性,使本地区的热点问题呈现出比过去更大的紧张。

美国的亚太战略布局对中国会产生一系列不利影响。外交上,美国地区影响力的上升不利于中国地区影响力的扩大以及地区战略空间的开拓;经济上,美国的做法将削弱我们通过经济合作营造一个对我有利的地区秩序的努力,降低中国经济合作政策所能产生的效果;安全上,美国在中国与一些周边国家的矛盾和纷争中或明或暗地站在对方一边,使这些国家对华立场趋于强硬;此外,美国强化与本地区盟友和伙伴的安全合作,具有明显的针对中国的意图,这会恶化中国的周边安全环境。

与此同时,日本、印度在一定程度上对美国亚太战略的调整进行了配合。曾经有一个时期,日本试图与中国争夺东亚经济合作中的主导权,但最终没有取得结果。在美国重返亚太的背景下,对于美国积极追求地区经济合作主导权的做法,日本在克服国内困难的情况下,进行了较大力度的配合,这表现在日本对参与 TPP 谈判的政治姿态上。对于美国在军事安全领域挤压中国战略空间的做法，日本进行了一定程度的协助，比较充分地表明了其姿态。这样的做法，客观上无助于东亚合作自主性的提高，也无助于东亚经济和安全合作的顺利与健康发展。

日本的亚太战略调整在大国关系处理上围绕中国崛起呈现明显的"单线条"和"选边站"的特点，其总格调颇为清晰，即亲美、防华、拉拢印俄等其余国家[①]。此外，日本对作为本地区中等大国的澳大利亚、韩国、印度尼西亚等国家，也采取积极拉拢和联合的姿态。日本的这样一种战略选择，一定程度上对美亚太战略的效果起到了放大作用，使亚太地区大国关系的格局更加僵硬。日本既要与中国在体系层面进行较量，又会对中国在军事、外交等层面进行牵制和防范，在此背景下，中日关系在未来一个时期的紧张难以得到有效缓解，双边关系中的不确定性有所发展，这从根本上不利于地区的和平、合作与繁荣，不利于东亚地区合作往深入的方向发展。

俄罗斯亚太战略的主要目标是，在亚太地区格局转换的过程中，凭借俄罗斯自身特有的地缘政治和地缘经济优势，有选择地参与亚太地区的政治经济以及军事安全领域的进程，构建有利于俄罗斯国家安全与经济发展的和平环境，并在这个过程中加强对俄罗斯远东地区的开发。从总体上说，俄罗斯亚太战略对亚太地区的积极作用大于消极作用，它有利于地区力量的均衡，也为中俄之间的战略协作提供了空间。

在亚太地区的大国竞争中，印度是一种上升中的力量，它在亚太地区的战略地位会日益上升，但在未来 10 年内，上升的幅度并不具有戏剧性。就目前而言，受印度总体实力以及地域位置的限制，印度在亚太地区的战略影响依然颇为有限。对美、日以及部分东南亚国家来说，印度的价值更多地体现在其平衡中国上升中的影响力方面，而不在于印度本身在亚太地区能发挥多大的建设性作用或领导作用上。某种意义上，印度在大国互动关系中地位的主动性，正源于印度到目前为止在大国关系中的分量依然有明显的不足，因而不被作为一个需要重点加以防范的对象来对待。

亚太战略在欧盟对外战略中的重要性相对较低，这是地理距离以及利益大小造成的一种客观结果。这一客观态势反过来意味着，对于亚太地区格局、亚太地区大国关系的发展以及地区秩序的塑造，欧盟是一个相对次要的

---

① 当然，日本拉拢俄罗斯的能力十分有限，不过是"有心无力"罢了。参见本书第四章。

因素。在这样的背景下，如果亚太地区主要大国之间的关系变得紧张，欧盟可以成为一个额外的选项，加强与欧盟的关系，在一定程度上有助于中国在未来一个时期拓展自身的战略空间。如果能顺利走出债务危机，欧盟会加大对亚太地区的投入力度，不过即使如此，这一政策的力度依然颇为有限。欧盟亚洲政策的重心，会更多地集中在经贸领域，此外，欧盟在地区合作方面也有十分丰富的经验，从这个意义上说，欧盟对于东亚地区合作的推进，可以发挥一定推动作用。此外，欧洲影响亚太地区的一种方式在于，美、日等国尤其是美国会试图尽可能充分地借用欧洲的力量，在亚太地区形成一种政策声势，这种作用在国际规则制定方面尤其明显。

二 中国的应对

中国崛起、美国重返亚太以及各国相应调整其亚太战略和政策，对中国的亚太战略与政策的制定，提出了较为复杂的挑战，由此也引发人们对中国外交政策和应对方略的思考。

如前所述，中国的崛起是在一个非常特殊的背景下发生的，首先，中国的崛起是在单极下的崛起，这意味着中国崛起是在十分不利的国际格局下展开。其次，中国是在大国无战争的时代崛起。这对于中国崛起具有两个方面的含义，一是中国崛起过程中国际环境具有总体上和平的性质，特别是大国关系总体上具有和平性质，这对中国崛起是有利的一面；另一方面的含义在于，在这样的背景下，如何实现权力的和平转移，如何把中国上升的实力转化为在体系中的实实在在的影响力，这对中国外交提出了一个比较现实的挑战。再次，在东亚地区，中国的崛起面临美国在这一地区长期存在的较为完整并有效运转的联盟体系。中国崛起会对美国在东亚地区曾经长期享有的主导地位形成不可避免的冲击，如何在崛起过程中，实现能够被美国及本地区大部分国家接受的地区秩序的平稳转型，对中国来说，也是一个十分现实的挑战。

当前，中国崛起已进入一个更为关键并在某种意义上困难更大的时期。中国的实力在进一步上升，同时，中国在亚太地区面临的战略环境也在发生深刻变化。大国关系与国际战略本质上是不同国家之间的博弈，战略涉及的是国与国之间的较为根本性的博弈以及在这个博弈过程中采取的具有时间一致性和根本重要性的策略选择。在国家相互博弈的过程中，每一策略的有效性是相对于其他国家采取的策略而言的。策略的演化是一个动态过程，每个国家会根据对方的策略，进一步对自身的策略进行调整和优化，没有抽象意义上的最优战略。在一个阶段成功的策略，不一定在其他阶段能获得成功。为此，我们需要思考，当中国崛起进入新阶段后，我们需要相应地采取新的战略选择。

对于中国亚太战略与政策的选择，我们有以下几点基本的思考：

（1）单纯温和的政策，可能不足以维护和巩固我们已经取得的崛起成果。在过去一个比较长的时期，中国外交总体上执行高度克制的和平外交政策，它是一种总体上十分温和的合作性的外交政策。执行这个政策的过程中，我们取得了许多重要的成功。但随着时间的推移，这一政策也体现出若干不足。

当一国执行温和政策的时候，其他国家可能产生两种不同的应对，一种是认为这一温和政策充分表现了该国的善意，其他国家以善意对这样的善意进行回应，使双方的合作进一步往对双方都有利的方向发展。另一种应对则认为，该国的温和政策，降低了对它进行挑衅的成本和风险，某些国家可能利用这样的"机会"，试图从它身上获取更大利益。后一种做法一旦获得较大收益，而没有承受实质性成本，那就可能引起其他国家的效仿，这会给外交造成颇为被动的局面。

一国的温和政策，既可能被外界理解为善意，也可能被外界理解为软弱。如果外部国家对温和政策的挑衅没有受到惩罚，把温和政策理解为软弱的看法就会得到加强。这一点，不仅对挑衅的国家成立，对于很多旁观的国家来说也同样成立。从这个意义上说，一个大国在很多具体问题上显示自身立场的坚定性，在某些问题上采取适度强硬的立场，是维护自身利益的必然要求。

另一方面，温和政策也有其内在的价值。如果一个大国简单地放弃温和的外交政策，转而从总体上执行强硬的外交政策，也会带来另一方面的弊端。强硬政策的主要弊端在于，它会使安全领域的竞争激化，产生一些并不希望发生的冲突，或使一些次要的冲突升级，导致难以预料的后果。对外无差别地执行强硬政策，会把一些国家不必要地推到自身的对立面，在自身力量不足的时候，造成战略上的孤立[①]。

---

① 周方银：《国家博弈中的中国外交理念与行为策略》，《文化纵横》2012 年第 4 期，第 32~36 页。

从这个意义上说，外交上的适度强硬主要是为了体现维护自身利益的坚定性，体现维护核心利益的不容置疑的决心。因此，外交政策上的强硬应该强硬得有道理、强硬得有分寸，而不是一味地逞强。特别是，强硬政策要达到政策上的效果，这个效果体现在，通过这样的政策方式，建立起大国应有的战略威慑力，打消一些国家试图通过机会主义行为蚕食大国利益的动机，并在这个基础上，建立起与其他国家合作的更为真实和健康的基础。

（2）中国的亚太政策需要实现经济手段与军事安全手段的相互协调，使两者通过相互配合发挥整体性的作用。自20世纪90年代初以来，中国总体上执行"韬光养晦"的外交政策，这一政策在具体执行时，主要有两方面的表现：一是在安全问题上忍耐，不试图挑战美国在全球以及东亚地区的优势地位。对于在中国周边地区存在的安全问题和矛盾，总体上采取现实的、克制的、不激化矛盾的"搁置争议"政策。这一政策的执行，使得在一个比较长的时期内，中国实力的增长没有被外界视为具有现实紧迫性的实质性安全威胁。二是在经济领域，积极融入国际和地区经济体系，积极与世界各国发展经济贸易联系。在这个过程中，中国的经济实力和在本地区的经济影响力迅速提升。中国成为周边11个国家以及东盟的最大贸易伙伴，7个周边国家的最大出口市场[①]。与此同时，中国在周边国家和地区的投资也在迅速上升。其结果，中国与很多亚太国家形成经济深度相互依赖的关系。

中国实行的安全和经济政策的组合，在为中国的和平发展创造有利外部环境方面发挥了重要作用。同时，这样一种政策的执行，在国际关系层面容易造成安全关系与经济关系的分离，因为中国在安全与经济领域采取了不同政策，这在一定程度上导致中国与周边许多国家的安全关系和经济关系沿着不同方向发展。"韬光养晦"外交政策长期累积性的政策后果是，中国的经济实力发展与安全实力发展不配套，经济实力上升快，安全实力上升慢，而且中国没有投入巨大战略资源去积极营造一个在安全上对中国有利的地区格局（上合组织在某种意义上是一个例外，但也只是一个程度有限的例外）[②]。为了避免对其他国家产生刺激，中国在安全领域采取了十分谨慎的态度，努力避免"安全困境"在东亚的产生和螺旋式上升。

[①] 乐玉成：《世界大变局中的中国外交》，《外交评论》2011年第6期，第1~6页。
[②] 本书的说法丝毫不意味着这样的政策选择是不明智的，毕竟每一种外交政策选择都有其特定的适用环境和阶段性。

这样一种政策在相当程度上发挥了缓和本地区安全局势的作用。但在美国重返亚太、世界主要大国的亚太战略经历深刻调整的背景下，这一做法也有其不足的地方。这样的政策一定程度上便利了美国在安全领域低成本地维护、巩固和扩展其在东亚地区的影响力，使某些外部国家在安全领域的行为更加无所顾忌。我们在未来一个时期，在国家能力建设方面，需要更加均衡地发展不同领域的实力。通过不同手段的相互匹配，为中国在亚太地区争取相对较好的战略空间，也为地区经济合作的长期健康稳定发展创造更有利的外部环境。

（3）处理好和平发展与坚定维护我国核心利益的关系。过去几年来，中国通过自身的外交行为向外部世界发出明确的信号：中国坚持和平发展道路的理念不会动摇；同时，中国会坚决维护国家核心利益，这方面没有商量和妥协的余地。

走和平发展道路和坚决维护核心利益，二者是一个整体，他们都是中国外交的有机组成部分，不能把他们割裂开来加以理解。但在现实中，很多人把他们作了分割的理解。如一些外国观察家看到南海、钓鱼岛局势的紧张，看到中国维护核心利益时的坚定做法，就不由自主地得出结论说中国外交变得"强硬"了；另一些人，特别是一些国人，看到"中国将始终不渝走和平发展道路"的说法，观察到中国在南海、钓鱼岛等问题上比较充分的战略克制，担心由此损害我国的核心利益，于是发声说中国外交太"软"了，并呼吁中国外交要强硬一些。

实际上，这两个方面是一个有机的整体，他们的有机性体现为：我们坚持走和平发展道路，但这不能以损害中国的领土领海主权权益等核心利益为前提；我们坚决维护领土领海主权权益等方面的核心利益，但也不会放弃走和平发展道路的巨大努力和强烈的主观追求。在这两者关系背后的根本问题，是中国在总体上以什么方式和多大的力度运用自身手中的力量，包括软硬的两手如何相互配合。以更好地实现中国外交的多方面目标。

（4）对于美国在东亚地区的联盟体系，需要寻找破解或共存之道。在可以预见的未来，美国的东亚联盟体系都会继续存在。它在一定程度上构成中国继续发展的硬约束。这一联盟体系的存在本身，会持续性地对中国形成一定战略和安全压力，使中国崛起和发展的安全环境难以有根本性改善。

美国东亚联盟体系的一个重要效果，是大大减小了本地区国家之间安全、联盟关系的灵活性，减小了中国试图通过改善双边安全关系来改变中国以及东亚地区安全环境的政策空间。此外，美国的东亚联盟体系为美国在本地区迅速调集资源、实现政策转向提供了极大便利。美国与其东亚盟国之间的关系具有某种不平等的性质，其中，美国处于颇为主动的地位。一方面是盟国在安全上对美国形成一定程度的依赖，另一方面美国有时也有意地对联盟关系加以操控，其结果美国的盟国不能轻易摆脱美国的控制，其安全政策在很大程度上失去灵活性，并对美国的全球战略和亚太战略进行了一定程度的配合。

美国的东亚联盟体系加剧了中国与一些东亚国家之间安全关系和经济关系的不同步性，使中国"以经促政"的政策效果受到很大局限。安全关系是地区秩序的基础性架构，它会对本地区其他领域制度安排的演化产生潜在影响，甚至形成一种约束性的影响。20世纪90年代中期以来，中国在东亚地区在一定意义上实行一种"以经促政"的政策，希望通过加强与本地区国家的经济合作关系，为地区安全合作和地区安全环境的改善创造更有利的条件，并最终实质性地推动本地区安全环境的改善。美国东亚联盟体系的存在，大大限制了这一政策的作用空间。在美国默许的情况下，"以经促政"的政策或许可以产生一定的效果。但在美国公开反对的情况下，"以经促政"政策已经取得的成果可能会在较短的时间内得而复失，它也意味着由此取得的成果在很大程度上不够巩固。

总体上说，美国东亚联盟体系的存在，使中美之间形成一种不对称的竞争态势，美国的全球霸主地位在一定程度上进一步加大了美国在这一竞争过程中的优势。随着中国实力和影响力的上升，我们对这一联盟体系束缚作用的感觉会更加清晰。

在中国实力继续上升，美国不会轻易降低对中国的战略压力的背景下，如何应对美国在东亚地区的联盟体系，是未来亚太地区秩序转换时期中国外交面临的一个重要课题。我们需要对美国安全伙伴的自身能力、安全需求、对美安全依赖的程度、抗压能力、对中国安全保护的可接受度等方面的情况进行评估，并相应地采取差异化政策，对合作行为进行鼓励，给对抗行为施加成本。通过这种方式，降低某些国家在军事安全领域对中国的针对性和敌对程度，使其立场变得中立或进一步向中国靠拢，并在这个过程中，降低东亚国家在安全领域的对抗性，以缓解我们面临的外部压力，促进周边安全环境和地区安全环境的改善，进而改善我们的生存和发展空间。

（5）探索从长期来说稳定中美关系的政策思路，使中美关系保持平稳发展，并在此基础上共同构建可持续的东亚秩序架构。

在未来一个比较长的时期，东亚合作还无法用一个框架对经济合作与安全合作进行有效整合，实现地区经济合作与安全合作相互促进、协同向前演化的效果。这一地区不少国家之间的经济关系和安全关系之间还存在不小的张力。地区秩序的演变，直接影响到中国发展的外部环境，它同时对中国以及亚太地区国家的长远利益产生深刻影响。如果亚太大国，特别是中美之间的关系往对抗的方向发展，这对构建一个符合本地区国家根本利益的地区秩序来说，是十分不利的局面。

大国在国际秩序中具有非常重要的作用，同时大国总是面临如何让其他国家认可其在秩序中发挥的特殊作用的问题。为此，大国需要从更长的时间视野更为平衡地看待如何实现其利益的问题，并对自己的行为进行必要的战略性约束与自制，这一点不仅对中国成立，对美国也成立[①]。亚太地区秩序的稳定性，除了依赖于力量格局的稳定性外，还在很大程度上依赖于这一秩序下的利益关系对本地区国家的可接受性，有赖于在这一秩序下形成较为合理的利益分配关系，并能持续地给本地区国家带来安全与经济方面的收益，从而使地区秩序具有自我维持的性质。

大国维护地区秩序并在其中发挥根本性作用的另一途径，是处理好他们之间的相互关系[②]。在中国经济崛起与美国重返亚太的背景下，如何以可持续、双方都可接受的方式处理中美关系，是中美双方必须面对的重大现实问题。从这个角度来说，中美两国需要努力发展新型大国关系[③]，寻找长期可持续的、对双方利益以及本地区利益不具有很大破坏性的共处之道，这可以为本地区其他国家关系的发展创造良好的背景条件。

---

① 关于大国应对自身进行战略约束，以实现长远秩序利益的讨论，可以参考约翰·伊肯伯里《大战胜利之后：制度、战略约束与战后秩序重建》，门洪华译，北京大学出版社，2008。
② 布尔认为，处理好相互之间的关系，是大国对国际秩序产生的第一位的和最基本的作用。参考赫德利·布尔《无政府社会：世界政治秩序研究》，张小明译，世界知识出版社，2003，第165~166页。
③ 但这显然并不容易，因为中美发展新型大国关系，需要有高度的战略耐心、战略智慧与战略决心。正如当时任中国国家副主席的习近平在2012年5月3日会见美国国务卿希拉里·克林顿和财政部长盖特纳时所言，中美构建新型大国关系，"既要有'不到长城非好汉'的决心和信心，也要有'摸着石头过河'的耐心和智慧"。这既体现出中国建立中美新型大国关系的诚意，也清楚地表明中国意识到了其中存在的困难。习近平的谈话内容参考新华网，http://news.xinhuanet.com/politics/2012-05/03/c_111883096.htm。

大国在亚太地区竞争影响力的过程中，都需要争取追随者①，以巩固和进一步增强自身的影响力，进而在地区格局中占据更有利的战略态势。因此，从长期来说，大国需要为本地区国家提供有价值的利益。在亚太秩序的构建上，中美（尤其是美国）不应仅仅把主要的注意力放在如何更好地针对对方、打压对方上，还要更多地从如何为本地区提供更大的实质性利益，包括提供地区秩序层面的和平、安全、稳定与繁荣利益的角度思考地区秩序的设计问题。只有这样，才能长期在本地区争取到更多支持性力量，才能在长期的竞争中胜出，而不只是获取短期的不稳定的优势地位。

从总体上说，大国亚太战略的调整，既对中国提出了一定的挑战，同时，它对于我们更深入地参与地区秩序构架、为中国的长期发展营造一个总体有利的外部环境，也是一个机会。我们需要通过对大国亚太战略的深入研究，更好地认识我们发展所处的外部环境，在此基础上制定合理有效的、具有前瞻性和针对性的战略与政策选择，寻找办法阻止、打破或者减轻大国亚太战略调整过程中对我不利的联动关系，一方面要减少对立面，降低崛起的成本，同时坚决地维护我们的核心利益，为中国的长远发展开辟和创造更为广阔的国际战略空间，把中华民族的伟大复兴稳步向前推进。

---

① 关于崛起国如何获取追随者的探讨，可以参考 Stefan A. Schirm, "Leaders in Need of Followers: Emerging Powers in Global Governance", *European Journal of International Relations*, 16 (2), 2010, pp. 197–221。

图书在版编目（CIP）数据

大国的亚太战略/周方银主编. —北京：社会科学文献出版社，2013.6
（国际战略研究丛书）
ISBN 978-7-5097-4619-6

Ⅰ.①大… Ⅱ.①周… Ⅲ.①国际关系-研究-亚太地区 Ⅳ.①D81

中国版本图书馆 CIP 数据核字（2013）第 098432 号

·国际战略研究丛书·
大国的亚太战略

主　　编 / 周方银

出 版 人 / 谢寿光
出 版 者 / 社会科学文献出版社
地　　址 / 北京市西城区北三环中路甲29号院3号楼华龙大厦
邮政编码 / 100029

责任部门 / 东亚编辑室 （010）59367004　　责任编辑 / 王玉敏　张志伟
电子信箱 / bianyibu@ ssap. cn　　　　　　　责任校对 / 赵会华
项目统筹 / 王玉敏　　　　　　　　　　　　　责任印制 / 岳　阳
经　　销 / 社会科学文献出版社市场营销中心　（010）59367081　59367089
读者服务 / 读者服务中心（010）59367028

印　　装 / 北京季蜂印刷有限公司
开　　本 / 787mm×1092mm　1/16　　印　张 / 16.25
版　　次 / 2013年6月第1版　　　　　字　数 / 264千字
印　　次 / 2013年6月第1次印刷
书　　号 / ISBN 978-7-5097-4619-6
定　　价 / 49.00元

本书如有破损、缺页、装订错误，请与本社读者服务中心联系更换
▲ 版权所有　翻印必究